LA FRANCE ET SES MENSONGES

Un tout petit gage en
remerciement de votre courtoisie
et de votre gentillesse, pour les
réponses à mes coups de fil
inquiets....
En espérant qu'il vous plaira.
J. de la Quérière

FRANÇOIS DE CLOSETS

La France
et ses mensonges

DENOËL

Chapitre 1.

LE TOUT EST DE TOUT DIRE...[1].

En 1955, l'Algérie était la France, l'énergie nucléaire l'espérance, on ne parlait guère des inégalités et pas davantage de l'alcoolisme ou de la mort ; quant à la pollution... qui donc connaissait la pollution ? Vingt années plus tard, l'Algérie c'est l'Algérie, et l'énergie nucléaire une menace ; on ne parle que des inégalités, on dénonce partout la pollution, mais on ignore plus que jamais l'alcoolisme et la mort. Dans les années 1960, tout le monde voyait l'avenir en rose, dans les années 1970, tout le monde le voit en noir.

Au fil des décennies, les vérités se renouvellent, toujours évidentes quand elles sont à la mode, toujours aberrantes quand elles ne sont plus de saison. De même, le « non-dit » peut se transformer en bavardage, ou être refoulé encore plus profondément dans les ténèbres de la conscience collective. Aussi est-il sage de poser en principe qu'une idée partout répandue a toutes les chances d'être fausse, tandis qu'un fait ignoré de tous est probablement important. Car les sociétés, comme les individus, ne retiennent de la réalité que ce qui les flatte et ne pensent jamais que ce qu'elles ont envie de penser. Chacune a ses mensonges.

Avec le recul, nous nous demandons « comment nos pères purent-ils croire cela ? » ou « comment purent-ils ne pas voir cela ? ». Cette vérité officieuse n'est pour-

1. Paul Eluard.

tant pas imposée par les censeurs, mais par une secrète complicité de ceux qui disent et de ceux qui écoutent.

Lorsque *Le Bonheur en plus* fut publié, l'opinion venait d'être frappée par la crise brutale de l'automne 1973. Mes propres interrogations répondaient à celles du public. J'ai bénéficié d'un accueil favorable. Deux ans plus tôt ou deux ans plus tard, il n'y aurait pas eu cette concordance entre le lecteur et l'auteur qui assure le succès.

Je dénonçais l'illusion technique qui avait régné tout au long des années 1960, et qui nous conduisait à l'échec. La crise est venue — plus tôt que je ne le pensais —, faisant succéder les désillusions aux illusions. Ce choc salutaire aurait dû nous ramener à la réalité en démystifiant le triomphalisme de l'époque précédente. L'occasion nous était offerte de porter un regard neuf sur notre société et notre avenir.

Trois années ont passé, et les vérités se sont renouvelées. Elles ne sont pas plus vraies que les précédentes. Nous caressons toujours des rêves qui nous flattent, nous rejetons toujours les faits qui nous dérangent. Il n'est que trop facile d'imaginer le discours que les Français veulent entendre en 1977. Il suffit pour cela d'écouter le colloque social avec ses thèmes dominants, ses discrets silences et ses formules rituelles, bref de suivre le conformisme ambiant, qui domine la pensée contestatrice tout autant que la pensée conservatrice.

Un tel jeu, quelque succès flatteur qu'il promette, me semble profondément stérile. L'important est de dire ce que je n'ai pas envie de dire et que le public, dont je fais partie, ne doit pas avoir envie d'entendre. Se méfier comme de la peste des faits et des idées reçus, s'intéresser toujours aux faits et aux idées non reçus tel sera mon principe.

Lorsqu'on s'interroge ainsi sur toutes les évidences acceptées ou refusées, sur les comportements habituels et les jugements rituels, on découvre mille choses qui cessent tout à coup de paraître normales. Du reste, à chacun ses anomalies.

Pour moi, je ne trouve pas normal que les Français cachent leurs feuilles de paie comme des lettres d'amour, qu'ils parlent tant de leurs maladies et si peu de leur mort, qu'ils donnent toujours raison aux corporations et toujours tort à l'Etat, qu'ils débattent de la crise viticole, du coût de la santé, et jamais de l'alcoolisme, qu'ils rêvent la Chine maoïste au lieu de la voir telle qu'elle est, qu'ils demandent tous l'égalité et que tous refusent les sacrifices, que les ministres célèbrent Concorde en public mais l'accablent en privé, que les scientifiques se cachent pour faire des expériences de parapsychologie, que les communistes refusent d'admettre que l'U.R.S.S. n'est pas socialiste, que le mot de « nationalisation » enflamme la gauche et révulse la droite, que les syndicats ne puissent reconnaître l'élévation du niveau de vie, que la majorité oublie la bonne gestion des municipalités communistes, que l'on paralyse un adversaire en utilisant les mots « raciste », « conservateur », « réactionnaire », « communiste » à tort et à travers, que la pilule et l'avortement aient tourmenté les consciences plus que la guillotine et la torture, que les catholiques condamnent la secte Moon après avoir embrigadé les enfants dans les petits séminaires, que n'importe quelle activité soit approuvée sous prétexte de défendre l'emploi, que les catégories sociales s'efforcent de masquer leurs conflits, que tout le monde à gauche se dise révolutionnaire sans l'être, que personne à droite ne se reconnaisse conservateur tout en l'étant, que toute revendication soit « légitime », toute information télévisée « partiale », que Karl Marx divise encore la France autant que Tino Rossi, que Napoléon ne soit toujours pas un despote haïssable et *La Marseillaise* un chant stupide...

Qu'y a-t-il de commun entre ces comportements-réflexes si variés, ces réactions conditionnées si différentes ? Pour le découvrir, il suffit de s'y opposer. Demandez, par exemple, à un Français combien il gagne d'argent ou ce qu'il possède, interrogez-le sur l'idée qu'il se fait de sa propre agonie, chatouillez-le sur les privilèges de sa corporation. Vos questions paraîtront déplacées en privée, provocantes en public. Elles susciteront des réactions de gêne ou d'agressivité. L'interlocuteur, si lucide, si raisonnable, l'instant d'avant, change

de comportement. Dans le meilleur des cas, il fait semblant de ne pas comprendre et passe à un autre sujet,
dans le pire, il s'emporte et renonce à l'argumentation
rationnelle pour se lancer dans la polémique passion-
nelle. Vous avez touché un point sensible.

Sur de tels sujets, nous fuyons la réalité et refusons
la raison. C'est une réaction anormale dans une société
qui se veut réaliste et rationaliste. Car l'esprit moderne
a condamné les systèmes immuables et symboliques de
la tradition, il veut prendre les choses pour ce qu'elles
sont et discuter librement de tout. C'est du moins ce
qu'apprennent à l'école les petits enfants de Descartes.
Mais il y a toujours loin des principes à l'application.

Ces réactions de gêne ou d'hostilité n'ont rien à
voir avec le libre débat d'idées ou la franche opposition
d'intérêts ; elles s'apparentent aux mécanismes de rejet
que suscite, dans une société traditionnelle, la transgression d'un tabou. C'est pourquoi j'utilise ce dernier
mot pour désigner le conformisme social qui pèse sur
les individus.

Il existe donc des tabous qui provoquent en chacun de
nous une autocensure plus ou moins consciente. Ils nous
interdisent de regarder certains faits, de voir l'absurdité
de certaines idées. Ce refus de la réalité se traduira par
différentes formes de mensonges ; on ne parle ni de la
mort, ni de l'argent, ni des privilèges, si ce n'est par un
discours mystificateur. On célèbre le vin pour ne pas
s'attaquer à l'alcoolisme, on dénonce l'Etat pour ne pas
condamner les corporations, on disserte sur la pensée
de Mao Tsé-toung pour ne pas voir la réalité du
maoïsme. Dans tous les cas, nous nous abstenons de
remettre en question les normes dominantes de notre
entourage. Nous les reproduisons de façon mécanique.

En tant que journaliste de télévision, je suis l'objet
d'une étrange sollicitude. Mes interlocuteurs me disent
avec un regard complice et compatissant : « Evidemment, vous n'êtes pas libre de tout dire... » Il ne fait pas
de doute dans leur esprit que la censure qui limite ma
liberté est purement gouvernementale, qu'elle est exercée
par de sévères fonctionnaires portant des ciseaux en
sautoir. L'idée ne vient à personne que ma liberté,

comme celle de n'importe quel journaliste, puisse être limitée par les tabous. On ne remarque pas cette pression latente des publics, qui pèse sur toute information. Je sais bien, pour ma part, qu'il est beaucoup plus dangereux d'attaquer une corporation qu'un ministre, beaucoup plus courageux d'aller à l'encontre des idées à la mode que de reprendre les thèmes contestataires. Le soutien d'un camp est toujours acquis dans un cas, l'abandon de tous est à craindre dans l'autre.

La France, comme la plupart des autres pays du monde, se trouve aujourd'hui dans une situation difficile. La réalité est déplaisante. Elle n'a certes rien de sinistre ou de désespéré, mais elle exige de nous un effort considérable. Il faut passer des illusions d'hier aux réalités d'aujourd'hui pour réaliser les promesses de demain. C'est une épreuve fort rude, mais nullement insurmontable.

Cependant, nous n'avons aucune chance d'effectuer cette difficile transition si nous ne regardons pas la réalité en face, si nous ne nous cramponnons pas à la raison. La crise aurait dû nous instruire, or nous n'avons pas entendu ses leçons.

Si l'illusion technologique s'est évanouie, l'illusion idéologique tend à la remplacer, et nous attendons de merveilleux systèmes politiques ce que nous espérions du progrès technique. Dans les deux cas, nous cherchons des solutions qui n'exigent aucun effort, qui ne nous imposent aucune contrainte. Mais la réalité est là qui dément ces rêves complaisants.

Dans ce climat de fuite généralisée, le tabou triomphe. Il interdit de soulever les problèmes gênants, il conforte les privilèges et les féodalités, il entretient les mystifications, il entoure chacun d'un cocon protecteur et paralysant. Tous les Français semblent considérer qu'ils sont des gens très fragiles, très malheureux, auxquels il ne convient pas d'assener des vérités déplaisantes. Il ne faut pas souligner que leur santé dépend d'eux plus que des médecins, que leur reconversion économique imposera des sacrifices à tous sans exception, qu'ils ne peuvent poursuivre tous les objectifs à la fois, qu'ils sont mortels et doivent se préparer à la mort, que leur aspiration à plus de justice cache souvent un profond égoïsme, que leur manie du discours idéologique est preuve d'irréalisme et non d'intelligence, etc.

Il ne me paraît plus nécessaire de discuter nos chers « projets de société » : des volumes entiers leur sont consacrés, des congrès nombreux en ont disserté, et nous n'en ignorons à peu près rien. D'ailleurs, nous désirons tout : la quantité et la qualité, la liberté et la sécurité, le bonheur et la facilité ; bref, le progrès en tout et pour tous dans le respect des droits acquis par chacun. Ainsi, additionnons-nous les désirs incompatibles, sans même en calculer le coût. Nous sommes acheteurs de l'avenir mais sans en payer le prix ; nous nous hypnotisons sur le long terme, pendant que nous nous enlisons dans le court terme. Il faut revenir au réel.

Les analyses concrètes sont désormais plus utiles que les grandes synthèses, les exigences de la raison pratique doivent l'emporter sur les séductions du discours idéologique. Il importe de rechercher ce que nous dissimulons sous les silences et les anomalies du colloque social. Nous débusquerons ainsi les petits intérêts sous les grands sentiments, les secrètes craintes sous les silences pudiques, les vraies dérobades sous les fausses théories. Il ne s'agit pas de révéler des faits inconnus, mais des faits non reconnus. Et s'il faut découvrir des idées, ce n'est qu'en leur retirant la couverture du tabou. L'ignorance qui m'intéresse est artificielle, c'est celle des vérités à éviter et non à inventer : de la France et de ses mensonges.

J'ai retenu quelques tabous, ceux auxquels je suis particulièrement sensible. Ce n'est pas un répertoire, mais une collection particulière. Chacun pourrait créer ainsi son musée imaginaire de l'interdit ou du conformisme, l'un n'étant jamais que le revers de l'autre. J'ai mis mes « tabous bout à bout », puisque aussi bien, je pense qu'il est provisoirement nécessaire de placer la synthèse entre parenthèses. Essayons, très modestement, de rétablir les vérités, nous verrons plus tard à recons-truire la Vérité. Voici donc quelques-unes de mes vérités pas bonnes à dire, mais il faudrait bien d'autres chasseurs pour lever tous les lièvres...

Chapitre 2

CONCORDE : L'OISEAU DU TABOU

Il y a soixante ans, les Français réalisaient l'Union sacrée face « aux Boches ». Les ennemis se réconciliaient, les querelles s'évanouissaient, Dreyfus même était oublié ; une seule chose importait : faire la guerre. La France entière mettait la fleur au fusil. Ils furent héroïques, nos soldats, et certains de nos généraux ne furent pas lamentables ; l'armée française se couvrit d'honneurs et de gloire.

Nous gagnâmes la guerre, mais le bilan fut lourd, effroyable. Plus de 10 % de la population active massacrés, près d'un million de maisons détruites, 600 000 veuves de guerre, une économie exsangue, un pays criblé de dettes, une natalité dégringolante, le ressort national brisé. Bref, la défaite de 1940 déjà inscrite dans la victoire de 1918.

Aujourd'hui, les historiens s'interrogent sur les causes d'un tel carnage. Fallait-il vraiment jeter les peuples les uns contre les autres pour régler cette mauvaise querelle de l'Alsace-Lorraine ? Nul n'ose plus le soutenir. Autant le combat contre le nazisme paraît encore, et paraîtra toujours, justifié, autant ces guerres nationalistes paraissent absurdes. Nos poilus sont morts pour rien, tout comme les soldats allemands, autrichiens, anglais, russes ou américains qui tombèrent durant ces années de feu et de sang. Les uns et les autres furent braves, héroïques, glorieux, mais ils avaient été jetés dans un conflit stupide par des dirigeants irresponsables. Cela, tout le monde le sait aujourd'hui.

N'en parlez jamais

Mais il faut aller plus loin et se demander pourquoi les hommes politiques européens, et singulièrement français, qui n'étaient ni plus ni moins mauvais que ceux d'aujourd'hui, purent commettre ce crime et cette faute. On a écrit des volumes là-dessus. Je me contenterai d'insister sur une raison : le tabou. Les hommes de la Troisième République laissèrent se créer en France un véritable tabou sur l'Alsace-Lorraine. Pendant près d'un demi-siècle régna dans notre pays le terrorisme intellectuel. « Pensez-y toujours, n'en parlez jamais. » De fait, le dossier ne fut jamais ouvert. Il ne fut jamais dit aux Français ce qu'il en coûterait de reconquérir ces deux provinces perdues par la sottise du Second Empire, il ne fut jamais envisagé d'accepter les nouvelles frontières pour éviter un carnage en Europe. Tout homme politique français qui aurait fait entendre en ce domaine le simple langage des faits et de la raison aurait été immédiatement accusé de trahison et rejeté par l'ensemble du corps social.

Dans les autres pays d'Europe, le nationalisme utilisait les mêmes mécanismes sur d'autres thèmes en sorte que les hommes de la passion réussirent à imposer le tabou aux hommes de la raison. Dès lors, la boucherie de 1914-1918 devenait inévitable.

Au lendemain de l'armistice, alors que l'effroyable bilan devenait aveuglant, que l'horreur de cette politique ne pouvait plus être contestée, ces mêmes hommes, du moins, dans le camp des « vainqueurs », ont pu se glorifier de « leur » victoire. Les rares pacifistes étaient toujours des traîtres qui avaient voulu vendre la France à l'Allemagne. Car, à nouveau, ces hommes utilisaient les mécanismes du tabou. Leur parlait-on du bilan de la guerre, ils répondaient gloire, victoire, héroïsme. Les morts, les mutilés leur servaient d'otages. Contester l'utilité du conflit, c'était dénigrer le sacrifice des héros. Quand on met le tabou de son côté, on joue à qui perd gagne. Quand on le transgresse, au contraire, on est assuré de perdre, même si l'avenir vous donne raison.

Au lendemain de la Seconde Guerre mondiale, l'Allemagne se trouva dans une situation assez comparable à celle de la France après 1870. Le pays était mutilé, diminué et payait dans sa chair le prix de sa défaite. Le mythe de la réunification, du retour aux frontières perdues, s'imposait comme un tabou au peuple allemand. Nul ne disait comment cela pourrait se faire, ni de quel prix il faudrait le payer, mais le silence de tous laissait entendre que l'Allemagne aurait sa revanche. Les hommes politiques ouest-allemands n'osaient expliquer que les conséquences de la dernière guerre étaient irréversibles, et qu'il fallait s'en accommoder afin de ne pas provoquer un nouveau conflit encore plus meurtrier.

Comment expliquerons-nous ?

Un homme pourtant eut le courage de briser l'interdit ; ce fut Willy Brandt. En reconnaissant les nouvelles frontières, en s'agenouillant devant le monument de Dachau, il donnait des chances nouvelles à la paix, mais prenait des risques considérables pour lui-même. De fait, cette transgression du tabou le rendit vulnérable, et il n'en fallut pas beaucoup pour l'abattre. L'histoire ne le créditera jamais de la guerre qu'il aura, peut-être, contribué à éviter.

Je ne prétends pas que des hommes politiques français disant, en 1900, qu'en aucun cas la France ne devait songer à récupérer l'Alsace-Lorraine au prix d'une guerre, auraient assuré la paix. Je dis seulement que, s'ils avaient fait cela, au risque de leur carrière et de leur réputation, notre pays n'aurait nulle responsabilité dans le déclenchement de ce conflit. Malheureusement, il n'y avait pas de Willy Brandt dans le personnel politique français au pouvoir, il n'y avait que des politiciens bêtement conformistes qui, tout à la fois, utilisaient et subissaient le tabou. Je frémis donc lorsque je vois les Français faire l'Union sacrée. Je sais qu'alors leur poussée est irrésistible, je sais aussi que cette unanimité doit plus à la passion qu'à la raison et qu'elle traduit ordinairement la manipulation de tous par quelques-uns plutôt que la libre détermination d'un peuple.

Concorde entre les Français

Mais, précisément, les Français ne sont jamais d'accord. Depuis ces années de fièvre et de feu, rien, pas même l'ennemi, n'a pu les réconcilier. Ils ne furent unanimes ni dans la guerre de 1939, ni dans le pétainisme, ni dans la Résistance, ni dans les conflits coloniaux. Quant aux périodes de paix, elles ne furent qu'un interminable déchirement entre partis rivaux.

C'est donc une règle qu'il existe toujours un Français pour contester l'opinion ou l'action d'un autre Français, règle qui trouve sa confirmation dans une exception et une seule : Concorde. En ce début 1977, alors que fait rage la bataille de l'atterrissage à New York, *Le Parisien libéré* et *L'Humanité*, le R.P.R. et le P.C. trouvent les mêmes accents, les mêmes arguments, pour défendre Concorde.

Comme toujours en temps de guerre, ces tirades ne sont plus que des accumulations de slogans, et l'on oublie les erreurs commises et les milliards dépensés pour ne dénoncer que le complot américain. Quelle que soit l'issue de cette bataille, que Concorde se sorte de ce piège américain ou qu'il y succombe, une chose est certaine : ceux qui fourrèrent l'aéronautique française dans ce guêpier seront à tout jamais couverts de gloire et ceux qui dénoncèrent à temps la vanité du programme resteront des traîtres. Car les pères de Concorde prirent la précaution de s'abriter derrière un énorme tabou. Les voilà intouchables, donc irresponsables.

Dans vingt ans, quand les passions et les rancœurs seront apaisées, nous raconterons cette histoire à nos enfants, et ils ne comprendront pas. Il leur paraîtra aussi absurde d'avoir sacrifié les investissements industriels, les hôpitaux, les écoles et Caravelle à la construction d'un avion de luxe invendable que d'avoir, en d'autres temps, déclenché une guerre pour la dépêche d'Ems, tué un million d'hommes pour donner en définitive l'indépendance à l'Algérie ou accepté la crainte des grossesses indésirées et les risques de l'avortement clandestin alors qu'existaient les moyens contraceptifs.

Ce refus obstiné des réalités, cette fuite en avant portent un nom : le tabou. C'est lui, le plus beau, le plus absolu, de ces dernières années qui entretint les Français dans ce rêve éveillé. L'Algérie française, le « respect de la vie », qui bloquèrent si longtemps le débat sur la décolonisation ou la contraception ne firent jamais l'unanimité entre les Français. Rien de tel ici. Il y a toute la France d'un côté et Jean-Jacques Servan-Schreiber tout seul de l'autre.

Aujourd'hui la passion triomphe dans le silence de la raison. « Honni soit qui mal y parle de Concorde », car pour « mal y penser », nul ne s'en prive. Comme tous mes confrères, je préfère m'autocensurer que jouer le rôle du traître. Mais il serait naïf de penser que la presse est muselée par les censeurs gouvernementaux. Les ministres ne seraient pas fâchés que l'on prépare l'opinion à l'arrêt du programme. Cela ne les empêcherait pas de désavouer le journaliste imprudent qui s'y risquerait.

En mars 1976, la presse britannique annonça que le gouvernement Wilson avait décidé de ne pas construire un exemplaire de plus que les 16 prévus. L'information fit aussitôt l'objet d'un démenti officiel. Mais les journalistes d'outre-Manche n'aiment pas être pris pour des plaisantins. Ils firent savoir à leurs lecteurs que cette information « imaginaire » leur avait été donnée par les conseillers du ministre de l'Industrie, au cours d'un « briefing » spécialement organisé à leur intention. Je pense que le gouvernement français aimerait lancer de tels ballons d'essai, n'était sa crainte qu'ils lui explosent à la figure.

Non vraiment ce n'est pas la censure officielle ou la répression gouvernementale que je dois craindre. J'ai vu des responsables français et même des ministres lever les yeux au ciel avec un air de désespoir quand on leur parle de Concorde, j'ai entendu parler tout crûment de « connerie ». En privé bien sûr. Mais en public, les mêmes se déclaraient partisans du programme comme au premier jour. Les gouvernements de Paris et de Londres sont prisonniers du tabou qu'ils ont laissé se créer.

En revanche, je sais bien qu'une critique du programme Concorde fait converger les tirs croisés des gaullistes, des communistes, des syndicats et des corporations sans attirer le moindre soutien. Il faut compter pour amis ceux qui osent garder le silence dans ces circonstances. Cette pression sociale unanime est bien autre chose qu'un coup de téléphone furibard venant d'un cabinet ministériel.

Les deux vérités

Oui, si je devais limiter à un seul exemple ma recherche des tabous, c'est sans doute Concorde que je choisirais. Nulle part ailleurs la censure des langues et des esprits ne me paraît avoir aussi bien fonctionné. La légende cocoriconcordienne est devenue la vérité nationale. Or je connais peu de sujets plus contradictoires. Ici, l'histoire peut s'écrire en positif ou en négatif. Comment se fait-il alors que l'une des deux versions ait pu être aussi parfaitement gommée ?

Dans la première, Concorde est le chef-d'œuvre de l'industrie française. Nos ingénieurs ont lancé le plus audacieux pari technique : réaliser le premier avion de transport supersonique. Pourtant la France — et l'Angleterre ne l'oublions pas — a réussi. Concorde assure des liaisons supersoniques avec une régularité incroyable, les passagers sont enchantés, l'avion est magnifique. La réussite est d'autant plus méritoire que les Américains, eux, se sont cassé les dents sur le transport supersonique. Tel est le pari Concorde, un pari qui a été gagné.

Malheureusement, le programme a été constamment entravé par de mystérieux « ennemis » qui entretenaient une campagne systématique de dénigrement. Les crédits ont été insuffisants, l'effort commercial trop timide, et les gouvernements, influencés par la propagande anti-Concorde, n'ont pas suffisamment cru à l'avion. Les choses se gâtèrent à partir des années 1970. Les Américains, humiliés par l'échec de leur supersonique, le S.S.T., ourdirent un complot pour briser sur le plan commercial le succès technique qu'ils n'avaient su ni empêcher ni imiter, et finalement assassinèrent traîtreusement le bel oiseau qui défiait leur monopole.

Interrogez n'importe quel Français, c'est, à quelques variantes près, ce qu'il vous dira. Pourtant, il est peu probable qu'il ait effectivement volé à bord de Concorde. En tant que journaliste, j'ai eu ce privilège. Et, comme tous les passagers, j'ai ressenti cette émotion profonde qui peut naître de la perfection technique. C'est vrai qu'il est admirable, cet avion. Français si vous saviez... vous seriez dix fois plus concordophiles.

Imaginons maintenant la version que nous donnerait un bureaucrate au cœur sec qui traque la vérité dans les dossiers et se fiche de savoir si Concorde ressemble à une flèche ou à un canard. Il compare tout d'abord les prévisions et les résultats. Le programme devait coûter 2 milliards de francs en 1962, soit, approximativement, 5 milliards de francs 1977. L'entrée en service était prévue pour 1970, le marché était évalué à 150 exemplaires par les pessimistes, à 450 par les optimistes. En réalité, la mise au point de l'avion a coûté 22 milliards de francs 1976, les vols commerciaux ont commencé en 1975, 9 appareils ont été « vendus » aux compagnies aériennes des pays constructeurs. Il est vrai que l'avion effectivement construit est fort différent de celui qui était prévu, que toute technique débutante bute sur des difficultés... mais tout de même...

Le sévère commissaire aux comptes tente de faire la comparaison avec d'autres programmes aéronautiques, celui du Boeing 747, par exemple. Les deux avions devaient entrer en service à la même époque et coûter le même prix. Le Jumbo Jet a transporté ses passagers cinq ans avant Concorde, coûte deux fois moins cher, a été vendu à plus de 300 exemplaires. Boeing a complètement amorti les frais de mise au point alors que les Franco-britanniques, ayant perdu tout espoir de recouvrer les 22 milliards de francs, proposent leur appareil au simple prix de fabrication sans amortir les frais de développement.

Notre comptable reprend toute l'histoire et constate que ce « glissement » du programme n'a fait naître aucun débat contradictoire, aucune commission d'enquête, aucune véritable opposition. Pour le coup, il n'y comprend plus rien. Les Français, qui supportent la moitié des frais, ont payé 11 milliards de francs pour la mise au point, 3 pour la construction des 16 appareils. Si l'on peut vendre la série actuelle, ce qui reste possible mais est loin d'être assuré, la facture sera d'environ 12 milliards de francs, si les avions nous restent sur les bras, elle s'élèvera à 14 milliards de francs. Ainsi le contribuable a payé en moyenne 1 000 F pour Concorde. Sans protester. Lui qui regimbe dès que l'on touche à son portefeuille semble prêt à payer davantage. Il applaudit ceux qui l'entraînèrent dans cette aventure, honnis ceux qui tentèrent de l'en dissuader.

Les gouvernements, qui devraient se faire une gloire d'arrêter ce gaspillage, n'osent fermer le tonneau des Danaïdes. Chaque partenaire s'efforce d'imputer à l'autre la responsabilité de l'arrêt. Faute de mieux, les pères de Concorde ont momifié le programme pour ne pas le tuer. Ils vont « maintenir en état l'outil de production... ». Dans dix ans, dans vingt ans, ils pourront toujours dire que la construction est « suspendue » et non « arrêtée ». Quels intérêts occultes, quelles manœuvres souterraines ont pu, de la sorte, manipuler l'opinion, paralyser l'opposition et, finalement, hypnotiser les Français, se demande le bureaucrate ? Il ne peut pas comprendre... le tabou ne s'enseigne pas dans les écoles de comptabilité.

Entendons-nous bien. Je ne prétends pas détenir la vérité sur Concorde. Je pense qu'elle ne réside dans aucune de ces deux versions poussées à la caricature, et qu'il appartiendra aux historiens de la rétablir. Je dis simplement que le récit critique n'est pas moins révélateur que le récit hagiographique, et qu'il n'est d'information complète et de public averti que par la prise en compte des deux simultanément, mais que ce n'est pas le cas aujourd'hui. L'important est de savoir comment et pourquoi le discours social put être à ce point partiel, partial et unanime dans ce pays de divisions, de contradictions et d'interminables discussions. Voilà le tabou. Son autopsie m'intéresse, bien plus que notre merveille supersonique.

L'impérium technique

Le drame de Concorde, c'est celui d'une machine dont la gestation fut si lente, qu'il vint au monde dans une époque qui n'était plus la sienne. Ses partisans ont dû recourir au tabou pour le protéger contre une évolution générale qui le condamnait.

Les premiers rêves qui aboutiront à Concorde germent à la fin des années 1950, les premiers projets naissent tout au début des années 1960. Seul le climat de cette époque, si proche et si lointaine, peut expliquer une telle entreprise.

Nous découvrons rétrospectivement que la civilisation technicienne a vécu son apothéose entre 1960 et 1965. La science va de victoire en victoire dans l'exploration du cosmos, de la matière ou de la vie. La technique triomphe doublement. D'une part, elle banalise les machines de l'avant-guerre : automobile, radio, télévision, robots électro-ménagers, de l'autre, elle fait naître des espèces techniques nouvelles : ordinateurs, centrales nucléaires, fusées. Le sentiment se répand qu'on peut tout attendre de la machine et de ses progrès.

Au triomphalisme technique répond le triomphalisme économique. Le capitalisme n'était jamais sorti de la Grande Dépression ; il était entré directement dans la guerre. En 1945, les experts pensaient qu'il irait de crises en rémissions, sans pouvoir assurer une croissance régulière. Après quinze années, on regarde les courbes, on constate que les pays capitalistes connaissent une expansion continue.

C'est le temps des prévisions. Celles-ci ne nous apprennent rien sur l'avenir, mais beaucoup sur le présent, car les hommes projettent dans le futur leur vision du monde contemporain. Le groupe Delphi de la Rand Corporation, dirigé par Olaf Helmer, annonce pour 1975 la traduction par ordinateurs, les fusées à propulsion nucléaire, la prévision météorologique à long terme, le guidage automatique sur les autoroutes, etc. Herman Kahn prévoit que le monde atteindra des Himalaya de prospérité à la fin du siècle. En 1977, le temps est venu de confronter les faits et les prévisions. Le retard des uns par rapport aux autres montre l'étendue des illusions qui régnaient à cette époque.

Dans ce climat général d'euphorie, on en vient à identifier progrès des techniques et bonheur de l'homme. Le débat était ouvert depuis plus d'un siècle. Face à chaque nouveauté des Cassandre avaient annoncé qu'elles apporteraient plus d'inconvénients que d'avantages. Ils n'avaient pas été écoutés, ils avaient toujours eu tort estimait-on. En ce milieu des années 1960, il semble temps de clore la discussion et de poser en principe que tout perfectionnement des machines améliore la vie des hommes.

Nous voilà fort loin de Concorde apparemment. Non, voyez ce qu'écrit le père, adoptif — mais combien passionné — de Concorde : Henri Ziegler : « Aujourd'hui comme hier, l'apparition de nouveaux modes de communication soulève ici ou là des vagues de critiques, de protestations appuyées sur des affirmations pseudo-scientifiques. L'avenir a régulièrement démenti les affirmations des rétrogrades. Aujourd'hui comme hier, les nouveaux moyens de transport ouvrent de nouveaux horizons aux peuples du monde. » Ces mots datent du 25 mars 1971. La veille, le Sénat américain a condamné le projet d'avion supersonique. Mais n'anticipons pas, nous ne sommes encore qu'au début des années 1960.

La science gaulliste

Au climat général euphorique s'ajoute celui, très particulier, de la France gaulliste. Après une longue période de léthargie, notre vieux pays chargé d'histoire a connu un surprenant renouveau. Les Français travaillent, entreprennent, innovent et, signe qui ne trompe pas, se remettent à faire des enfants. La France découvre l'ère industrielle et s'y jette à corps perdu.

Entraînée par la démesure historique de son chef, elle s'abandonne complètement au triomphalisme technique. Ce pays sous-industrialisé, sinon sous-développé, joue la sur-industrialisation. Manquant des industries de base, il ne rêve que des industries de pointe. Le Général veut voir flotter le pavillon français sur des réalisations de prestige défiant les plus grands succès de la technique américaine. C'est l'ère des grands projets et des belles machines. On s'industrialise par le haut.

Cet enthousiasme technique trouve son épanouissement dans le secteur nationalisé. Ici les contraintes du marché sont largement oubliées, la tutelle de l'Etat fort lointaine, et l'on vit en « techno-gestion ». Il se produit une véritable collusion entre les bureaux d'études, qui recherchent la performance technique, et le pouvoir gaulliste, qui en attend le prestige national.

Ceci est particulièrement vrai dans l'aviation, l'industrie noble par excellence. Si l'histoire des techniques est bien prosaïque, celle de l'aviation est épique, en effet.

Le public est toujours fasciné par les avions et, bien que 4 % seulement des Français utilisent régulièrement le transport aérien, les travailleurs qui ne se feront jamais offrir un « voyage d'affaires » viennent en foule le dimanche à Orly. Aujourd'hui encore, l'avion échappe à cette dévalorisation qui frappe toutes les machines.

Dans cette conquête de l'air, la France tient une place prestigieuse : Ader, Blériot, Guynemer, Mermoz, Hélène Boucher, Jacqueline Auriol et Saint-Exupéry aux grandes orgues. Qui plus est, l'aéronautique française a brillamment reconquis sa place au lendemain de la guerre. Elle est la fille chérie de la science gaulliste.

Les hommes de l'aéronautique sont tous des passionnés, souvent pilotes eux-mêmes, ils ne rêvent que de leurs belles machines, ils veulent voler toujours plus vite, plus haut, plus loin. Dès les années 1960, ils tracent les plans d'un transporteur aérospatial qui mettrait New York à 45 minutes de Paris !

Enfin l'aéronautique n'est pas une industrie comme une autre ; elle marche par « coups ». Chaque nouvel avion est un pari qui peut mettre à bas les plus gros constructeurs en cas d'échec. Rétrospectivement chacun trouve que l'opération Caravelle était fort raisonnable, alors qu'en fait elle était incroyablement « casse-gueule » lorsqu'elle fut décidée. Les hommes de l'aéronautique savent donc qu'ils sont condamnés à l'audace et qu'ils n'avancent qu'à coups de paris.

Précisément Caravelle est un « coup » gagnant. Comme tout avion de bonne race, il faudrait le faire évoluer, en prévoir des versions différentes, lui apporter les derniers perfectionnements techniques pour élargir son marché et prolonger sa carrière. Il existe plusieurs projets en ce sens.

Le choix supersonique

Mais il est évident, dès le départ, que l'avion supersonique a la faveur des bureaux d'études. Ceux de France, comme ceux de Grande-Bretagne, car les hommes de l'aéronautique sont les mêmes partout. A l'exaltation du défi technique s'ajoute celle du défi économique et commercial. Les Européens pensent qu'en ce domaine les Américains n'en savent pas plus qu'eux. En prenant le départ tout de suite, ils ont une chance d'arriver les premiers, de ravir enfin à Boeing, Douglas et autre Lockheed, cette insupportable suprématie technologique héritée de la guerre. Tout ingénieur aéronautique qu'une telle perspective n'enthousiasmerait pas, n'aurait pas sa place dans un bureau d'études. Les ingénieurs de Sud-Aviation méritent tous leur place. Ils veulent se lancer dans l'aventure supersonique.

Toutefois ils savent que la France n'est pas en mesure de construire seule un long-courrier. Ils se rabattent sur le moyen-courrier et Sud-Aviation propose un avion d'une centaine de places, ayant un rayon d'action de 2 000 à 4 000 km et volant à mach 2.

Réfléchissons un instant sur ce petit frère avorté de Concorde. Quel peut être son marché ? Le bang supersonique le condamne à survoler les déserts ou les océans. Quel vol transocéanique peut-on effectuer avec un si faible rayon d'action ? Les techniciens sortent triomphalement Paris-Dakar.

Mais qu'importent les débouchés ! Le mythe du progrès technique fait du vol supersonique une évidence et une fatalité. Puisque la France n'a pas les moyens de couvrir les lignes transcontinentales, elle fera les étapes plus courtes. Car il ne fait pas de doute que tous les avions voleront à mach 2. C'est pourquoi, il importe de se lancer dans l'aventure. Tout de suite.

Est-ce à dire que nul à cette époque ne se soucie d'utilité et de rentabilité ? Certainement pas. Si les gens de Sud-Aviation, bien protégés dans le secteur public, peuvent donner libre cours à leurs rêves, les gens d'Air France, exposés quotidiennement à la concurrence des compagnies étrangères, sont plus près des réalités. Dès le 19 septembre 1961, le directeur d'Air France, Joseph Roos, souligne qu'il « n'est nulle part proposé de confier à un avion supersonique l'exécution d'étapes relativement courtes » et recommande de différer le lancement d'un tel programme pour entreprendre sans tarder le développement de la Caravelle qui, dans ses nouvelles versions, correspond à un marché certain. Ainsi, dès l'origine, les utilisateurs indiquent aux gouvernants les orientations réalistes. Ils savent où est le marché, ils demandent que l'on en tienne compte.

Les constructeurs, eux, veulent se colleter avec le transport supersonique. Ils trouvent un formidable allié dans la personne du général de Gaulle. Le projet séduit le chef de l'Etat qui en voit aussitôt la signification politique. Pour les Français, toujours tentés par la démission, cet avion sera le symbole même de ce qu'ils peuvent faire lorsqu'ils ont l'audace d'entreprendre, ce sera encore la preuve éclatante que l'Europe et plus particulièrement la France peuvent rivaliser avec les Etats-Unis et même les dépasser. Le rêve gaullien vole à mach 2. La réalité de Caravelle est sacrifiée au rêve de Concorde.

Les ingénieurs britanniques ont également des projets en tête. Plus ambitieux que les Français — à l'époque l'industrie aéronautique anglaise est nettement plus puissante que sa rivale française —, ils visent le long-courrier supersonique. Entre France et Grande-Bretagne, c'est le temps du flirt et des équivoques. Les Britanniques veulent plaire aux Français pour se faire ouvrir les portes du Marché commun. Les gouvernements de Londres et de Paris décident de fondre leurs programmes.

De cette fusion naîtra Concorde. L'accord est officiellement signé le 29 novembre 1962, mais on ne peut dire que Concorde soit né à cette date. L'avion n'existe pas encore. On sait seulement qu'il sera supersonique, mais le choix n'est pas fait entre long et moyen-courrier. On s'engage, mais on ne sait pas à quoi et l'on s'interdit tout retour en arrière.

Les experts n'ont qu'une idée très imprécise du programme qu'ils vont entreprendre, mais ils font preuve d'une assurance et d'un optimisme inébranlables pour « vendre » leur projet. Dans la version long-courrier Paris-New York, ils prévoient que l'avion pèsera 118 tonnes, alors qu'on arrivera à 182. Ils veulent emporter 100 passagers. Par la suite, lorsque la cellule sera allongée, on parlera de 130 et même 140 places. En réalité, l'avion définitif, dans la version la plus longue, offre une centaine de sièges. Pour en caser 140, il faudrait faire voyager nos passagers de luxe dans les conditions d'un transport de troupes. Les délais, les coûts, les difficultés techniques, les incertitudes du marché, tout est systématiquement minimisé. Les responsables de l'aéronautique promettent tout à des hommes politiques disposés à tout croire.

La France fait une bêtise

L'affaire est lancée dans une totale confusion. Ce jugement sévère, ce n'est pas moi qui le porte, c'est, en 1966, le directeur général honoraire d'Air France et directeur général des Avions Bréguet, un certain Henri Ziegler. Il écrit dans un rapport que Concorde est

« l'exemple typique d'un programme hâtivement lancé pour des considérations de prestige, sans spécifications précises étudiées en accord avec les transporteurs ». Il voit parfaitement que : « Rayon d'action et capacité sont marginaux en fonction de l'évolution du marché et peuvent limiter sérieusement les débouchés. Le coût de revient en exploitation est un autre facteur critique. »

Résumons-nous : la France vient de faire une bêtise. Entre des hommes politiques à la recherche d'un prestige national et des ingénieurs à la recherche du chef-d'œuvre, elle s'est engagée inconsidérément dans une impasse.

Cette mauvaise décision n'est qu'un péché véniel si la France sait rapidement rectifier le tir et s'adapter aux réalités, dans le cas contraire, ce sera un péché mortel pour notre aéronautique. Serons-nous capables de reprendre nos billes avant de les avoir toutes laissées filer ? C'est la question.

On peut déjà en douter lorsqu'on lit la conclusion que, dans son rapport précité, Henri Ziegler tire de son réquisitoire. « Les choses étant ce qu'elles sont, écrit-il, il n'y a plus qu'à tout mettre en œuvre pour tirer le meilleur parti d'un effort disproportionné avec les moyens européens et lancé au détriment de réalisations plus rentables. » Il écrit cela en 1966, trois ans avant le premier vol, c'est-à-dire à l'époque où, précisément, « les choses » ne sont pas encore. Certes, il en coûterait de renoncer, mais, la suite le prouvera, bien moins que de continuer. Faute du courage nécessaire, pour faire machine arrière, on se lance dans la fuite en avant. Pour défendre une entreprise de moins en moins défendable, les hommes de Concorde utiliseront de plus en plus les mécanismes du tabou.

Pourtant, les occasions ne manquent pas de faire demi-tour. Dès 1964, Harold Wilson est rappelé aux dures réalités par l'état désastreux des finances britanniques. Ce serait une bonne occasion de réexaminer le programme. Le budget a doublé en deux ans, les difficultés s'annoncent plus grandes que prévu, l'avion se transforme, s'alourdit, on ne sait plus où on va. Wilson juge prudent de mettre les pouces. Mais la France gaulliste ne veut rien entendre et menace de traîner son partenaire défaillant en cour de La Haye. Le Général a dit : « Nom de Dieu, nous ferons Concorde. » On ne réexaminera donc rien, on n'ouvrira aucun vrai débat et la Grande-Bretagne devra, en renâclant, reprendre sa place dans l'attelage.

Le programme se poursuit. Les difficultés dépassent celles qui étaient prévues, la valeur de nos techniciens aussi. Elles sont toutes surmontées. L'avion continue à prendre du poids à mesure qu'il prend forme. 149 tonnes en mai 1965, 160 tonnes en novembre de la même année, 170 tonnes en juin 1968, 182 tonnes en 1975. Dans le même temps la poussée des moteurs Olympus passe de 13 tonnes à 17,2. Le devis grimpe encore plus vite. Malheureusement la capacité et le rayon d'action ne peuvent guère être accrus et resteront toujours un peu insuffisants, par rapport aux besoins du marché.

Mais l'opinion française ne s'interroge pas plus que ses dirigeants. L'affaire suit son cours dans une atmosphère d'optimisme, presque d'euphorie.

Le grand tournant

En cette fin des années 1960, alors que la construction des prototypes entre dans sa phase terminale, la civilisation technicienne subit une véritable révolution culturelle. Les manifestations en sont déroutantes, surprenantes, parfois aberrantes et irritantes. C'est la découverte de la pollution, le mouvement hippy, la méfiance vis-à-vis des produits chimiques et industriels, les mouvements de consommateurs, les critiques contre « la société de consommation », l'opposition aux programmes nucléaires, la formation de mouvements écologiques, etc. Certes le triomphalisme technique continue sur sa lancée et la décennie se termine en apothéose avec le débarquement sur la Lune et la greffe du cœur, mais cela ressemble à un chant du cygne. Une autre conscience est en train de naître. En Amérique d'abord, en Europe ensuite. A travers des manifestations contradictoires, elle manifeste un changement d'attitude vis-à-vis du progrès technique. Le monde industriel passe progressivement de l'adoration à la suspicion.

Voyez cette ruse de l'Histoire ; elle est admirable. Dans cette décennie 60, l'humanité vient d'admettre, après deux siècles de développement industriel, que tout perfectionnement technique lui est automatiquement favorable. Or, au moment même où elle croit pouvoir miser sur cette relation, où elle se lance dans l'aviation supersonique sur la simple conviction que « c'est le progrès », cette loi cesse d'être vraie.

Car l'identification du progrès technique et du progrès de l'homme n'est valable que dans une première phase. Lorsqu'une société atteint un certain niveau de développement économique et technologique, le progrès bute sur la décroissance de son utilité marginale. C'est exactement ce qui se passe dans les années 1960.

Il est facile d'illustrer ce phénomène général avec des exemples concrets. Les premiers mécanismes d'horlogerie ont rendu un immense service en permettant de compter le temps jour et nuit, en tout lieu, à toute heure. Le développement de la mécanique horlogère fut précieux qui mit la montre à la portée de tous. Mais celui de la montre électronique qui démocratise le centième de seconde, n'apporte, en fait, aucune utilité nouvelle, puisque le temps se mesure ordinairement à la minute. De même, le tout-à-l'égout est un immense progrès en comparaison duquel l'apport de la climatisation paraît bien faible ; les techniques agronomiques sont indispensables quand elles permettent d'assurer à tous une ration alimentaire suffisante, elles sont bien moins nécessaires quand elles visent à généraliser la suralimentation. Certes, il est des exceptions. La guérison du cancer, par exemple, ne serait pas moins précieuse que la vaccination antivariolique, mais cette loi d'utilité décroissante est d'application assez générale.

Elle n'implique pas qu'il faille « arrêter le progrès », mais simplement qu'on ne peut plus accepter une nouvelle technique pour la seule raison qu'elle est plus perfectionnée que la précédente. Dans tous les cas, l'utilité, les inconvénients et les coûts doivent être étudiés pour savoir si l'innovation mérite d'être développée. Il faut choisir dans les fruits trop riches du progrès ceux que nous consommerons et ceux que nous dédaignerons. Les pères de Concorde auraient été bien perspicaces s'ils avaient imaginé cette relation dès 1960, alors que tout le monde découvrait exactement l'inverse. Au reste, cette nouvelle conception du progrès n'a pas été véritablement « découverte », elle a été ressentie de façon tout intuitive par le public à travers les notions bien vagues de pollution, gadgétisation, société de consommation, qualité de la vie, etc. Comme toujours en pareilles circonstances, les réactions sont excessives, désordonnées, parfois aberrantes. On bascule d'un extrême à l'autre, mais cette évolution correspond à une réalité, une réalité qui condamne le vol supersonique.

Feu sur le S.S.T. — feu le S.S.T.

Rudes années pour « le progrès » en Amérique ! Les crédits de la science, et notamment ceux de l'espace, diminuent brutalement. Programmes lunaires post-Apollo, fusées à propulsion nucléaire, forage de l'écorce terrestre, voyage vers Mars, des projets beaux comme des rêves sont abandonnés. Les industriels découvrent de nouveaux opposants qui paraissent aussi dérisoires que des tribus indiennes, mais se révèlent extrêmement coriaces : associations de consommateurs, d'usagers, « d'environnementalistes », parfois simples citoyens. Il faut plaider devant les tribunaux, s'embourber dans la procédure, monter interminablement d'appels en instances. Pendant ce temps le travail ne se fait pas, les chantiers sont arrêtés, les raffineries et les centrales nucléaires ne peuvent sortir des cartons, les usines doivent tourner au ralenti. L'Amérique s'offre une grande partie de brise-tabou aux dépens des idoles industrielles ; et l'avion supersonique en deviendra la cible favorite.

Le programme a démarré en juin 1963, dans des conditions très comparables à celles de Concorde. Il a été entendu que l'avion sera développé sur des fonds publics et non privés. Les ingénieurs américains, libérés des

contraintes commerciales, vont pousser encore plus loin
que les Européens le goût de la performance technique.
Ils veulent construire un monstre en titane dépassant
mach 3, transportant 300 passagers et équipé d'ailes
mobiles à géométrie variable. Les bureaux d'études de
Sud-Aviation paraissent bien raisonnables quand on les
compare à ceux de Seattle ! Il est vrai que Boeing, toujours réaliste, prépare aussi la génération des avions
gros porteurs. On ne rêve qu'aux frais du contribuable.

Mais on a vraiment poussé trop loin le bouchon.
Alors que le projet Concorde évolue, le projet de S.S.T.
échoue. La géométrie variable se révèle impraticable. Il
faut tout revoir. On se contentera de faire un gros
Concorde. Mais, pour en arriver là, les Américains ont
déjà dépensé presque autant d'argent que les Européens.
L'affaire part mal.

Les « environnementalistes » se déchaînent contre le
S.S.T., ils le présentent comme un monstre qui va dévorer
l'oxygène, détruire l'ozone, encrasser l'atmosphère et
produire un bruit à faire avorter toutes les vaches américaines. Les intégristes du capitalisme s'indignent que
l'argent fédéral serve à subventionner une entreprise
commerciale. Il y a dans tout cela beaucoup d'exagé-
ration, d'hypocrisie, voire de mauvaise foi. Mais on
est en Amérique, pas en France. Le pouvoir politique,
et notamment le pouvoir législatif, n'entend pas s'en
remettre aux technocrates, il prétend examiner lui-même
le dossier et trancher librement. En 1971, le grand procès
du supersonique commence devant le Congrès. Les arguments des adversaires ne sont pas bons, le procès est
mal conduit, mais l'ambiance générale est défavorable
au projet. Le S.S.T. incarne, avec une évidence arro-
gante, la technologie triomphante, la recherche de la
performance plus que de l'utilité. Il est incompatible
avec la prise de conscience qui agite l'Amérique. Dès
lors, les mauvais prétextes suffisent. Le 24 mars 1971,
le Sénat refuse les 134 millions de dollars — une misère —
nécessaires à la poursuite du programme, et condamne
le projet américain d'avion supersonique.

Qu'on approuve ou qu'on déplore l'issue du débat,

force est de reconnaître qu'il a eu lieu, que toutes les opinions se sont exprimées, que les représentants du peuple se sont prononcés après s'être sérieusement informés. En fait, le S.S.T. n'a pu gagner son « procès en utilité », il a été condamné pour de mauvais prétextes, il ne l'aurait pas été si les services qui en étaient attendus avaient été plus évidents.

En bonne logique, le même procès aurait dû se dérouler en France pour Concorde. Imaginons un instant que l'on ait effectivement tenté de savoir s'il convenait de poursuivre le programme. Voilà, me semble-t-il, les arguments et contre-arguments qui auraient pu être échangés. Je n'insiste pas sur ceux de la défense qui traînent partout et j'inventerai ceux de l'accusation qui, en l'absence de ce procès, furent bien rarement exposés.

Le procès en utilité

Ce procès doit tourner essentiellement autour de deux questions : quelle est l'utilité de Concorde ? Quel en est le coût ? Tant que l'entreprise rapporte de l'argent à la France, on peut trouver dans les profits les justifications qu'on ne trouverait pas dans son utilité. Qu'importe si nos grands couturiers ne produisent rien de bien utile. Ils nous rapportent des devises et c'est l'essentiel. Tout change lorsque l'affaire devient déficitaire. Or il apparut assez rapidement que l'Etat ne reverrait jamais l'argent qu'il avançait pour la mise au point de l'appareil, ce qui est d'ailleurs fort courant en aéronautique.

Cela signifie concrètement que la construction de Concorde se traduit par un impôt. Dans notre système de confusion budgétaire, cette taxe passe inaperçue. Elle existe pourtant, et le tabou n'aurait guère résisté si elle avait dû être payée comme telle.

Dépenser l'argent des contribuables est une chose grave. Cela ne doit se faire que pour des raisons précises et impérieuses. Il faut en l'occurrence que l'utilité de Concorde soit bien grande pour que sa fabrication justifie une ponction de 11 milliards de francs sur le budget français. Cette utilité quelle est-elle ?

Concorde réduit de moitié le temps de vol sur les lignes intercontinentales. C'est beaucoup, mais c'est tout, car l'appareil n'apporte aucun confort supplémentaire par rapport à celui, fort convenable, qu'offrent les premières classes des Jumbo Jet. Ce gain de temps peut-il justifier les dépenses engagées ?

La clientèle de l'aéronautique se divise en passagers qui voyagent pour leur propre compte et en « hommes d'affaires ». Ce titre ronflant ne doit pas faire illusion. Il indique tout simplement que le voyageur n'a pas payé son billet de sa poche. Chaque fois que je prends l'avion pour effectuer un reportage, je deviens un « homme d'affaires »... le temps d'un vol. La clientèle de Concorde se recrutera parmi les actuels passagers des premières classes.

Pour les touristes qui voyagent dans ce luxe, on accordera que leur hâte d'arriver à destination ne peut figurer parmi les objectifs prioritaires du gouvernement. Ils appartiennent à ce millième de la population qui cumule tous les privilèges et il serait indécent de mettre à leur service l'argent des contribuables.

La seconde catégorie, de loin la plus importante, est constituée par des dirigeants d'entreprises, cadres de direction, banquiers, exportateurs, diplomates et autres qui effectuent des voyages intercontinentaux par nécessité professionnelle. Les défenseurs de Concorde expliquent que le temps de ces hauts personnages étant fort précieux pour la bonne marche du monde, tout doit être mis en œuvre pour l'économiser. Voyons cela.

Le gain de temps est fort appréciable, c'est vrai. A chaque fois que je dois effectuer un très long vol, je deviens un fanatique de Concorde, car les heures sont longues, très longues, dans le ciel. A ce temps gagné il faut ajouter la fatigue épargnée. C'est particulièrement vrai lorsqu'on peut réduire le décalage horaire. Bref, il ne fait aucun doute que cet avion offre un service amélioré à ceux qui l'utilisent. Tout le problème est, précisément que, ceux-là sont fort peu nombreux, qu'ils sont déjà bien servis et qu'il existe d'autres gens qui voyagent dans des conditions fatigantes. Pourquoi faudrait-il, tout à coup, consacrer des sommes aussi considérables à diminuer la fatigue de ces quelques voyageurs plutôt que celle des millions de Parisiens qui s'entassent dans le métro et les trains de banlieue lors de leurs déplacements professionnels ? Parce que, nous répond-on, il s'agit de « gens importants » et qui feront de cette disponibilité supplémentaire un usage qui profitera à tous. Grâce à Concorde nos dirigeants seront moins harassés, auront plus de temps, feront mieux leur travail et nous en profiterons tous.

Il est vrai qu'un homme investi de responsabilités importantes ne doit pas perdre son temps à des occupations inutiles, qu'il doit être déchargé des tâches secondaires. Il est donc normal qu'il soit assisté d'un chauffeur, d'un secrétariat et que l'on mette à sa disposition un bon réseau de télécommunications. Cela posé, la fréquence des voyages est inversement proportionnelle à la distance. Rares sont les fonctions qui obligent à traverser l'Atlantique chaque mois. Les gains de temps réalisés ne sont donc qu'occasionnels. Mais ils sont réels et il convient de se demander si Concorde est bien le meilleur moyen pour soulager l'emploi du temps de nos responsables.

Il y a plusieurs façons d'aborder ce problème. Schématiquement, il me semble que l'on peut trouver des solutions techniques, organisationnelles ou mixtes. La première solution consiste à fournir une assistance technique accrue pour permettre à l'intéressé de faire autant ou davantage de choses dans le même temps. C'est la solution Concorde. J'y vois, pour ma part, de nombreux inconvénients. Tout d'abord elle attaque les effets sans en rechercher les causes. Les faits sont évidents : nos hommes d'affaires sont débordés, ils doivent être aux quatre coins du monde en même temps. Solution logique : fournissons-leur des moyens de transport ultra-rapides qui les rendront quasi ubiquitaires, ce qu'ils semblent souhaiter si ardemment. L'ennui c'est que ce genre de solution ne fait que déplacer le problème. Je suis prêt à parier que nos gens débordés ne seront soulagés qu'un temps par Concorde. Constatant que les voyages intercontinentaux sont plus faciles, ils en feront davantage et se retrouveront aussi débordés que par le passé. Ils demanderont alors un transporteur aérospatial. Lequel, à son tour se révélera insuffisant. C'est la fuite en avant.

Un dirigeant surchargé de travail est, presque toujours, mal organisé. Cet emploi du temps excessif correspond à la volonté de tout faire par soi-même, au refus de déléguer ses pouvoirs. Pour améliorer les conditions de vie et de travail, il faut se décharger sur ses collaborateurs et non prendre des avions rapides.

Les privilèges professionnels

Il y aurait d'ailleurs beaucoup à dire sur la perte de temps en voyage. Il me semble que des personnages si importants ont toujours des notes à rédiger, des dossiers à étudier, bref, tout un travail en retard qu'ils ne peuvent faire faute de tranquillité. Les sept heures passées dans un Jumbo Jet, sans téléphone et sans rendez-vous, ne devraient donc pas constituer une perte de temps.

Les solutions organisationnelles n'excluent pas l'utilisation de nouveaux moyens techniques. Elles se combineraient fort bien avec des systèmes de télécommunications améliorés permettant de se donner des rendez-vous téléphoniques à plusieurs personnes, d'échanger instantanément des documents, des signatures, c'est-à-dire, en définitive, de faire voyager des informations immatérielles et non des personnes pesantes. Il serait bon encore d'améliorer la circulation dans les villes pour que nos « hommes d'affaires » ne perdent pas — quatre fois par jour — et non quatre fois par an — leur temps dans les embouteillages, etc.

Tel est le nouveau progrès, celui qui combine la technique et son utilisation, qui améliore l'organisation avant d'appeler la machine, un progrès qui n'est pas seulement celui des robots, mais également celui des relations humaines. De ce point de vue, Concorde est l'exemple type de l'ancien progrès, que j'ai dénoncé dans *Le*

Bonheur en plus sous le nom d'illusion technique, celui qui demande tout à la technologie et rien à l'homme. Mais, dira-t-on, les « hommes d'affaires », c'est-à-dire en définitive les intéressés, raffolent de Concorde. C'est vrai. L'illusion technique est séductrice. Chaque fois que les hommes ont le choix entre une solution purement technique et une solution organisationnelle, ils choisissent la première. C'est ainsi que les bureaucrates soviétiques préfèrent conserver l'économie ultra-centralisée en développant les systèmes informatiques, plutôt que déléguer leurs pouvoirs aux entreprises. Que nous préférons préserver notre santé par des médicaments plutôt que par l'hygiène. Le contraire seul serait surprenant.

Mais il y a plus grave. Concorde s'insère dans un véritable système de mystification. Les hauts personnages s'efforcent toujours de masquer, sous couvert de nécessités professionnelles, les avantages qu'ils s'octroient. Voyez ces « repas d'affaires » qui doivent toujours se dérouler dans des restaurants luxueux. Impossible de parler sérieusement sans déboucher un bourgogne millésimé. Impossible encore de rencontrer des relations ailleurs qu'à la chasse, de séjourner à l'étranger ailleurs que dans le meilleur palace, de commander ailleurs que d'un bureau somptueux, de vivre ailleurs que dans un luxueux appartement de fonction. Tous ces avantages ne figurent évidemment pas dans les déclarations de revenus, car ce ne sont que servitudes du pouvoir et outils de fonction. De qui se moque-t-on ?

Gageons que, si l'aviation supersonique se généralise, elle sera la source de nouveaux abus. Avec l'avion subsonique, on voit bien des prétendus voyages d'affaires n'être en réalité que des voyages d'agrément payés par la princesse. Songeons à tous ces congrès-tourisme, ces pseudo-voyages d'information. Combien de fois n'entend-on pas le classique : « J'ai envie de faire un tour aux Etats-Unis... » qui fait bientôt découvrir le prétexte du voyage. Pourtant les vols subsoniques restent longs et fatigants. Il est difficile de les insérer dans un emploi du temps chargé. La lenteur même de l'avion limite les abus. Lorsque Paris ne sera plus qu'à trois heures quarante de New York, tous les prétextes seront bons pour s'offrir un week-end américain. Chacun le sait et personne n'en parle.

Cette critique fondamentale est indépendante des mésaventures commerciales de Concorde. Avant l'entrée en service, je pensais que le système des privilèges assurerait le succès de l'entreprise, ma seule surprise est que les coefficients de remplissage n'atteignent pas 100 %. Ils en seraient sans doute proches sur Paris-New York, c'est ce qui explique l'opposition farouche des transporteurs américains.

Ce genre de succès ne prouve en rien l'utilité. Il ne peut se justifier que par la rentabilité commerciale. S'il entraîne un déficit, il devient indéfendable. Or la clientèle de Concorde est, pour l'essentiel, composée d'étrangers. On demande donc aux contribuables français de subventionner les « week-ends » de réflexion que des « hommes d'affaires » américains veulent passer à Paris. C'est ce qu'Antoine Pinay, un des rares Français à garder la tête froide en cette affaire, résume d'une formule lapidaire : « On dépense trop d'argent pour permettre à des milliardaires américains de traverser un peu plus vite l'Atlantique. » C'est là, je pense, l'argument fondamental, celui que chacun ressent plus ou moins confusément.

L'indémocratisable Mach 2

Il est vrai que les riches disposent toujours en priorité du progrès technique. La démocratisation vient après. Tout le monde savait, en développant la télévision en couleurs, qu'elle serait d'abord regardée par des bourgeois et non par des ouvriers spécialisés. Si l'on ne s'était intéressé qu'aux besoins des masses, on aurait renoncé à de nombreux progrès dont elles jouissent aujourd'hui. Malheureusement ce raisonnement ne vaut rien en ce qui concerne le transport supersonique. Aucun futurologue sérieux, si loin qu'il porte son regard ou laisse aller son imagination, ne voit une société dans laquelle le tourisme populaire s'effectuerait en avion supersonique. Une telle éventualité est tout à la fois irréalisable et absurde. Tout donne à penser que les avions supersoniques resteront dans un avenir prévisible des machines compliquées et difficiles à construire. La vitesse sera toujours chère. Aujourd'hui même, le pourcentage des touristes qui peuvent prendre l'avion est infime. Si l'on généralise le transport supersonique, le prix du billet, qui ne cesse de baisser depuis vingt ans, remontera brutalement avant de redescendre. C'est dire que le marché se réduira au lieu d'augmenter, et que la relative démocratisation du transport aérien sera reculée d'une génération. Vaut-il mieux transporter la prochaine génération à 900 km/h, ou la sacrifier pour transporter la suivante à mach 2 ?

Sans compter que le remplacement de tous les longs-courriers par des avions supersoniques poserait de graves problèmes écologiques. Autant les alarmes concernant la couche d'ozone paraissent mal fondées, tant que la flotte supersonique se limite à quelques dizaines d'appareils, autant elles deviendraient sérieuses si l'on faisait voler des milliers d'avions dans la stratosphère. Et pensons encore à la consommation. Une tonne de kérosène par passager entre Paris et New York ! Serait-il raisonnable de brûler autant de pétrole pour transporter les touristes par millions ?

Bref, le tourisme supersonique ne profitera jamais qu'à une infime minorité sans jamais se généraliser. Qu'on cesse donc de prétendre qu'en faisant l'avion des milliardaires, on prépare celui de tout le monde. La démocratisation de l'aviation passe par les avions gros porteurs et les très petits avions de tourisme, non par les bolides bisoniques.

L'arrogance des bureaucrates

Les Russes, il est vrai, ont fabriqué leur propre Concorde avec le Tupolev 144. Faut-il en conclure que cette glorieuse réalisation communiste dément tout ce qui vient d'être dit ? Absolument pas. Concorde est d'abord une erreur d'évaluation technique et non politique. Il ne concerne pas des rapports de production, mais les rapports de l'homme et de la machine. Or le communisme est fortement marqué de scientisme. Il se veut « socialisme scientifique », et il est encore imprégné par l'optimisme technique qui fleurissait au XIX° siècle. En ramenant toutes les perversions des sociétés industrielles à un défaut dans les rapports de production, il a innocenté la technologie.

Notons encore que la société soviétique est tout sauf démocratique et égalitaire. La bureaucratie y fait preuve d'une morgue en comparaison de laquelle la suffisance du patronat occidental est une forme d'humilité. Le Tu 144 est l'avion des bureaucrates, et le même raisonnement élitiste qui conduit nos cadres à s'offrir Concorde conduit les cadres soviétiques à voyager en Tupolev.

Les Soviétiques sont encore très sensibles au prestige technique que doivent apporter les belles machines. Ils l'ont prouvé avec les fusées et les satellites.

Notons enfin que le Tupolev 144, que par une sotte vanité certains avaient baptisé Concordov, est en réalité un avion entièrement différent de Concorde. S'il a la même silhouette, c'est que celle-ci est imposée par les lois de l'aérodynamique et non par l'inspiration d'un artiste ; en revanche, il n'utilise pas le même type de propulseurs. Les siens sont à double flux, alors que ceux de Concorde sont à simple flux. C'est dire que cet avion est optimisé pour le vol subsonique et non pour les grandes vitesses, à la différence de son rival occidental. Pour schématiser, on pourrait dire que Concorde est un supersonique qui peut, en cas de besoin, voler en subsonique, alors que le Tu 144 est un subsonique qui peut piquer des pointes à mach 2. Pour l'U.R.S.S., écrasée par la dimension sibérienne, cet avion est plutôt moins absurde que le Concorde qui prétend relier l'Ancien au Nouveau Monde sans pouvoir faire New York-Francfort, New York-Rome, New York-Genève en ligne régulière à pleine capacité.

« Il est beau cet avion »

Que les avantages directs du programme soient appréciés en termes de rentabilité commerciale ou d'utilité sociale, ils sont manifestement insuffisants pour justifier l'effort demandé aux Français. Même les partisans de Concorde l'admettent implicitement, et c'est pourquoi ils lancent pêle-mêle toute une série d'arguments périphériques formant un véritable tir de barrage destiné à protéger leur totem.

Le programme se trouverait ainsi justifié par le fait que Concorde est le plus bel avion du monde, que c'est une grande réussite technique, qu'il rehausse le prestige de la France, qu'il crée de nombreux emplois, qu'il sert de porte-drapeau à nos exportations, qu'il fait bénéficier toute notre industrie de nombreuses innovations, qu'il assure enfin notre indépendance nationale.

La beauté de Concorde est indiscutable. Elle est même stupéfiante, émouvante. Les évolutions de l'appareil coupent le souffle aux spectateurs. C'est vrai. Malheureusement il s'agit d'un véhicule ; pas d'une œuvre d'art. Il est certes préférable qu'un avion soit beau, mais cette qualité doit venir après toutes les autres, elle est offerte « par-dessus le marché » et non « dans le marché ». Le critère esthétique n'est pas de mise à moins d'admettre d'emblée que cet appareil est destiné aux meetings et aux musées et non à l'exploitation régulière sur les lignes aériennes.

La réussite technique est tout aussi évidente. Les constructeurs en sont fiers et peuvent l'être. Les techniciens américains de l'aéronautique qui ont commis tant d'erreurs et connu tant de déboires en ce domaine, sont les premiers à la reconnaître. Ils ne croyaient pas leurs rivaux français et britanniques capables d'une telle prouesse. Quant aux techniciens soviétiques, ils n'en finissent pas de mettre au point leur Tupolev 144 et n'osent annoncer ses performances opérationnelles garanties. Les difficultés qu'ils rencontrent et qu'ils ont tant de mal à surmonter prouvent assez la valeur de nos ingénieurs et la grandeur de leur victoire.

Mais cet argument n'est pas plus recevable que le précédent, car il s'agit d'apprécier une opération industrielle et commerciale, pas un concours appliqué d'aéronautique. L'Aérospatiale n'a pas pour objectif de fabriquer des chefs-d'œuvre, mais de vendre des avions. Il est évident que les Falcon de Dassault ou l'Airbus de l'Aérospatiale ne sont que du bricolage comparé à Concorde, mais cela n'a aucune importance. La science gaulliste a eu l'art de réaliser de superbes machines invendables : aérotrain, télévision, fusées et satellites, etc. Cela n'a guère fait progresser nos industries. Si l'on regardait aujourd'hui nos exportations, on découvrirait que ce sont des produits simples, ne représentant aucune prouesse technique, qui nous valent des succès flatteurs sur les marchés étrangers. La réussite technique est donc un fait indiscutable et un argument sans valeur.

Le prestige à Mach 2

Qu'il soit impossible de ne pas ressentir une certaine fierté nationale en voyant Concorde évoluer dans le ciel, c'est vrai et je n'y suis pas moins sensible qu'un autre. Mais je suis, plus qu'un autre peut-être, humilié quand je vois mon pays subir les leçons, en attendant de subir la loi, de l'Amérique ou de l'Allemagne. Dès lors que notre inflation dépasse 10 %, que notre déficit extérieur s'accroît, il nous faut baisser le ton dans les conférences internationales. Obtenir ici un prêt, ailleurs une concession, aller à la Martinique, en Concorde, certes, mais pour adapter notre politique aux exigences américaines.

Seules les nations qui assurent leurs équilibres économiques conservent leur prestige et l'accroissent mênie en ces temps de crise où tous les pays plongent dans l'inflation et le déficit.

L'Angleterre a beau accrocher Concorde à son blason, elle ne retrouvera le prestige d'antan qu'après avoir enrayé la dégringolade de la livre, jugulé son inflation, rééquilibré son commerce extérieur.

Les Allemands ne peuvent s'offrir cette bouffée de

fierté nationale qui vous envahit au spectacle des belles machines. Ils n'ont pas de fusées, pas de paquebots, pas de Concorde, seulement des moteurs électriques, des robots industriels, des produits chimiques. Rien de glorieux. Au lieu d'inventer leurs propres centrales nucléaires, ils n'ont été capables que de copier celles des Américains. Ils ont fait de même pour les ordinateurs. Non, vraiment, ses réalisations techniques ne contribuent guère au prestige de l'Allemagne. En apparence du moins. Car en réalité ce sont bien ces machines triviales, ces produits communs qui portent son économie et, par là même, accroissent sans cesse son prestige.

Tous les Français aiment savourer la « fierté-Concorde », aucun ne veut payer « l'impôt-Concorde ». Dès lors c'est l'inflation qui paie le programme. L'inflation, c'est-à-dire, à terme, la baisse du prestige national. Cessons donc de nous offrir ces fausses satisfactions d'amour-propre qui nous préparent de vraies humiliations. Concorde ne peut renforcer le prestige des pays qui le construisent, car il fait partie de ces dépenses excessives qui nous font vivre au-dessus de nos moyens et affaiblissent notre position dans le monde.

Concorde, dit-on encore, serait un prestigieux ambassadeur de l'industrie française à l'étranger, ce serait la référence suprême qui nous ouvrirait les marchés. Il ne se vendrait pas, mais il ferait vendre. L'argument n'est pas sans valeur. Concorde c'est un peu le chef-d'œuvre qui prouve l'habileté de l'artisan et inspire confiance au client. Cet effet joue dans un certain nombre de cas. Il ne faudrait cependant pas l'exagérer. Les rois de l'exportation que sont les Allemands et les Japonais n'ont jamais eu de Concorde pour promouvoir leurs produits à l'étranger. Dans la mesure où la préférence donnée aux industries de pointe s'est largement faite au détriment des industries de base, il ne sert pas à grand-chose d'appâter le client alors que la compétitivité de nos produits est insuffisante. Notons encore que, si la réussite technique impose le respect à nos clients potentiels, l'échec commercial ne manque pas de les inquiéter. L'irréalisme qui a marqué toute l'entreprise peut nuire à notre crédibilité.

La ligne Maginot

On nous parle aussi beaucoup des retombées. C'est un mythe éculé qui, même dans son Amérique natale, n'a plus cours. Il est évident qu'on ne jette pas 11 milliards en l'air sans qu'il en retombe une partie. Il est vrai que nos ingénieurs ont beaucoup appris en faisant Concorde, et que ce nouveau savoir peut servir ailleurs. Nouveaux produits, nouvelles machines-outils, nouveaux systèmes électroniques, etc. Les innovations sont très nombreuses qui, réalisées pour Concorde, pourraient trouver d'autres applications. Mais il est évident qu'on aurait réalisé ces innovations plus vite et à moindre frais, si on les avait cherchées directement. Les partisans du supersonique se contentent à ce sujet d'affirmations générales, d'exemples trop vagues ou trop ponctuels. Les Américains, eux, se sont livrés à des études très précises. Elles ont été sévères pour la politique des grands programmes. Il faut bien mesurer l'énormité des sommes mises en jeu. 11 milliards de francs, c'est 2 milliards de plus que l'ensemble du budget français de la science pour 1976, c'est six années du budget du commissariat à l'Energie atomique, douze années de budget spatial. Il serait tout de même surprenant qu'avec une telle mise, on n'ait pas récupéré quelque chose. Mais je vous laisse imaginer le nombre d'inventions et d'innovations qui auraient été réalisées dans l'industrie si ces sommes avaient été directement consacrées à la recherche appliquée.

Un effort pareil doit déboucher sur des résultats. Que ceux-ci profiteront à d'autres secteurs industriels. Nul, je pense, ne le conteste. Le tout est de savoir si la meilleure façon de rentabiliser la recherche, c'est de construire des fusées et des avions pour mettre au point des alliages spéciaux, des circuits intégrés et des machines-outils.

Concorde serait encore utile pour assurer notre indépendance nationale. De ce point de vue, une comparaison s'impose : la ligne Maginot. Souvenez-vous de ces casemates et ces blockhaus qui devaient rester à tout jamais infranchissables. De fait la ligne ne fut jamais prise. Mais, lorsque les Allemands furent à Brest, il fallut envoyer des officiers français convaincre les garnisons, qui tenaient toujours la position, de rendre les armes.

De même, la concentration de nos forces industrielles sur un terrain comme Concorde est le plus sûr moyen de faire tourner nos défenses et de permettre à l'Amérique de nous coloniser sans coup férir. Car je ne pense pas que l'aéronautique civile constitue un point clé de l'indépendance. Sans doute un pays est-il plus indépendant s'il construit ses avions mais on n'a jamais vu cette dépendance être utilisée comme un véritable moyen de pression. Il en va bien différemment pour les industries de base comme les biens d'équipement, les machines-outils, les produits chimiques ou le matériel électronique. Or la dépendance de la France est totale dans beaucoup de ces domaines. Allez dans une usine française et comptez les machines de fabrication nationale ! Il me semblerait plus sage de reconquérir notre indépendance à ce niveau fondamental.

Pendant que la France se polarisait ainsi sur son indépendance aéronautique, elle ne remarquait pas que ses éleveurs prenaient l'habitude de nourrir leurs animaux avec le soja américain. Dans ce pays si naturellement doué pour l'agriculture, on « passait des commandes à Chicago » au lieu de développer des ressources nationales de protéines. Lorsqu'en 1974 l'Amérique décida, pour peu de temps heureusement, de ne plus exporter de soja, ce fut une belle panique dans l'agriculture française. Il nous fallut alors accepter toutes les augmentations de prix. Depuis lors notre dépendance est restée totale. Tout notre élevage est à la merci d'un embargo américain.

Qui plus est, le long courrier supersonique nous plaçait d'emblée sous la dépendance totale de l'Amérique pour sa commercialisation. Ainsi on comptait sur l'Amérique pour nous rendre indépendant de l'Amérique. Surprenante naïveté ! Enfin et surtout, la France est une moyenne puissance, c'est dire qu'elle ne peut se battre sur tous les fronts. Les troupes qu'elle concentre

en un point, elle les prélève en un autre. **Ainsi en
arrive-t-on** à cette aberration d'avoir construit Concorde
au nom de l'indépendance nationale, et d'avoir dans le
même temps laissé General Electric racheter Bull, faute
de moyens financiers ! Combien d'affaires Bull a-t-on
acceptées pour payer Concorde, combien de plans :
composants électroniques, machines-outils, chimie fine,
etc. lancés trop tard, avec trop peu de moyens ! Autant
de véritable indépendance perdue, tandis que nous nous
épuisions à damer le pion aux Américains sur l'Atlantique.

A cette conception naïve de l'indépendance nationale,
je préfère celle d'un Olaf Palme : « Tant que les Américains auront besoin de nos roulements à billes, je
pourrais dire ce que je pense de la guerre au Vietnam. »
Et je pose la question : quels produits essentiels les
Américains doivent-ils se procurer en France ? J'en
vois peu en dehors des vins fins et de la haute couture,
et je le déplore, car ils sont totalement indépendants
de nous. C'est cela qui est grave. En revanche, ils
dépendent du Japon, de l'Allemagne et même de la
Grande-Bretagne pour un certain nombre de biens
d'équipement : machines-outils spécialisées, appareils de
mesure et de contrôle, etc.

La France gaulliste n'a pas compris que, pour un
pays moyen comme le nôtre, l'objectif n'est pas de se
passer des Américains, mais de faire en sorte qu'eux ne
puissent se passer de nous, car on ne dépend pas trop
de ceux qui dépendent un peu de nous. Mais ce n'est
pas une attaque frontale de style Concorde qui nous
donnera cette indépendance-là. Il faut se battre avec
moins de panache peut-être, mais avec plus d'astuce.

Les travailleurs-otages

Mais l'argument suprême, celui qui fera le plus pour
imposer le tabou, c'est la défense de l'emploi. Concorde
doit être poursuivi, car Concorde procure des emplois.
Arrêter le programme ferait perdre leur job à des milliers de travailleurs, c'est donc impossible. Dans notre

société ce genre d'argument est devenu un tabou en soi sur lequel je reviendrai plus loin. Il s'agit ici de savoir très précisément si le nombre des chômeurs en France a diminué du fait de Concorde et s'il aurait augmenté à la suite de son abandon.

Cet argument me paraît être démagogique et, pour tout dire, condamnable, car il permet aux responsables d'utiliser leurs victimes pour fuir leurs responsabilités. S'il est vrai que l'arrêt du programme aurait fait connaître à des milliers d'hommes les traumatismes de la reconversion, sinon du chômage, il convient en effet d'imputer ces souffrances inutiles à ceux qui lancèrent inconsidérément cette affaire et non à ceux qui auraient sagement décidé de l'interrompre. Quand des fautes de gestion mettent une entreprise en faillite, le responsable du chômage est le gestionnaire incapable, et non le juge qui prononce la faillite.

Dans ce cas précis, on remarquera d'abord que l'échec, désormais prévisible, du programme rend, hélas ! temporaires les emplois prétendument créés.

Mais qu'entend-on par « créer un emploi » ? S'il s'agit de payer un salaire sans soucis de la rentabilité, la France sera bientôt ruinée. Créer un emploi, ce n'est pas ouvrir un poste budgétaire, mais faire naître un centre créateur de richesses. L'emploi n'existe, dans le secteur commercial, que s'il est rentable.

Or les ressources de la France en capital et en travailleurs qualifiés sont limitées. Tout emploi non rentable stérilise ces ressources et interdit de lancer ailleurs des activités créatrices de vrais emplois. L'emploi non rentable, dès lors qu'il ne s'agit pas d'un service social, est toujours créateur de chômage [1] dans une économie ouverte.

Lorsque l'on compare le coût du programme Concorde au nombre de personnes qui y travaillent, on voit que l'investissement en capital par tête est énorme. Ce qui est bien naturel. Un poste de travail dans une telle

---

1. Voir sur ce point le chapitre : " Le droit à l'emploi. "

industrie, c'est une machine-outil coûteuse, des appareils de contrôle sophistiqués, des matériaux spéciaux, etc. On ne fait pas un avion supersonique avec des tenailles et un marteau. Ce poste de travail coûte fort cher en rémunération. Les travailleurs de l'Aérospatiale sont, dans l'ensemble, mieux rémunérés que la moyenne des Français ce qui est également naturel étant donné leur haute qualification. Enfin, un tel programme mobilise — et hélas immobilise — un capital humain d'une rare valeur. La compétence et la créativité des hommes de Concorde sont indispensables à l'expansion de notre industrie... à condition d'être utilisées à bon escient.

C'est perdre le sens que mettre à l'actif de Concorde l'immobilisation de tant de richesses en capital et en hommes, c'est confondre l'actif et le passif d'un bilan. L'extraordinaire réussite technique du programme constitue une circonstance aggravante de ce point de vue.

Si les équipes de l'Aérospatiale avaient raté leur affaire, si elles s'étaient révélées techniquement incompétentes, on pourrait toujours se dire : « Pour ce qu'elles sont capables de faire, il vaut mieux les employer là qu'ailleurs. » Mais, quand on voit cette merveille technique qu'est Concorde, on se prend à rêver aux industries hautement compétitives, dans le domaine des biens d'équipements, de l'électronique, etc. qu'auraient pu créer de tels hommes disposant de pareils moyens. Aujourd'hui, ces entreprises seraient en pleine expansion, et elles embaucheraient des jeunes. Au lieu de cela, nous voyons des équipes que le monde nous envie plus ou moins désœuvrées, coûteuses, et nullement créatrices d'emplois. Voyez ce que coûte l'Aérospatiale à la France, voyez ce que coûte Concorde, voyez la qualité de ces travailleurs et voyez le nombre de jeunes embauchés dans ce secteur au cours des dernières années ! Quel gâchis !

Aujourd'hui même, le problème n'est pas d'engloutir de l'argent pour maintenir les travailleurs de Concorde dans des emplois condamnés, il est de tout mettre en œuvre pour réussir les reconversions nécessaires. Payer des années de salaires avant licenciement est absurde. Investir des millions pour reconvertir les hommes et les entreprises vers des activités productives et rentables est utile à tous. La qualification professionnelle exceptionnelle de tous ceux qui construisirent Concorde permet de réussir des opérations de recyclage. N'ont-ils pas su inventer de nouvelles machines-outils pour les besoins du programme ? Ne sauraient-ils pas les fabriquer et les vendre ? Licencier ces équipes serait ajouter le gaspillage au gaspillage ; investir pour mieux les utiliser bénéficierait à tous.

Ceux qui prétendent continuer à construire des Concorde qu'on ne vend pas sous prétexte de préserver l'emploi fabriquent du chômage. A Toulouse et ailleurs. Ils auront été les pires amis des travailleurs.

Naissance du tabou

Par ce procès imaginaire, je ne prétends pas avoir condamné à tout jamais Concorde. Je n'en ai ni l'autorité ni la compétence. Je sais bien que mes arguments n'ont rien d'absolu, que la défense aurait encore bien des choses à répliquer, notamment en ce qui concerne l'attitude américaine dont nous allons parler. Je pense simplement avoir montré que le programme Concorde était pour le moins discutable. Que, par conséquent, il aurait dû être discuté. Il le fut d'ailleurs. Mais en privé. Car les inconditionnels de Concorde sont bien rares et pas seulement depuis 1976. Concorde perd tous les jours son procès dans les salons et les bureaux. Comment se fait-il qu'il l'ait toujours gagné sur la place publique ? Voilà maintenant ce que nous allons voir en regardant se développer le tabou tout au long du programme.

Très rapidement les gens informés eurent conscience de l'erreur qui venait d'être commise. Le rapport d'Henri Ziegler le prouve. Mais les mythes de l'époque : grandeur gaullienne, triomphalisme technique faisaient encore illusion et permettaient aux hommes de l'aéronautique d'imposer silence à leurs adversaires. On n'osait pas à cette époque critiquer les belles machines, elles étaient encore tabou. La volonté du Général aussi pour les hommes de la majorité.

Le programme ne semble d'ailleurs pas trop mal engagé. On a déjà récolté 74 options en provenance de 16 compagnies. C'est fort honorable pour un avion qui n'est pas encore très bien défini.

C'est à partir des années 68-69 que l'attitude de l'opinion va se crisper. La nouvelle mentalité industrielle venue des Etats-Unis a gagné notre pays. Concorde n'est plus tout à fait de saison, et le sera de moins en moins. Les attaques contre le S.S.T. préfigurent celles qui pourraient se déclencher contre le supersonique franco-britannique. Les Anglais sont toujours aussi réticents. Le nombre des gens qui s'interrogent sur l'utilité du programme ne cesse de croître. La nécessité d'un réexamen général est de plus en plus évidente.

Pour défendre leur projet que menace l'évolution du monde, les partisans de Concorde vont alors se lancer dans une véritable campagne de terrorisme intellectuel. Jouer à plein du tabou. Il faut lire le récit d'Henri Ziegler *La Grande Aventure de Concorde* pour mesurer ce degré incroyable de fanatisme et d'intolérance. Toute réserve est dénigrement, toute critique trahison. Il ne s'agit pas de discuter, mais de se battre. A lire cette histoire, on pourrait croire que le programme se déroule dans un climat général d'hostilité, toujours guetté par des adversaires nombreux, rusés et pugnaces qui ne cessent de fomenter des complots. C'est une véritable paranoïa. Car il est clair pour Ziegler et les siens qu'un Français n'a pas le droit de s'interroger sur l'opportunité de poursuivre le programme. Toute idée de ce genre est coupable, toute déclaration traîtresse. Il ne parle que des « attaques », des « campagnes de dénigrement », des « manœuvres » en attendant de dénoncer les « complots ». Et l'on découvre que ces expressions guerrières s'appliquent à des éditoriaux de Gabriel Arandat, de Jean Ferniot ou de Roger Priouret. Tout journaliste tant soit peu critique est un mauvais Français auquel il convient de clouer le bec.

C'est alors que le Parti communiste et la C.G.T. apportent le renfort de leurs gros bataillons. Des milliers de travailleurs dépendent de Concorde et, par conséquent, se transforment en défenseurs inconditionnels. Le P.C. colle à leurs positions les plus extrémistes. Attitude classique justifiée par « la défense de l'emploi » fût-ce aux dépens du contribuable, du plein-emploi et des travailleurs. Tabou technico-nationaliste, Concorde devient aussi et surtout un tabou corporatiste.

Ainsi se noue la sainte alliance communistes-gaullistes autour de Concorde. Pour la première fois, les Français vivent en stéréophonie et non plus en cacophonie. De la droite à la gauche tout le monde dit la même chose. Face à cette coalition sans précédent, les rares velléités de critique ou de contestation cessent bientôt. Mais les partisans de Concorde emplissent de leurs clameurs le champ de bataille désert pour faire croire à la présence de l'ennemi. Ayant paralysé ses adversaires, Concorde utilise encore leur ombre pour se protéger. On ne discute pas face à l'adversaire.

Pour illustrer ces mécanismes, je pourrais évidemment utiliser le cas Servan-Schreiber. Il est intéressant de voir comment ses plus fougueux assauts furent annihilés, comment le lobby Concorde réussit à l'isoler d'abord, à le déconsidérer ensuite. Mais je pense que l'exemple n'est pas bon. Pour son honneur et son malheur, Jean-Jacques Servan-Schreiber restera toujours une pièce rapportée dans la classe politique française. Il se définit lui-même comme un « agitateur d'idées », oubliant qu'en France ce rôle est dévolu aux journalistes, aux universitaires, aux intellectuels, mais certainement pas aux hommes politiques. Ces derniers doivent respecter les tabous sociaux, ne jamais dire que ce qui peut se dire, au moment où on peut le dire. Ayant pris le parti d'ignorer cette règle fondamentale, de ne pas jouer le jeu, il suscitait une véritable allergie chez les politiciens. Qu'il ait raison ou qu'il ait tort, il gênait, et je crois que nos députés auraient soutenu le système de Ptolémée si J.-J. S.-S. était parti en campagne pour le système de Copernic. Par simple esprit de contradiction. Il est donc impossible dans ce cas de dissocier le tabou sur Concorde de l'équation personnelle de son adversaire.

Le rapport Chambrun

Il me semble beaucoup plus intéressant en revanche d'étudier l'affaire du rapport Chambrun, l'une des plus belles opérations d'étouffement réussie par les partisans de Concorde.

A l'opposé de J.-J. S.-S., le comte Charles de Chambrun est tout sauf un trublion. Cet aristocrate de grande famille est parfaitement intégré à la classe dirigeante. Homme d'affaires influent, administrateur de plusieurs sociétés, il entame au début des années 60 une carrière politique qui s'annonce brillante. Entre M.R.P. et U.D.R., il appartient naturellement à la majorité. Mais il a conservé une indépendance d'esprit, parfois proche de l'impertinence, qu'il doit à sa formation américaine et à l'importance de sa position sociale. Dès 1962, entrant au Parlement, il s'est interrogé sur l'affaire Concorde. Mais il s'est laissé convaincre par l'intergroupe parlementaire de l'aéronautique que la France était en train de réussir un coup superbe contre les Américains. A plusieurs reprises dans les années suivantes, il tente d'alerter les gouvernants, et même le général de Gaulle, sur les incertitudes de l'entreprise. Nul ne veut l'écouter. Mais il n'est pas homme comme Servan-Schreiber à faire un éclat public. Il ne dit rien, mais n'en pense pas moins.

Finalement, en 1970, alors que les nuages ne cessent de s'accumuler sur les grands programmes de prestige en général, et sur Concorde en particulier, il se décide à parler. Non pas à l'opinion, mais à ses amis du bureau politique de l'U.D.R. Il s'agit pour lui, sur cet exemple concret, de montrer que la politique des grands programmes est absurde, mais il souhaite « qu'il n'y ait pas de publicité sur cette communication ». On le comprend, car le sage député apparenté U.D.R., ex-secrétaire d'Etat, n'y va pas par quatre chemins. Il dénonce d'emblée la constitution de cette « nouvelle génération

de technocrates, qu'ils soient fonctionnaires ou privé »
qui ont réussi à mettre sur pied un système grâce auquel
ils peuvent enclencher « des cycles de consommation
budgétaires », hors de tout véritable contrôle parlementaire. Il parle « des décisions les plus farfelues », du
« gaspillage des choix industriels », et n'hésite pas à
dénoncer « une vérité affolante ». « Depuis 1962, constate-t-il, sur des thèmes principaux : politique aéronautique, Secam, chantiers navals, électronique, nous avons
gaspillé ou nous nous sommes engagés à gaspiller plus
de 5 000 milliards d'anciens francs, sans espoir sérieux
de débouchés commerciaux. »

Voilà pour l'entrée en matière. Il passe alors à l'illustration de son propos : Concorde. Il refait l'historique
de l'affaire à des députés qui, pour la plupart, l'ignoraient complètement. Il rappelle comment la réalité de
Caravelle fut sacrifiée au rêve de Concorde, comment
l'appareil et son coût n'ont cessé de varier. Il estime
que l'autorisation de construire les trois premiers appareils de série est « aberrante » car « la commercialisation n'est pas assurée » ; pourtant, il croit qu'on
pourra vendre « probablement 50 à 60 exemplaires »,
mais en recourant à des systèmes d'aides et de pressions qui coûteront fort cher ; il rappelle à des députés,
qui avaient sans doute voté les crédits sans remarquer
ce détail, qu'il s'agit d'avances non remboursables. Il
réfute le chiffre théorique de 450 avions supersoniques
que certains font encore miroiter. Il affirme que les
grandes compagnies ne s'équiperont pas en supersoniques
avant 1980, que la réussite partielle de l'entreprise coû-
tera plus cher que prévu, que son échec laisserait la
France avec une industrie aéronautique pléthorique et
sans travail. Et il conclut : « ... ce qu'il y a de certain,
c'est qu'à l'échéance qui arrivera assez prochainement,
petit à petit la conséquence d'une telle aberration deviendra évidente et ce ne seront pas les Hériel, Bonte et
consorts qui en assumeront la responsabilité, ce sera le
régime. »

Les parlementaires U.D.R. l'écoutent dans un silence
de mort. La séance est levée sans un applaudissement
et, bien sûr, sans la moindre discussion. « Cet homme a

dit la vérité, comme chante Guy Béart, il doit être exécuté. »

Charles de Chambrun, en faisant cette communication, voulait susciter un débat au Parlement afin de corriger « un système dont les échecs seraient imputés au régime ». Le naïf ! Le lobby de l'aéronautique est entré en action, les parlementaires ne réagissent pas. Chambrun est discrètement abordé dans les couloirs par des députés de la majorité comme de l'opposition qui ont entendu parler de sa communication et qui lui demandent des informations. Les uns comme les autres votent depuis des années les crédits de Concorde sans rien connaître de l'affaire. Il reçoit des lettres de parlementaires britanniques lui demandant de refaire son exposé à Londres. Il refuse pour ne pas envenimer les choses, tout comme il refuse de parler devant les groupes américains anti-S.S.T. qui lui en font la demande. C'est en France qu'il voudrait parler, mais, constate-t-il : « On pouvait parler de Concorde partout sauf ici. »

Voilà pourtant que son rapport sort dans le public, grâce à une indiscrétion du *Canard enchaîné*. L'opinion va-t-elle s'émouvoir, demander des explications ? Pas du tout. La grande presse, bien conditionnée par le tabou, ne suit pas. Les révélations du *Canard* ne sont qu'un pétard mouillé. Comme le souligne avec satisfaction Henri Ziegler : « L'écho de ces attaques (celles de Chambrun) dans la presse fut faible. Les journaux préféreront, quelques semaines plus tard, saluer par de longs et enthousiastes commentaires la nouvelle de l'étape fondamentale franchie par Concorde lorsque le 4 novembre 1970, enfin, équipé des moteurs adéquats, le prototype 001 atteignit la vitesse de mach 2. » Ainsi les maîtres de Concorde se réjouissent de voir que le débat public ne peut s'instaurer. Ce faisant, ils ont pris sur eux la responsabilité de l'échec. L'information officielle souligne les succès, jamais les difficultés et les échecs. L'explosion d'un moteur au cours des essais en vol en 1971 est considérée comme un secret d'Etat, elle ne sera révélée que six ans plus tard [1]. On glisse discrètement

1. L'incident fut révélé dans l'ouvrage de J.-P. Mithois et G. Chambost, *Les Pilotes*.

sur l'augmentation des coûts, la diminution des places, les incertitudes américaines, pour ne braquer les projecteurs que sur les performances techniques. Ceux qui veulent une information complète sont malintentionnés. Ainsi parviendra-t-on à tenir les hommes politiques et les informateurs, à mystifier le public.

Le complot américain

Les Américains se trouvent désormais au cœur du problème. En annulant leur programme S.S.T., ils manifestent clairement leur hostilité à tout avion supersonique. Peut-on espérer les voir accueillir Concorde, après une telle décision ? La menace est évidente. Il serait sage et urgent pour les Français et les Anglais de reconsidérer le programme. C'est bien tard, mais les conditions sont radicalement changées. Avec sa fougue caractéristique, J.-J. S.-S. déclare que Concorde est condamné, mais Henri Ziegler, tout aussi fougueux, publie un ordre du jour triomphaliste : « Le programme Concorde doit donc être poursuivi avec plus d'énergie et de confiance que jamais. » Il n'y a que la foi (du public) qui sauve (les dirigeants).

Car les Français ne comprennent rien, absolument rien à ce qui vient de se passer aux Etats-Unis. La portée de l'événement leur a complètement échappé. Georges Pompidou, Président de la République, déclarera quelques mois plus tard, après avoir volé à bord de Concorde : « Comment pourrait-on imaginer que, pour la première fois dans l'histoire, l'humanité recule devant ce qui constitue un progrès spectaculaire et un progrès pacifique ? » Effectivement, le malheureux président mourra sans avoir pu imaginer que le monde changeait. Comme une famille qui reporte toute son affection sur l'enfant infirme, la France va s'attacher à son Concorde en proportion même des ennuis qu'il va rencontrer.

Ici, on ne fait aucun effort pour comprendre la nouvelle Amérique. J'entends des ingénieurs me déclarer imperturbablement que les Américains sont incapables de construire un avion supersonique. Les pauvres, ils ne sont foutus que d'aller sur la Lune ! Au début de 1973, les gros nuages crèvent et c'est la douche froide. Pan Am, T.W.A., puis toutes les autres compagnies étrangères abandonnent leurs options. Concorde n'a de clients que des compagnies aériennes des pays constructeurs, lesquelles ne manifestent d'ailleurs aucun enthousiasme excessif. Mais, qu'importe l'échec, les responsables, eux, n'ont plus rien à craindre, tout ce qui arrivera désormais sera « la faute aux Américains ». Du coup, les critiques deviennent trahisons. La stupide opposition de certains Américains va réussir cet exploit de réduire définitivement au silence les rares adversaires français du programme. A la fin de 1973, le quadruplement des prix pétroliers porte un coup terrible et totalement imprévisible au supersonique qui consomme trois fois plus de kérosène que ses concurrents subsoniques. Cette situation nouvelle n'entraînera aucun réexamen du dossier. Désormais les jusqu'au-boutistes du programme utilisent le langage des temps de guerre. Les slogans remplacent les raisonnements.

Les hommes du tabou ont gagné. A force de répéter depuis le premier jour que le point de non-retour était dépassé, ils l'ont effectivement franchi. 16 avions sont construits, il faut désormais les vendre. Des chaînes de montage ont été construites à grands frais, il faut arracher les commandes qui leur permettront de tourner. Il n'y a pas à prendre de gants, il faut tout faire, exercer toutes les pressions possibles, pour forcer le marché. Mais ce ne sont certainement pas les rodomontades de nos hommes politiques à la recherche d'un succès électoral qui donneront une chance de plus à Concorde. Qu'il s'agisse d'obtenir l'atterrissage à New York ou d'attirer des acheteurs, il faut se battre, en sachant que nos atouts sont limités et, qu'à les jouer inconsidérément, nous risquons de perdre plus que nous ne gagnerons.

Faut-il arrêter ici l'histoire de Concorde et laisser les responsables raconter à leur manière le « complot américain » ? Est-il vrai que toute réflexion critique sur le programme serait un « coup de poignard » dans le dos qui diminuerait les dernières chances de Concorde ? Si cela était, je me tairais, car je suis, comme tous les Français, désireux de voir notre supersonique traverser l'Atlantique avec des passagers à bord plutôt que « faire du béton » à Roissy. Il ne fallait sans doute pas le construire, mais, maintenant que c'est fait, nous pouvons et nous devons le vendre.

Il se trouve simplement que cela est faux, archifaux, que c'est la dernière ruse du tabou pour empêcher les Français de se mêler de ce qui les regarde, pour les maintenir dans leur rôle de payeurs non conseilleurs. Des critiques portant sur les performances de l'avion nuiraient à sa carrière. Mais la qualité technique de Concorde n'est plus à discuter, elle est prouvée. Son entrée en service s'est effectuée dans des conditions incroyablement favorables. Alors que les Boeing 707 et 747 ont connu tant de difficultés à leurs débuts, le supersonique français s'est révélé parfaitement opérationnel dès le premier jour. C'est, de ce point de vue, un succès sans précédent pour un appareil aussi nouveau. Hormis les questions de bruit, il n'y a que du bien à dire de l'avion.

Ce qui est en cause, c'est le programme et non l'appareil, or la qualité de Concorde ne suffit pas à justifier sa construction. Il ne s'agit pas de ressasser les histoires du passé ou de vouloir, coûte que coûte, trouver des coupables. Les hommes ne m'intéressent pas. L'important ce sont les structures de décision, les mécanismes par lesquels la France s'est trouvée empêchée de se ressaisir après son erreur initiale et alors qu'il en était encore temps. Si j'ai insisté sur le passé, c'est parce qu'il me semble nécessaire pour éclairer l'avenir, et je pense qu'il en va de même pour l'actuelle bataille franco-américaine. Il faut comprendre ce qui se passe et ce qui s'est passé pour éviter de telles erreurs.

Notre industrie aéronautique est aujourd'hui en question. Il faudra tout reprendre : les programmes, les alliances, l'organisation. On peut tout envisager : la nationalisation de Dassault, l'intégration européenne, l'association avec les Américains, que sais-je, mais rien n'est possible tant que n'ont pas été corrigées les structures malsaines qui permirent une erreur comme Concorde.

Il ne faut donc pas se laisser terroriser par les attaques de mauvaise foi. Une critique réaliste du programme conduit à penser que Concorde loin d'être une mauvaise affaire pour les Américains, en est une bien trop bonne. Songeons que le prix du billet correspond à un prix d'achat de 400 millions de francs. Or ce prix ne correspond seulement pas au coût de fabrication. Pour que l'affaire soit rentable, il faudrait réintégrer dans le prix les 22 milliards de mise au point. Supposons qu'on les amortisse à 50 % et sur une série de 50 appareils. Cela augmenterait encore le prix de 50 %. C'est dire que, dans l'état actuel des choses, nous offrons le service supersonique aux passagers américains, ou aux compagnies, à la moitié de son prix réel. C'est un cadeau royal et l'engouement des passagers potentiels américains se comprend aisément. Il est vrai que toute l'industrie aéronautique mondiale, et l'industrie américaine en particulier, est largement subventionnée. Il faudra bien un jour s'interroger sur ce système.

Mais, s'il y a un gagnant, c'est aussi qu'il y a un perdant. Le gagnant, c'est le passager américain, le perdant c'est le contribuable français. Cette critique, purement française du programme, ne peut que prouver aux Américains tout l'intérêt que présente pour eux le Concorde. Si, au contraire, l'affaire était trop bonne pour nous, ils auraient lieu de se demander si elle n'est pas mauvaise pour eux.

Comment se fait-il que l'Amérique fasse la fine bouche sur un tel cadeau ? C'est incompréhensible si nous concevons l'Amérique comme une entité monolithique. Dans cette affaire nous avons en face de nous les Amériques nombreuses et contradictoires. Leurs intérêts ne coïncident pas, c'est pourquoi nous trouvons également des partisans et des adversaires de Concorde parmi les Américains.

Les innombrables Amériques

La France est une, c'est « le Mal français » si brillament étudié par Alain Peyrefitte. M. Giscard d'Estaing, devenant président de la République, a pu chambouler tous les programmes d'équipement dans Paris. Il pourrait de même bloquer des projets aux quatre coins de l'hexagone ou bien en lancer d'autres plus à son goût. Le programme Concorde constitue la plus parfaite démonstration de ce centralisme. Dès l'instant où le chef de l'Etat voulait construire l'avion, nul ne pouvait s'y opposer.

Les Français pensent qu'il en va de même dans tous les pays et que le président des Etats-Unis a tout pouvoir sur l'Amérique. Tout ce qui se fait ou ne se fait pas outre-Atlantique traduit son expresse volonté.

Il ne faut pas connaître beaucoup l'histoire américaine pour savoir que cela est faux. J'en prendrai quelques exemples. Le S.S.T. fut condamné par le Congrès alors que l'administration Nixon et les constructeurs aéronautiques multipliaient les pressions pour l'imposer, ce même président Nixon fut abattu par un « petit juge ». Le président Ford a vainement guerroyé contre le Congrès pour faire une politique énergétique, tous ses plus grands efforts n'eurent aucun succès. Quoi que le locataire de la Maison-Blanche pense de la peine de mort, il ne peut en imposer ni l'adoption ni l'abolition par les Etats de la fédération. On le voit, en Amérique, la séparation des pouvoirs entre exécutif, législatif et judiciaire est une réalité et, plus encore, entre le pouvoir central et les autorités régionales ou locales. Les empiètements de l'administration fédérale sur les prérogatives des Etats furent au cœur de la dernière campagne électorale, Ford faisait figure de « centralisateur » et Carter de « décentralisateur ».

D'autre part, les citoyens ont une puissance prodigieuse, inconcevable en Europe. J'en prendrai deux exemples. L'Amérique a découvert d'énormes gisements de pétrole en Alaska. Pour les exploiter il fallait construire un long pipe-line à travers ces régions désertiques et désolées. A première vue, cela ne posait pas grands problèmes écologiques ; les inconvénients, en tout état de cause, étaient dérisoires comparés aux avantages. Le gouvernement était pour, les compagnies pétrolières aussi, des milliards de dollars étaient en jeu. Quelques associations écologiques prétendirent s'opposer à la pose de ce tuyau qui risquait de gêner les troupeaux de caribous. Elles bloquèrent l'opération pendant des années, firent perdre des milliards de dollars aux pétroliers, faillirent priver l'Amérique de ce pétrole providentiel. Finalement le Sénat ne donna le feu vert qu'en novembre 1973. Il avait fallu la guerre du Kippour, et l'embargo pétrolier pour venir à bout de cette résistance.

Lors des dernières élections présidentielles, les citoyens de plusieurs Etats furent appelés à se prononcer par référendum sur des propositions qui visaient pratiquement à stopper le développement de l'énergie nucléaire. Me trouvant en Californie à cette époque, j'eus l'occasion de dîner avec le comité d'organisation de cette campagne. Les sondages indiquaient que les Californiens étaient fort divisés sur cette question et que l'issue du scrutin demeurait incertaine. Il s'agissait d'un événement capital. La Californie est un Etat-pilote. Si elle rejetait l'atome, les autres Etats suivraient sans doute et, si l'Amérique devenait antinucléaire, l'opposition écologique se trouverait à ce point renforcée en Europe qu'il ne serait plus possible de construire une seule centrale. Bref, ce comité en lançant sa proposition remettait en question l'avenir énergétique de tout l'Occident, c'est dire si j'étais impatient de rencontrer ses membres. Quelle ne fut pas ma stupéfaction de dîner avec les plus moyens, les plus anonymes citoyens des Etats-Unis. Un avocat débutant, une mère de famille, un ingénieur, une secrétaire, des « gens sans importance » comme on dit en France. Et, bien paisiblement, ils m'expliquaient comment ils s'étaient organisés, avaient pris contact avec des associations diverses, lancé une campagne, recueilli les 500 000 signatures nécessaires pour imposer le référendum et comment ils espéraient bien stopper le nucléaire chez eux contre la volonté du gouvernement, de l'industrie et des syndicats. Moi, Français, je les regardais bouche bée, j'avais envie de me pincer.

Le piège américain

Telle est l'Amérique, diverse, imprévisible, dangereuse pour l'étranger qui la connaît mal ou qui néglige ses secrets. C'est cette diversité qui peut seule expliquer les contradictions de l'attitude américaine vis-à-vis de Concorde. Pour Concorde, il y a tous les passagers éventuels ; malheureusement cela ne fait pas beaucoup de monde. Il y a encore les constructeurs. Maintenant que l'avenir de Concorde est compromis, ils voudraient profiter d'une autorisation accordée au supersonique franco-britannique pour relancer leurs propres projets. Totalement indifférente à l'affaire, il y a la masse des Américains qui ne volera jamais dans cet appareil et qui sait que son interdiction ne mettra au chômage aucun ouvrier américain. Irrémédiablement contre sont les compagnies aériennes. Les Concorde européens étant une merveilleuse affaire pour les passagers, ceux-ci se détourneraient des premières classes subsoniques et diminueraient la rentabilité de la flotte. Quant à l'achat de Concorde il représente une charge financière qui compromettrait la rentabilité des sociétés. Bref les compagnies aériennes américaines trouvent fort confortable le vol subsonique et ne veulent pas s'embêter avec le supersonique. Et puis il y a les « environnementalistes ». Les ennemis jurés de Concorde. Leur opposition se comprendrait s'il était question de mettre en service une flotte de cent Concorde, mais, pour quatre vols par jour, elle est aberrante. Je suis prêt à parier que si l'on mêlait de nuit et clandestinement un Concorde au trafic de l'aéroport Kennedy, aucun riverain ne s'en apercevrait. Mais cette position, pour absurde qu'elle soit, l'est moins que celle des écologistes qui voulaient priver l'Amérique du pétrole de l'Alaska.

Au milieu de cet embrouillamini, voilà l'administration fédérale. En allongeant les délais, multipliant les procédures, en n'entrouvant la porte qu'à demi et sous condition, elle a pratiquement enlevé ses dernières chances au programme. Si même le marché américain s'ouvre tout entier en 1979, il sera sans doute trop tard pour relancer la construction. Ce ne sont pas les quelques Concorde en service, les seuls qui seraient alors jamais construits, qui menaceraient le monopole américain sur les avions long-courriers. Dès lors, elle ne verrait aucun inconvénient à ce que le port de New York accueille les Concorde d'Air France et de B.E.A., mais elle n'ira pas jusqu'à engager son autorité dans cette affaire.

Tel est le piège américain se prêtant admirablement à toutes les intrigues, à tous les coups bas. En condamnant leur propre supersonique, les Américains se sont donné une parfaite bonne conscience. Ils peuvent désormais étrangler l'insolent qui vient les défier. Ce sera de l'écologie. Pas du protectionnisme.

N'y a-t-il pas beaucoup d'hypocrisie, de tricherie dans tout cela ? Qui pourrait le nier ? L'Amérique veut garder son monopole aéronautique sur son marché et sur les marchés étrangers. Elle est prête à tout pour casser ses concurrents. Dans l'affaire Concorde, elle peut le faire sous de faux prétextes et en laissant jouer sa diversité, mais lorsque le problème est plus directement posé, la réponse est plus franche et plus brutale. C'est bien ce qu'on a vu lorsque la Western Airlines a voulu acheter des Airbus. Elle a dû y renoncer sous la pression des banques. Cet échec est sans doute plus grave pour l'avenir de notre industrie que les ennuis de Concorde, mais les Français, fascinés par leur oiseau supersonique, ne l'ont guère remarqué. Cette affaire prouve, sans contestation possible, le protectionnisme féroce qui interdit aux Européens le marché américain.

Il est donc bien vrai que certains Américains avaient décidé d'avoir la carcasse de Concorde et l'ont eue, ce n'est pas pour autant que nos hommes politiques et dirigeants aéronautiques n'ont nulle responsabilité dans cette affaire.

Nos chefs politiques et militaires n'étaient-ils en rien responsables lorsque les « vilains » allemands contournèrent la ligne Maginot et envahirent la France sans coup férir ? Doit-on attribuer à la seule traîtrise nazie la défaite de 1940 ? Nul n'ose le soutenir. Tout le monde savait qu'Hitler ne respectait aucune parole, aucune loi, le devoir des responsables était de prévoir la défense de la France en fonction des pires éventualités et non de croire, contre toutes évidences, que la Wermacht respecterait la neutralité belge. L'erreur de stratégie commise dans l'affaire Concorde est aussi grave.

La jungle internationale

Concorde est une affaire commerciale et internationale. Or la première règle du commerce international c'est l'absence de règle. Tous les coups sont permis pourvu que les coups reçus soient moins durs que les coups donnés. C'est la loi de la jungle et les Français seraient bien hypocrites de paraître la découvrir. Ne sommes-nous pas les troisièmes marchands de canons du monde ? Avons-nous conquis cette place glorieuse en respectant toutes les règles du fair-play ? Souvenons-nous des ventes de Mirage à la Lybie. Etait-il honnête de prétendre que ce pays « ne faisait pas partie du champ de bataille », n'armions-nous pas les ennemis d'Israël en dépit de nos secrètes sympathies ? Et les ventes d'armes à l'Afrique du Sud qui ne nous empêchaient pas de faire les meilleures affaires avec l'Afrique noire ?

Pendant dix ans, la France s'est opposée à l'Amérique dans le commerce nucléaire. Elle voulait vendre les usines d'enrichissement de l'uranium et d'extraction du plutonium dont chacun sait qu'elles conduisent tout droit à la bombe atomique. Ainsi la France — et l'Allemagne — soufflait aux Américains des contrats que ces derniers se refusaient à passer pour ne pas disséminer l'arme atomique. Aujourd'hui même, la France interdit l'importation des téléviseurs qui n'ont que la définition 625 lignes alors que les téléspectateurs de la région parisienne reçoivent les trois chaînes sur ce seul standard, et seraient tout prêts à les acheter. Mais, non, il ne faut accepter que les postes ayant la double définition 625 et 819. Grâce à cette réglementation, le marché français est bien protégé.

Pourtant la France n'est pas pire que les autres. Elle se défend, comme tout le monde. Tous les pays tentent de fausser la concurrence à leur profit, et la seule limite à ce truquage généralisé, c'est la crainte des mesures de rétorsions. A ce jeu, ce sont les plus puissants qui peuvent le mieux tourner les prétendues règles et, en tête de tous, le plus fort : les Etats-Unis. Ils se permettent tout car ils ne craignent aucune sorte de représailles. L'avons-nous assez vu avec la politique du dollar ! On ne doit croiser le fer avec eux qu'en connaissant les parades au coup de Jarnac.

En pleine bataille de New York, on a entendu nos bravaches proposer le boycottage de l'Amérique. Quelle stupidité ! Nous avons besoin du soja américain, des pièces détachées américaines, des composants électroniques, etc. Déclencher une telle bataille serait engager la folle lutte du pot de terre contre le pot de fer.

A l'assaut de l'Amérique

Cela signifie-t-il que l'on ne puisse rien contre la toute-puissance américaine, qu'on doive la supporter passivement ?

Certainement pas. Mais il faut mette un peu plus d'intelligence dans nos attaques. Il faut d'abord choisir soigneusement son terrain de bataille, connaître parfaitement le marché et la société américaine pour éviter les chausse-trappes, s'assurer que l'on possède bien la parade face à tous les coups possibles de l'adversaire. Moyennant quoi on peut tenter sa chance avec une bonne probabilité de succès. Les responsables de Concorde pourraient aller demander conseil aux commerçants japonais et allemands, ou même à M. Michelin. Lui aussi s'est lancé à l'assaut de l'Amérique. Il ne doit guère se faire d'illusions sur ce qui l'attend. S'il prend le risque, c'est, je pense, qu'il a pris ses garanties.

Les généraux sont payés pour gagner les batailles,

pas pour expliquer les défaites. Les mauvais coups de
l'adversaire, ils doivent les prévoir. Nul ne pouvait ignorer qu'en lançant un long-courrier supersonique, on atta-
quait le donjon de l'industrie américaine, et que la
bataille serait terrible. L'expérience Caravelle, le protectionnisme déguisé qui ferma le marché américain à
cet avion sans rival dans sa catégorie aurait dû nous
instruire. Toute l'évolution des Etats-Unis depuis 1968
permettait de prévoir ce qui allait se passer. Combien
de fois n'ai-je pas demandé : « Aurez-vous l'autorisation
d'atterrir à New York ? » On me répondait toujours
avec un optimisme de commande. Les ministres, les
uns après les autres, couvraient l'opération plutôt qu'affronter la réalité et les tabous.

La vérité c'est qu'il ne fallait livrer cette bataille,
comme toutes les batailles, que si l'on était sûr de la
gagner, c'est-à-dire si l'on était sûr que le marché américain s'ouvrirait immédiatement et sans délais. A cette
seule condition, on pouvait espérer relancer les ventes
et placer quelques dizaines d'appareils. Avait-on les
munitions nécessaires pour forcer cette décision ? Pouvait-on, en se retirant de l'Alliance atlantique, en exerçant d'autres pressions diplomatiques imposer Concorde
aux Américains. Si oui, il fallait continuer, sinon, il
fallait faire demi-tour et regrouper nos forces pour
d'autres batailles commerciales plus faciles à gagner.
Ce n'est pas en 1976 qu'il fallait découvrir que nous
étions dans la gueule du loup sans possibilité de des-
serrer son étreinte.

Que de faiblesses la France n'a-t-elle pas révélées tout
au long de cette affaire ! Et quelle aptitude à se cacher
la réalité ! Tous les ressorts du tabou ont été utilisés
pour censurer la vérité. Recours au langage symbolique,
excitation des sentiments nationalistes, utilisation de
boucs émissaires, mobilisation des corporations, abus
des sophismes en tout genre, tout fut bon et tout fut
merveilleusement efficace. Les Français ont été mysti-
fiés et nul n'a pu leur faire entendre le langage des
faits et de la raison.

Le sens même de la nationalisation a été trahi. Alors
qu'elle doit permettre d'orienter notre industrie vers

des objectifs sérieux, elle lui a permis de se lancer dans une hyper-gadgétisation qui a fait reculer les capitalistes américains eux-mêmes.

Cet exemple, un parmi d'autres, prouve que notre société, dans sa mentalité, dans ses structures, vit en état de crispation permanente. Il lui est impossible de s'adapter, de se transformer. Toute décision, tout fait devient irréversible. Reconnaître une erreur, remettre en cause une situation, représente un effort immense car, de toute part, des mécanismes de blocage s'y opposent. J'aurais eu la gorge serrée le jour où le gouvernement aurait annoncé l'abandon de Concorde, tout comme les techniciens américains apprenant l'arrêt du programme Apollo alors que son succès dépassait toutes les espérances. Il est pénible de renoncer quand on a le sentiment d'avoir réussi, mais le plus triste n'est-il pas de courir jusqu'à la ligne d'arrivée pour se faire ensuite déclasser ? Ne pas construire Concorde alors qu'on s'en était donné la possibilité technique, c'était une décision difficile à prendre, construire des Concorde qui, demain pourraient rouiller dans des hangars, c'est une absence de décision encore plus difficile à admettre.

Chapitre 3.

QUI POSSÈDE QUOI ?

Mais qu'arrive-t-il aux Français ? Voilà qu'ils se mettent à parler argent. Prudemment certes, mais en risquant tout de même des chiffres, ce qui ne s'était jamais vu. Est-ce changement radical de mentalité ou simple accident de conjoncture ? Il est trop tôt pour le dire. En France, les périodes de crise économique sont traditionnellement celles des réformes sociales, car la population demande au partage des richesses ce qu'elle ne peut plus attendre de la croissance. Il convient donc de prendre acte du changement sans préjuger de l'avenir.

Car le Français a conservé une attitude de méfiance paysanne face à l'argent, il s'efforce d'en avoir le plus et d'en parler le moins, de cacher sa richesse et d'étaler sa pauvreté ; bref, il respecte un formidable tabou.

L'argent ça ne se dit pas

En 1974, un organisme de sondage entreprit d'interroger un échantillon représentatif de la population sur le montant de ses dépôts dans les Caisses d'Epargne. La question, il va de soi, était parfaitement anonyme. Une simple extrapolation mathématique permit de calculer le dépôt global qu'aurait reconnu l'ensemble de la population. Or, ce total n'atteignait pas le quart des sommes effectivement détenues par les Caisses d'Epargne. Même à son confesseur, le Français ment encore quand il parle d'argent.

La conversation des Français comporte ainsi de curieux hiatus. Deux ménagères se plaignent du coût de la vie, « elles n'y arrivent plus ». De l'affirmation générale, on passe à la situation individuelle : « Moi, par exemple, bien que mon mari gagne... bien sa vie. » Voici deux cadres qui s'indignent de voir les augmentations arrachées par l'intrigue et non par le mérite. « Moi, par exemple... » Soyez assuré qu'en dépit de son indignation, le plaignant ne sortira pas sa feuille de paie. L'argent, c'est comme le sexe, on en parle en général et non en particulier, dans l'abstrait et non sur des exemples personnels.

La consigne de silence est encore plus rigoureuse dans le langage public. Imaginez le scandale que provoquerait un journaliste de télévision s'il présentait son invité en disant : « Voici Monsieur... qui gagne... qui possède... » Cela friserait la provocation. Il s'agit pourtant de saine information. N'est-il pas important de savoir si celui qui va parler est un milliardaire ou un miséreux ? Cela me semble autant significatif que l'appartenance à tel organisme politique ou corporatif.

De même, la presse n'évoque jamais les âpres discussions de salaires qui accompagnent la nomination des hauts personnages. Il ne faut pas dire que nos P.-D.G., commissaires, directeurs et autres administrateurs discutent sou à sou comme n'importe quel salarié.

Non, cela ne se fait pas, et c'est pourquoi les téléspectateurs furent si gênés lorsque Jacques Chaban-Delmas, attaqué sur sa feuille d'impôt, vint faire l'inventaire de ses biens devant les caméras. Cet exercice, qui devrait être de routine, devenait une épreuve insupportable parce qu'exceptionnelle.

Signe des temps nouveaux, Le Nouvel Observateur a publié en 1976 l'état des patrimoines de nos principaux leaders politiques. Bien que les déclarations n'aient été soumises à aucune contre-enquête le magazine prenait tout à coup un parfum de scandale. Savoir que Michel d'Ornano possède à Paris un hôtel particulier de 3 millions de francs, que M. François Mitterrand a touché

600 000 F de droits d'auteur, que le château de Jacques Chirac a coûté 210 000 F devenait aussi croustillant qu'une histoire d'alcôve. En matière d'argent comme de sexe, le Français est encore un frustré, donc un voyeur.

La chanteuse américaine Shirley McLaine, venue se produire à Paris, s'étonnait que les journalistes français l'aient surtout interrogée sur ses gains. L'innocente ! Elle ne comprend pas que nous nous rattrapons sur les étrangers. Les Américains, en particulier. La presse française se gargarise du million et demi de dollars que touche chaque année Michel Bergerac, le P.-D.G. de Revlon — un Américain d'origine française — ou du million de dollars de Mme Barbara Walkers, présentatrice de la télévision américaine. Voilà enfin des chiffres. Avec ces Américains, il est vrai, il n'y a pas lieu de se gêner. Ils sont gens si grossiers qu'ils annoncent leur fortune aussi facilement que leur âge. Cela permet aux Français de se défouler. Quel plaisir, à la mort de MM. Hugues ou Getty, d'énumérer complaisamment leurs palais, leurs yachts, leurs entreprises... Il ne manque pas un bibelot à l'inventaire. Ainsi, le public français se régalait-il de croustillants reportages sur la pornographie suédoise lorsque la pruderie censurait encore nos écrans.

J'ai sous les yeux un numéro du magazine américain *New-York*, avec ce titre en couverture : « Qui gagne le plus d'argent dans la ville ? » Rien d'exceptionnel. Chaque année il publie ainsi une liste de quelques centaines de noms, les uns fort célèbres, les autres inconnus, les uns de gens riches, les autres de gens peu fortunés, en précisant dans chaque cas le montant des gains encaissés dans l'année. On apprend ainsi que Muhammad Ali, champion du monde de boxe, a fait le plus joli score avec 8,5 millions de dollars ; que David Rockfeller ne gagne que 278 168 dollars à la tête de la Chase Manhattan Bank, moins que la chère — ruineuse même — veuve professionnelle Jackie Onassis qui s'est fait offrir 341 000 dollars par Viking Press ; que Kurt Waldheim se contente de 77 600 dollars pour le secrétariat général des Nations unies, soit à peine le quart de ce que gagne le tennisman Arthur Ashe ; que les revenus de Ronald Reagan sont presque quatre fois supérieurs à ceux de Gerald Ford ; et ainsi de suite jusqu'à la simple dactylo ou à l'artiste de second ordre. 10 000 dollars pour un travailleur qualifié, quelques centaines de milliers pour un P.-D.G., l'écart est connu de tous, et largement affiché.

En France, seuls les grévistes citent parfois des chiffres devant une caméra. Encore s'agit-il d'une situation moyenne et non individuelle, et d'une estimation restrictive qui masque parfois des avantages divers. Venant d'un personnage important, un tel aveu est inconcevable, et c'est faire injure qu'associer un nom connu et un chiffre de revenu ou de patrimoine.

En définitive, les revenus avoués sont presque toujours sous-évalués, il faut vraiment être un artiste désirant faire monter sa cote pour surévaluer ses gains.

Le silence dont le Français entoure son argent n'est pas celui de l'indifférence, mais de la passion. Il traduit une sorte d'obsession secrète et coupable — bref, un désir censuré, c'est-à-dire un tabou au sens le plus fort du terme.

Silence-ignorance-peur

Cette clandestinité entretient l'ignorance et la peur. L'ignorance tout d'abord : les revenus salariaux sont à peu près connus, les revenus non salariaux largement inconnus, quant aux patrimoines, ils sont à peine évalués. Fort heureusement, le regain d'intérêt que l'on enregistre pour les problèmes de l'argent et de sa répartition a fait se multiplier les études, et la connaissance a plus progressé en quelques années qu'en quelques décennies. Ce qui nous permettra de rechercher la vérité sous le silence.

La peur ensuite, lorsque tout le monde se terre, nul n'ose plus sortir. Dans ce climat général de mystère, chaque Français, riche ou pauvre, ressent l'angoisse de l'étranger perdu dans le brouillard. Qu'il ait beaucoup ou peu d'argent, il le cache.

Avant d'aborder un tel sujet, il faut comprendre qu'en économie, seuls les phénomènes existent, et nullement leur mesure. L'inflation, le chômage, les inégalités sont des réalités, mais, contrairement aux phénomènes physiques, il ne peut en exister de mesure objective, précise et indiscutable. Dès que l'on veut extraire une grandeur de ces ensembles flous, on entre dans l'arbitraire, car le résultat obtenu dépend de l'outil de mesure et pas seulement de la réalité observée. En changeant l'outil, on change le résultat. Il est donc vain de rechercher des chiffres précis, puisqu'ici la précision ne traduit pas l'exactitude des mesures mais celle de leur traitement mathématique. En économie, il faut s'estimer fort heureux lorsqu'on possède un ordre de grandeur fiable et significatif. C'est particulièrement vrai en ce qui concerne l'argent des Français, puisque l'information est systématiquement faussée par ceux qui la détiennent.

Le tabou pèse sur les revenus comme sur les patrimoines. Le lever, c'est découvrir la réalité du partage entre les Français ; autrement dit, souligner les inégalités. L'étude la plus sommaire suffisant à révéler que la France est fort inégalitaire, le tabou a donc pour première fonction de préserver cette réalité en la dissimulant.

En 1970, un rapport de l'O.N.U. consacré aux « revenus dans l'Europe après la guerre » tentait de comparer les écarts de revenus entre les 10 % les mieux lotis et les 10 % les moins bien traités de la population, d'un pays à l'autre. La France remporta la palme avec un rapport de 73,6 entre les revenus du premier et du dernier décile. Le rapport anglais était de 15, le suédois de 17, l'allemand de 22... Ces conclusions firent l'effet d'une bombe, et les statisticiens français s'empressèrent de revoir les chiffres. Dieu merci, ils étaient erronés ! Tous comptes refaits, l'I.N.S.E.E. put conclure que l'écart, pour l'époque considérée, n'était pas de 73,6 mais de... 44. Pas de quoi se vanter. Puis les statisticiens refirent les calculs avec les chiffres de 1970 et trouvèrent un rapport de 28. Les accords de Grenelle, en mai 1968, avaient bien arrangé les choses. Toutefois, cette étude prenait pour base les déclarations fiscales. Or, l'on sait que les riches dissimulent infiniment plus que les pauvres et les Français plus que les étrangers. L'écart réel est donc sensiblement plus grand.

Une seconde attaque eut lieu en 1976. Cette fois c'était l'O.C.D.E. qui nous décernait la palme de l'inégalité. L'enquête, menée par l'équipe de Malcolm Sawyer, concluait tout crûment que la France est « le pays de l'O.C.D.E. où la répartition des revenus est la plus inégale ». A nouveau les statisticiens français refirent les calculs, contestèrent les méthodes et les conclusions des experts internationaux ; et le gouvernement français protesta solennellement auprès de l'O.C.D.E.

Ces jeux Olympiques de l'inégalité n'ont pas grand sens. Le « coefficient d'inégalité » adopté par les experts de l'O.C.D.E., et qui nous accablait avec une note de 11,2 (8,6 pour les Etats-Unis, 7,1 pour l'Allemagne, 6,4 pour la Grande-Bretagne, 4,8 pour la Suède et 4 pour les Pays-Bas), aurait pu être remplacé par un autre qui aurait fait passer l'Espagne ou l'Italie devant nous. Mais ces deux comparaisons internationales permettent au moins de dire que la France fait partie des pays très inégalitaires, comme l'Italie ou l'Espagne justement, et non des pays relativement égalitaires comme la Hollande, la Grande-Bretagne et les pays scandinaves.

Fraude fiscal. Sport national

Partons des salaires, puisqu'ils sont connus. Pour éviter de se perdre dans les chiffres, on peut résumer avec Jean-Claude Colli [1] l'enquête de l'I.N.S.E.E. de 1973. Les 10 % de salariés les mieux payés gagnent en moyenne huit fois ce que reçoivent les travailleurs en bas de l'échelle. Si l'on tient compte des multiples avantages attachés à ces emplois, on peut estimer qu'il existe un facteur 10 entre les échelons supérieurs et inférieurs. Pour apprécier cet écart, il faut le comparer à ceux que l'on rencontre dans d'autres pays. Là encore, les compa-

1. Jean-Claude Colli, *L'Inégalité par l'argent*, Gallimard, 1975.

raisons sont fort incertaines, mais elles semblent toutes indiquer que les écarts entre ouvriers et employés, d'une part, cadres et directions, de l'autre, sont sensiblement plus grands en France que dans des pays voisins comme l'Allemagne, la Grande-Bretagne, la Hollande ou les pays scandinaves. Il est vrai que cet écart tend à diminuer depuis deux ou trois ans.

Toutes ces statistiques, pour intéressantes qu'elles soient, restent pourtant abstraites et anonymes. La réalité apparaîtrait bien mieux si l'état des salaires était publié dans chaque entreprise, si chacun pouvait savoir combien gagne monsieur Untel, son directeur. Il n'en est évidemment pas question. Le fichier des salaires est le document le plus secret qui soit. N'est-il pas significatif que ce secret soit jalousement préservé jusque dans les entreprises nationalisées ? Dans ce secteur pourtant, les syndicats sont puissants, mais il ne paraît pas qu'ils se soient beaucoup battus pour obtenir une telle publicité, car ils ne sont pas moins sensibles aux tabous de notre société. C'est dommage, la révélation des salaires, primes et frais de représentation attribués aux dirigeants des grandes sociétés, serait fort instructive.

Il serait tout aussi intéressant de connaître nommément les 10 000 salariés les plus payés de France, ces champions qui crèvent allégrement le plafond des 50 000 F par mois.

L'ignorance sur les salaires n'est, en réalité, qu'un refus de connaissance. Les informations existent, tant chez l'employeur que dans l'administration fiscale, et si elles ne sont pas connues, c'est qu'on refuse de les faire connaître. Il en va différemment lorsque la feuille de paie disparaît. Tel est le cas des 1 700 000 travailleurs indépendants de France. Leurs revenus ne sont connus qu'à travers leurs déclarations et la règle du jeu consiste précisément à minorer ces revenus pour échapper le plus possible au fisc. N'oublions pas non plus qu'un nombre appréciable de travailleurs indépendants sont imposés au forfait, ce qui leur permet de vivre plus ou moins dans la clandestinité.

Les statisticiens doivent procéder par recoupements afin d'obtenir des ordres de grandeur significatifs.

Il est d'abord possible d'utiliser les grands agrégats de la comptabilité nationale pour en extraire des informations globales. Lorsqu'on les compare aux déclarations fiscales, on voit apparaître une sous-évaluation globale de 22 % pour l'ensemble des revenus. Cela paraît relativement faible, mais il faut savoir que 80 % de ces revenus proviennent des salaires et que, dans ce secteur, la fraude ne peut dépasser 10 %. Ce sont donc les 20 % de non-salariés qui font plus que doubler le pourcentage. En poussant plus avant les recoupements, les comptables nationaux en viennent à penser que les agriculteurs ne déclarent guère plus du tiers de leurs revenus : 36,2 %, et les travailleurs indépendants la moitié : 55,3 %. L'ignorance, on le voit, vaut ici son pesant d'or.

Les experts du C.E.R.C. de 1975 ont repris le problème sous un angle tout différent. Partant des déclarations faites par les travailleurs indépendants, ils ont entrepris de les retraiter pour faire apparaître la part proprement salariale. En effet, il convient de déduire les frais divers en investissements, en charges professionnelles, en collaborations (femme travaillant dans la boutique, etc.), afin de dégager les sommes qui correspondent réellement à la rémunération du travail. Les résultats sont réjouissants. Il apparaît alors qu'en fonction des sommes déclarées, l'épicier et le chauffeur de taxi gagnent moins que le manœuvre ; que le boulanger et le marchand de bestiaux sont au niveau de l'ouvrier qualifié, le plombier à celui de l'employé, l'avocat à celui du technicien, le dentiste et l'architecte à celui de l'ingénieur, et le pharmacien à celui du cadre administratif supérieur.

La clandestinité des revenus non salariaux sert plus encore que celle des salaires à entretenir les inégalités. C'est dans cette catégorie, en effet, que l'on peut le plus facilement et le plus rapidement faire fortune. Mais il est vrai que ces travailleurs indépendants sont extraordinairement différents les uns des autres. Quel rapport entre la sage-femme et le notaire, le petit épicier et le gros intermédiaire ?

Cette diversité permet aux riches de se cacher der-

rière les pauvres. C'est un mécanisme classique du tabou.
Lorsque le fisc renforce ses contrôles, il accule au désespoir les catégories à la dérive qui ne survivent que
grâce à la sous-imposition. La violence des réactions et
le caractère souvent pathétique des situations servent
évidemment de paravent aux plus importants fraudeurs.
Car le silence sur l'argent institutionnalise la fraude
qui, elle-même, bloque complètement notre société. Cette
institutionnalisation est un fait légal. Elle se traduit par
l'abattement de 20 % consenti aux salariés qui, ayant
leurs revenus déclarés par des tiers, ne peuvent pratiquement pas les sous-évaluer. C'est dire que le travailleur indépendant qui déclare tout, à l'égal d'un salarié,
se trouve pénalisé. On admet une sorte de tolérance
pour une sous-déclaration limitée. Comment faire autrement ? On sait que les revenus non déclarés par des
tiers représentent 34 % des revenus globaux, mais ne
payent que 18 % de l'impôt sur le revenu. Ainsi, cette
imposition, qui devrait être un outil de justice, est
ressentie comme totalement inique. Les cadres n'ont pas
tort de la dénoncer puisque les salariés — c'est-à-dire
essentiellement eux — qui payaient en 1965 44,2 % de
l'impôt sur le revenu supportent désormais 52 % de
la charge. Il existe, certes, une tendance à l'extension du
salariat, mais qui est loin d'expliquer ce glissement.
La clandestinité de l'argent a fait de la fraude fiscale
un véritable sport national que chacun joue sans la
moindre vergogne. Un rapport de l'inspection des Finances estime à 60 milliards le manque à gagner pour
l'Etat, le trop à payer pour les non-fraudeurs. 60 milliards c'est à peu près ce que rapporte l'impôt sur le
revenu. Que signifie une politique fiscale dans de telles
conditions ?
Faute de pouvoir connaître les revenus réels, on pourrait au moins publier les revenus déclarés. Longtemps,
cette publicité est restée théorique. En principe, tout
contribuable pouvait se faire communiquer la déclaration d'un autre contribuable du département. Mais il
lui était interdit de la divulguer sous peine de payer
une amende égale à l'imposition en question. Les gros
contribuables étaient donc bien protégés.

Signe des temps : les documents fiscaux sont désormais tenus à la disposition du public. Le gouvernement a proposé l'affichage dans les mairies. Les députés ont reculé devant cette exhibition, quant aux sénateurs, ils n'ont admis la publicité qu'à la préfecture. Allons, nous ne vivrons pas encore demain en état de transparence fiscale !

Le secret des fortunes

Les fortunes sont beaucoup moins bien connues que les revenus. Les statisticiens commencent seulement à s'en faire une idée à la suite des études de ces dernières années. Yves Laulan remarque que « selon certains, le patrimoine des ménages atteindrait 2 800 ou 3 000 milliards de francs en 1974, alors que, selon d'autres estimations, il atteindrait 4 800 milliards ».

« Selon certaines sources, le patrimoine moyen par ménage serait de 76 000 F (1973), de 280 000 F selon d'autres (en 1974) [1]. » Si l'on se réfère à la plus récente enquête, celle du C.R.E.P., on aboutit à un patrimoine moyen de 155 000 F avec un endettement de 24 000 F en 1975. Mais une moyenne a toujours peu de signification. En serrant davantage la réalité, le C.R.E.P. évalue à 58 700 F le patrimoine moyen de l'ouvrier, 255 700 F celui du cadre supérieur, et 500 000 F celui des membres des professions libérales. Là encore, il importe de ne pas se laisser illusionner par la précision des chiffres.

Pour ne pas se perdre dans les statistiques, il vaut mieux s'en tenir aux trois règles que pose Jean-Claude Colli :

— la concentration des patrimoines est deux fois plus forte que celle des fortunes ;

— la fortune aide le revenu et le revenu aide la fortune. Autrement dit, les gens fortunés obtiennent plus facilement les places à gros revenus ;

— c'est essentiellement l'héritage qui dote le patri-

1. Yves Laulan : *Physiologie de la France.* Éditions Cujas, 1976.

moine. En France, l'argent se reçoit plus qu'il ne se gagne.

Dans une étude publiée par *Le Monde*, André Babeau estime que 5 % des ménages possèdent 40 % des patrimoines ; à la tribune de l'Assemblée nationale, François Mitterrand a déclaré que 4,5 % des ménages accaparent 50 % des patrimoines ; et Robert Lattès évalue à 55 % la richesse des 10 % les plus riches. Allez savoir ! Tout ce que l'on peut retenir en ordre de grandeur c'est que la fortune est probablement plus concentrée en France que dans les pays voisins.

Il n'est évidemment pas question de sortir de la statistique. Toute menace de faire dresser un inventaire publique des fortunes provoque une fuite généralisée des capitaux. Car la fortune, à la différence du revenu, est très mobile. Dès qu'on prétend la cerner d'un peu près, elle prend la direction des frontières.

L'ignorance protectrice

En maintenant le silence sur l'argent, le tabou entretient l'ignorance. Si les statisticiens connaissent mal la réalité du partage, le public, lui, est encore beaucoup plus ignorant. C'est ce qu'a démontré une enquête très approfondie effectuée en 1973 par le C.E.R.C. Cet organisme avait entrepris de demander aux Français ce que gagnaient, à leur avis, les membres des autres catégories. Le résultat est éloquent.

Première constatation : le quart des Français est incapable d'évaluer, même approximativement, les revenus en dehors de son milieu. Ce pourcentage moyen cache des disparités très significatives. L'ignorance est rare chez les membres des professions libérales, les cadres supérieurs et les industriels. Elle augmente à mesure qu'on descend dans la hiérarchie sociale. 36 % des manœuvres n'avaient pas la moindre idée de ce que pouvait gagner leur patron. Le pourcentage des « je ne sais pas » atteint 31 % pour les personnes n'ayant reçu qu'un enseignement primaire, alors qu'il n'est que de 12 % pour ceux qui sont passés par l'enseignement supérieur. Les riches savent ce que gagnent les pauvres, les pauvres ignorent ce que gagnent les riches.

Deuxième règle : l'information ne circule pas d'une catégorie à l'autre. 50 % des agriculteurs ignorent complètement le traitement du préfet. Les salariés évaluent très mal les revenus des agriculteurs, des médecins et des commerçants.

Troisième règle : la sous-évaluation. Le manœuvre estimait à 5 800 F le salaire mensuel du P.-D.G. d'une grande entreprise, alors que le C.E.R.C. l'évaluait, à l'époque, à 20 000 F. Si l'on tient compte des primes, tantièmes, logements de fonction et avantages divers, on peut estimer que la sous-évaluation atteint le facteur 4.

Les salaires des autres catégories sont généralement mieux évalués, ce qui donne à penser que les Français ont du mal à imaginer les revenus très élevés. En fait, leur vision se brouille au-delà de 10 000 F par mois. Disons 20 000 pour actualiser les chiffres.

Le sondage C.R.E.P.-*Nouvel Observateur* de 1976 apporte une nouvelle preuve de cette ignorance. Le quart seulement des Français pense que les inégalités de patrimoines sont plus fortes que celles de revenus. La règle est toujours la même : l'ignorance des faits cache les inégalités.

Toutefois, le tabou a beaucoup reculé au cours des dernières années. Un sondage B.V.A.-*Expansion* de 1976 révèle que l'ouvrier estime désormais à 28 100 F le salaire du P. D.G. L'estimation officielle étant de 38 200 F on voit que la sous-évaluation a considérablement diminué. Fait plus surprenant, les ouvriers surévaluent les gains des banquiers, des médecins, des ingénieurs, des préfets, et d'une façon générale tendent à exagérer les écarts de salaires.

A l'ombre du tabou

Cette fortune française toute baignée de mystère se porte en définitive fort bien. L'Etat pourrait la frapper au niveau de la possession, de la transmission, ou de l'accroissement. Dans tous les pays occidentaux, le riche paie tribut d'une façon ou d'une autre. Mais c'est en France, et de très loin, que ce tribut est le plus léger.

L'Allemagne, les Pays-Bas, la Grande-Bretagne et la Suède imposent la simple possession du capital. La France, elle, n'a jamais connu cette imposition. Les plus-values de capital sont imposées dans de nombreux pays occidentaux, elles ne le sont en France que depuis 1977, avec une multitude de clauses restrictives. Quant à l'impôt sur les successions, il suffit de comparer les régimes américains et français pour le mettre à sa vraie place : alors que les successions américaines en ligne directe sont frappées d'une taxe progressive montant jusqu'à 75 %, l'impôt successoral français ne dépasse pas 20 % dans ce cas.

D'une façon générale, la fiscalité française n'est pas très sévère pour les riches. Elle offre de multiples commodités : quotient familial, abattements divers, régimes particuliers pour les revenus du capital. Bref, il fait bon être riche en France.

Pourtant, il manque à la fortune française ce bien si précieux : la sécurité. Car les Français n'ont jamais défini ce qu'ils admettent et ce qu'ils refusent dans l'argent. Selon un sondage S.O.F.R.E.S.-*Les Informations*, 88 % d'entre eux souhaitent une diminution de ces inégalités. Les trois quarts sont d'accord pour qu'on relève les petits salaires plus fortement que les grands. On pourrait donc penser qu'ils soutiennent massivement les différentes mesures propres à réduire les inégalités de fortune. La réalité est plus nuancée, car le tabou sur la sainte propriété balance les aspirations égalisatrices.

Prenons l'impôt sur les plus-values. Il ne concerne qu'un nombre très limité de Français. Mais la catégorie des imposables est mal définie. Les riches ont effrayé les pauvres en faisant valoir que la nouvelle imposition qui frappe aujourd'hui les gentilhommières frappera demain les chaumières. De fait, cette imposition plongea dans l'angoisse des millions de petits propriétaires qui n'avaient pratiquement rien à en redouter. Au total, un impôt qui ne frappait que quelques centaines de milliers de Français ne fut jamais soutenu que par la moitié de la population. Belle résistance du tabou sur la propriété !

L'impôt sur la fortune, en raison des mêmes mécanismes, n'était approuvé que par une petite majorité. Tous les propriétaires et tous ceux qui espèrent le devenir, préféraient à tout hasard, le refuser. Mais, au cours de l'année 1976, cette imposition a pris une forme bien précise : celle d'un prélèvement sur les fortunes supérieures à 2 millions de francs. Cette limitation a rassuré les propriétaires, et fait craquer les défenses du tabou. Selon Le Nouvel Observateur, l'impôt sur le capital recueille désormais 80 % d'avis favorables au-dessus d'un million de francs, et 89 % quand on dépasse 2 millions. Les Français n'acceptent de toucher à l'argent qu'en étant bien assurés qu'il ne s'agit pas du leur.

C'est cette méfiance qui explique l'hostilité envers l'impôt successoral. Les deux sondages de L'Expansion et du Nouvel Observateur se recoupent sur ce point et révèlent, en particulier, une très forte opposition du monde ouvrier. N'est-il pas significatif que 35 % seulement des Français pensent que la gauche osera alourdir l'impôt sur l'héritage ?

Cette attitude prouve que la fortune transmise ne paraît ni plus ni moins injuste que la fortune gagnée. En fait, l'hostilité de l'opinion est surtout dirigée contre l'impôt successoral actuel qui frappe presque tous les héritages et n'entame guère les plus grosses successions. Les Français craignent qu'on aggrave le système sans le modifier profondément. Si l'on proposait de remplacer cet impôt par une taxe fortement progressive sur les seules grosses successions, il est probable que l'on retrouverait l'approbation massive qui soutient le projet d'impôt sur les grosses fortunes.

La haine des gros

L'attitude des Français vis-à-vis de l'argent se caractérise donc par une extrême crispation qui conduit à une série de contradictions, voire d'incohérences.

Premier point : les Français aiment l'argent. Ils aiment en gagner, et plus encore en posséder, que ce soit sous forme de pierres, d'or ou de liquidités. Ils ne veulent pas seulement conserver ce qu'ils ont, mais l'accroître. Deuxième point : ils ont définitivement lié publicité et fiscalité. C'est le fisc qui les a obligés à déclarer leur argent. La volonté de savoir annonce donc l'intention de prendre. Car l'Etat ne défend pas la propriété : il la menace. Cette attitude peut s'expliquer pour des raisons historiques. Sous l'Ancien Régime, les riches, le roi, la cour, la noblesse et le clergé étaient exemptés de l'impôt. La puissance publique pressurait le Tiers Etat, essentiellement la masse paysanne misérable. Les agents du fisc s'abattaient sur les campagnes comme des vols de sauterelles. L'argent du pauvre, le moins bien défendu, était le premier pris. L'idée s'est donc imposée, et elle subsiste dans l'inconscient collectif, que l'Etat spolie les particuliers, et plus particulièrement les « petits ». La clandestinité devient alors la seule protection efficace. Toute remise en cause de ce principe est ressentie comme une menace.

Cette peur des petits propriétaires se manifeste dans l'amour de l'or. Selon des évaluations — fort incertaines —, les Français — et non la France — posséderaient 6 000 tonnes d'or, soit le quart des réserves mondiales privées. Ils en achèteraient une centaine de tonnes par an, détenant ainsi, sous forme de lingots, le double de la valeur de leur portefeuille d'actions.

Cette passion aurifère, qu'on retrouve dans certaines sociétés sous-développées comme l'Inde, mais qui n'existe dans aucun pays industrialisé, traduit parfaitement le besoin de sécurité par la clandestinité. C'est la défense absolue contre la société. « Cela, du moins, ils ne me le prendront pas, puisqu'ils ne savent pas que je le possède », pense le retraité en cachant ses trois napoléons sous sa pile de draps.

Troisième point : la méfiance des petits assure la protection des gros. Car le retraité, en agissant ainsi, défend les lingots que son riche voisin a enfermés dans son coffre-fort. En effet, il n'y a que l'Etat qui pourrait éventuellement redistribuer l'argent entre les Français. Plus on se méfie de lui, moins il peut jouer ce rôle.

Mais, là encore, l'histoire pèse lourd. Car cet argent que les riches prélevaient jadis sur les pauvres n'allait point aux pauvres, mais aux riches. Il ne servait pas à construire des routes, des écoles et des hôpitaux, mais à entretenir les classes privilégiées. L'idée subsiste donc que la fiscalité n'est pas un système de redistribution sociale. Le Français n'a toujours pas admis que la pompe fonctionne désormais en sens inverse, et qu'en dépit de ses injustices, le système fiscal constitue le premier outil de justice sociale. L'idée reste ancrée que l'Etat le plus juste est celui qui prélève le moins, et toutes les démonstrations inverses venues de l'étranger n'y peuvent rien changer. On voit ainsi le Français déchiré entre sa soif d'égalité et sa méfiance vis-à-vis de l'institution qui lui permettrait de la satisfaire.

Quatrième point : le Français supporte mal la richesse. Du moins celle des autres. De ce point de vue, son appréciation est plus quantitative que qualitative. Il ne fait guère de différence entre l'argent gagné et l'argent reçu ; ce qu'il déteste, c'est que son voisin accumule trop d'argent trop rapidement. Il admet le petit patrimoine, mais pas les grosses fortunes, l'enrichissement progressif tout au long d'une vie, mais non la réussite insolente par l'entreprise ou l'héritage. Son désir d'égalité se traduit par une hostilité systématique contre « les gros ».

Cinquième point : les riches vivent dans la peur. Ils savent que leur fortune n'est pas admise. Ils utilisent donc tous les mécanismes du tabou pour la protéger. Cette défense leur assure un statut extraordinairement favorable. Mais l'excès même de ces privilèges nourrit la contestation et accroît le sentiment d'insécurité. La moindre remise en cause de leurs privilèges leur apparaît alors comme une agression et suscite des réactions de panique. Lorsqu'à l'automne 68, le ministre des Finances, François-Xavier Ortoli, parla d'élever les droits successoraux, il provoqua un exode massif des capitaux qui fit chuter le franc. Ortoli dut abandonner son projet. Depuis 1974, la peur des possédants a redoublé — peur

du Programme commun ou peur de nouvelles imposi-
tions fiscales —, entretenant une fuite permanente des
capitaux, véritable sabotage qui anémie de plus en plus
l'économie.

Il est inévitable que les riches, comme n'importe
quelle autre catégorie, défendent leurs avantages lorsqu'ils les sentent menacés. La grève de l'argent ne fait
que répondre à la grève du travail. Mais il s'agit ici de
tout autre chose. Les comparaisons avec l'étranger prouvent que les riches ont subi ailleurs de plus rudes épreuves, sans céder à ces mouvements de panique. Ils se
sont défendus, ils ne se sont pas enfuis. Dès que l'on
parle de toucher à l'argent, le propriétaire français se
sent menacé d'une dépossession totale et se défend, le
dos au mur, comme dans un combat à mort. Du reste,
la réaction est la même chez le gros possédant, effectivement visé, et chez le petit propriétaire, qui n'est guère
menacé.

Passe à ton voisin

En période de grandes difficultés économiques, si le
gouvernement évoque l' « austérité », les « sacrifices »,
de nouveaux impôts, le silence défensif ne suffit plus,
il faut passer à la contre-offensive.

La masse des Français sans fortune, ou à faibles revenus, ne supporte plus que certains continuent à vivre
dans l'aisance quand vient le temps des vaches maigres.

Les classes moyennes, cadres, petits propriétaires, qui
d'ordinaire protègent les plus riches, sont tentés de
rejoindre le camp des « partageux » afin, précisément,
d'échapper au partage et aux sacrifices. Tout le monde
se tourne vers une minuscule caste, repoussée toujours
plus haut : celle des « gros ». Ce sont eux et eux seuls
qu'il faut faire payer. Ainsi pourra-t-on satisfaire la soif
d'égalité des Français sans toucher à leur argent. Il
suffit pour cela de sacrifier quelques très, très grosses
fortunes. D'où le succès des projets d'impôt sur le
capital, et le refus de « l'impôt sécheresse » qui frappait
l'ensemble de la classe moyenne.

On serait évidemment tenté de célébrer la soif de justice que les Français semblent aujourd'hui manifester. Faire plafonner les revenus à 20 000 F par mois, les fortunes à 2 millions de francs, et à l'inverse, assurer à tous un revenu minimum de 2 000 F, satisfait l'esprit de justice, mais l'intérêt aussi des classes moyennes. La plupart des cadres et des membres des professions libérales qui se prononcent en faveur d'un impôt sur les grosses fortunes n'espèrent pas bénéficier directement de la redistribution. En revanche, ils peuvent penser que l'Etat ne prendra pas ailleurs, ce qu'il trouvera là. Or ils savent qu'un effort de redistribution est inévitable dans une conjoncture difficile, et que ce sont les classes aisées qui en feront les frais. Etant les premiers menacés, ils opèrent le classique « passe à ton voisin ». En dénonçant « les gros », ils espèrent détourner d'eux la menace.

Une surimposition des « gros » ne suffirait-elle pas à résoudre les problèmes actuels de la France, sans toucher à l'argent les classes moyennes ? Les choses ne sont pas si simples.

En 1973, par exemple, le revenu réel des 8 000 plus gros contribuables était en moyenne de 80 à 85 000 F par mois. Gilbert Mathieu se plaît à remarquer, dans Le Monde, qu'à cette époque le minimum vieillesse était inférieur à 400 F. L'écart était donc de 1 à 130, et cet écart vertigineux permet de se livrer à de beaux exercices de partage-fiction entre les 8 000 « gros » d'un côté et les 2,2 millions de personnes âgées de l'autre. Imaginons que le fisc, au lieu de prélever 40 000 F sur ces revenus, en prenne 60 000. Cela représenterait une somme supplémentaire de 160 000 000 F qui, répartie entre les vieillards les plus pauvres, augmenterait leurs ressources de 20 %.

Voici un autre exercice que proposait Georges Banderier toujours dans Le Monde : « Le simple maintien pendant trois ans du pouvoir d'achat pour le dixième de la population situé en haut de l'échelle (des salaires) aurait pour corollaire une augmentation de plus de moitié du pouvoir d'achat du cinquième le plus défavorisé. » Voilà une véritable opération de redistribution ;

mais il faut observer les chiffres de près. Les 10 % de salariés que toucherait une telle mesure constituent pratiquement tous les cadres supérieurs et une bonne partie des cadres moyens, c'est-à-dire des gens qui ne se considèrent absolument pas comme des « gros ». A l'inverse, les 20 % de salariés qui bénéficieraient de cette mesure sont loin de représenter la totalité des insatisfaits. Songeons qu'en 1976, la majorité des travailleurs gagnait moins de 2 000 F par mois et était légitimement mécontente. Notons encore qu'une telle redistribution ne bénéficie ni aux personnes âgées ni aux handicapés, qui comptent pourtant parmi les plus défavorisés dans notre société, et qu'elle implique une croissance soutenue.

Quant à la fameuse imposition sur les grosses fortunes, elle rapporterait, selon les estimations, entre 3 et 10 milliards de francs. C'est appréciable, mais n'oublions pas que l'on recense en France 8 millions de pauvres. C'est dire qu'un prélèvement de 5 milliards n'apporterait à chaque pauvre que 5 F par mois.

Ces calculs, purement théoriques, et qui ne tiennent nul compte des incidences économiques, prouvent simplement que de telles mesures sont tout à la fois indispensables et insuffisantes. Il est vrai qu'en matière de redistribution, il faut commencer par « les gros », il est vrai aussi qu'il faudra continuer par « les autres ». Une véritable redistribution affecterait toute la classe moyenne à des degrés divers.

Cela, les Français le sentent confusément. Aussi, pour fuir cette réalité déplaisante, sont-ils passés du silence total à la dénonciation des inégalités. Les motivations paraissent généreuses, et tout le monde se sent l'âme de Robin des Bois quand il s'agit de prendre aux riches leur superflu pour donner le nécessaire aux pauvres, mais il subsiste une grave équivoque. Nous tous, techniciens supérieurs, contremaîtres, cadres moyens, professeurs, artisans, journalistes, sommes-nous vraiment prêts à mettre *notre* argent sur la table pour une véritable redistribution ? La revendication égalitaire n'a pourtant de sens qu'à ce prix.

Les propos les plus généreux peuvent masquer bien

des arrière-pensées égoïstes et nos politiciens ne l'ignorent pas, c'est pourquoi ils promettent à tous les bienfaits de la justice, mais n'osent en imposer à personne les sacrifices.

Les discrétions de la gauche

Depuis vingt ans, la majorité au pouvoir s'est efforcée de ne pas attenter aux privilèges de l'argent. En période de prospérité, elle a financé les programmes sociaux sur les fruits de la croissance ; en période de crise, elle s'est installée dans le crédit et le déficit. Quand, en 1976, Raymond Barre a voulu rétablir les équilibres, il s'est bien gardé de viser directement la grande fortune, évitant ainsi la fuite des capitaux, mais s'attirant l'opposition résolue des syndicats. La politique inverse provoquerait sans doute les réactions inverses. Mais la rigueur économique ne résout rien quant au fond en l'absence d'une vraie réforme sociale.

Une opposition est mieux placée pour cultiver le tabou, et l'attitude de la gauche en général et du Parti communiste, en particulier, est très significative. Il leur faut marier savamment justice sociale et respect de l'argent. Le Programme commun a prévu, très logiquement et très heureusement, un renforcement de la fiscalité sur les personnes physiques. Toutefois les leaders de la gauche glissent sur cet aspect — pourtant peu contestable — de leur programme et préfèrent mettre l'accent sur l'imposition des très grosses fortunes et des sociétés ou sur les nationalisations.

Pour éviter de trop écorner les privilèges de la classe moyenne, la gauche misait sur une croissance à 8 ou 9 %. Nul n'ose plus parier sur une expansion aussi vigoureuse. Les promesses restant les mêmes, il faudrait les financer sur l'argent que les Français ont ou espèrent avoir, plutôt que sur les fruits de l'expansion.

Pour éviter ce sujet délicat, la gauche utilise des mécanismes d'évitèment somme toute classiques. Le Parti communiste, qui inspire le plus de craintes et doit le plus rassurer, recoure très habilement à la confusion des personnes physiques et morales.

Un Martien débarquant du ciel et écoutant M. Marchais à la télévision croirait qu'il existe en France une opulente famille qui possède la richesse et pressure la population : la famille Monopole. Il imaginerait Jules Monopole menant une vie fastueuse dans ses différents châteaux, Léon Monopole, l'avare, entassant des trésors dans ses caves blindées et Robert Monopole, le dépravé, couvrant d'or ses courtisans et ses courtisanes. Car il ne fait pas de doute, à entendre parler les leaders communistes, que les Monopoles existent en tant que tels, qu'ils vivent, consomment, accumulent au même titre que les individus. Qu'en fait, ils sont des individus.

Voilà donc les victimes désignées. Ce ne sont pas les Français, pas même les plus riches, c'est la famille Monopole. Elle paiera, tandis que les particuliers, eux, recevront des cadeaux.

Jacques Attali, conseiller économique de François Mitterrand, a dénoncé ce mythe avec beaucoup de courage en montrant que les monopoles avaient remplacé le bouc émissaire pour refaire l'unanimité sociale et qu'ils jouent « le même rôle trompeur de père de la société à naître qu'il faut abattre... ». Mais que peut une réflexion dans *Le Nouvel Observateur* face au mythe cent fois répété ? Il est si commode de croire que tout le mal vient des monopoles, et que tout le bien viendra de leur mort !

Or, cette mise à mort que constitue la nationalisation, ne joue à peu près aucun rôle dans la redistribution de l'argent, et ne dispense d'aucun effort dans l'ordre économique. Elle se traduit simplement par un transfert de pouvoir dont il faut s'assurer qu'il se fait bien des capitalistes vers le peuple, et non des managers aux technocrates.

Paix aux profits, guerre aux profiteurs

Il en va pratiquement de même en ce qui concerne l'imposition des sociétés. Elle pousse à l'inflation lorsque les entreprises peuvent répercuter dans leurs prix ces taxes additionnelles ; elle freine l'expansion et diminue la compétitivité lorsqu'elles ne le peuvent pas. Dans tous les cas, c'est l'économie qui est perdante, et ce genre d'imposition, dès qu'elle dépasse un certain seuil, est génératrice d'inflation et de chômage. L'exemple des pays qui ont réellement diminué les inégalités prouve que ce résultat s'obtient en touchant à l'argent des particuliers, et non à celui des entreprises.

La nationalisation peut être très utile et bénéfique pour orienter l'économie, mais certainement pas pour mieux répartir l'argent entre les particuliers. Quoi de plus logique ? L'entreprise ne possède pas, elle est possédée. Certes on retrouve souvent des sociétés les unes derrière les autres au hasard des subtiles constructions financières. Il n'importe, on finira toujours par découvrir des particuliers à la base de l'échafaudage. Faute de quoi, on sort du secteur capitaliste.

Or, il ne peut y avoir d'inégalité entre une personne physique et une personne morale, car la comparaison n'a pas de sens. Une entreprise ne saurait être x fois plus riche que moi, seul son propriétaire pourrait l'être. Il arrive évidemment que société et patrimoine soient largement confondus — c'est le cas des affaires Dassault, par exemple —, mais il faut soigneusement distinguer pour l'analyse la structure de production et la fortune du propriétaire.

Dès lors que cette distinction n'est pas faite, que l'on traite sur le même pied l'entreprise et les particuliers, on confond également les profits réalisés par les premières et les revenus empochés par les seconds. Comme la même condamnation pèse sur les uns et sur les autres, il devient moralement tolérable de faire de petits profits, très coupable d'en réaliser de plus importants. On bascule alors en pleine confusion mentale, car on condamne au nom de la justice sociale un mécanisme qui n'a rien à voir avec les inégalités d'argent. On reporte ainsi sur un point non sensible une revendication que l'on n'ose pas formuler directement par crainte des interdits ; c'est une procédure d'évitement typique du tabou.

La formation du profit doit être sévèrement réglementée. Elle ne doit provenir ni d'une surexploitation des travailleurs, ni de techniques polluantes, ni de pratiques inflationnistes ou de fraude fiscale. C'est en faisant une bonne législation, en vérifiant rigoureusement son application que l'on peut ainsi moraliser l'activité économique. Mais le profit, dès lors qu'il récompense une bonne gestion, est profondément sain, et ne crée, en soi, aucune injustice entre les individus.

Une politique sociale va se juger au sort réservé à ceux qui empochent les profits : aux profiteurs. Si le profit des entreprises Marcel Dassault a trop enrichi le particulier Marcel Dassault, il faut en déduire que ce dernier a été trop légèrement imposé et non que ses entreprises auraient dû l'être plus lourdement [1].

En fait la redistribution fiscale s'effectue à travers les impôts non répercutables : l'impôt sur le revenu, sur la fortune, ou par un jeu de taxes savamment dosées pour frapper lourdement la consommation des plus riches. L'impôt sur les sociétés, lui, n'est jamais un bon outil pour cela. Si, d'aventure, il limite la part des profits encaissés par le patron, on voit que ce résultat aurait été obtenu plus directement par une imposition de son revenu ou de son capital. La condamnation du profit et la dénonciation des entreprises n'est donc qu'une manifestation du tabou sur l'argent des particuliers, car les économistes du Parti communiste n'ignorent évidemment aucune de ces évidences.

Le club des 20 000

Cette focalisation sur les profits plus que sur les fortunes a fini par pervertir complètement l'économie française. Nul n'ose en France avouer qu'il « cherche à faire du profit », tous les maux de notre société sont attribués à « la recherche du profit », bref, il s'agit

---

1. Peut-être faudrait-il aussi conclure, dans ce cas particulier, que l'État mécène et client fut trop bienveillant.

d'une condamnation totale, sommaire et sans nuance. Dans un salon parisien on vous parle indifféremment des bénéfices énormes des entreprises et de la fameuse baisse tendancielle du taux de profit. Raymond Barre, lançant son plan, n'ose déclarer tout de go qu'il veut regonfler les profits des entreprises.

Le comble de la confusion est atteint dans les entreprises nationalisées, où les directions se voient sans cesse accusées de sacrifier le service public à la recherche du profit. Il serait sain, dans cette optique, que l'électricité « de service public » fournie par l'E.D.F. puisse tout à la fois coûter plus cher et dégager moins de profit que celle des producteurs privés allemands ou hollandais. Car la recherche du profit devient, par une étrange perversion de l'esprit, définitivement scandaleuse dans le secteur nationalisé, c'est-à-dire lorsque le profiteur a disparu. En bonne logique, l'appropriation publique des bénéfices devrait laver le profit de son péché originel. En faire une obligation absolue. Tout bénéfice réalisé par les entreprises nationales permettra de construire des hôpitaux ou des écoles et non d'agrandir la résidence tertiaire d'un patron capitaliste.

Il est plaisant de constater que les économistes des pays communistes insistent lourdement sur la nécessité du profit dans les entreprises socialistes. Comment, en effet, vivraient ces économies si les cellules de production étaient systématiquement déficitaires ?

A si bien déconsidérer la notion de profit, la France est arrivée à cette situation scandaleuse d'une économie dans laquelle la moitié des entreprises ne déclarent pas de bénéfices. De tels bilans ne peuvent être attribués qu'à la mauvaise gestion ou à la fraude, et devraient être systématiquement pénalisés. En effet, l'entreprise qui dissimule ses profits sous les frais généraux et autres astuces comptables permet à des dirigeants de s'offrir des situations opulentes en échappant à l'impôt sur les bénéfices et, partiellement, à l'impôt sur le revenu et sur les salaires. C'est une fraude caractérisée au détriment de la communauté. Or, l'on constate, tout au contraire, que les entreprises constamment bénéficiaires sont suspectées d'exploiter scandaleusement les travailleurs.

Car les Français sont entretenus dans le mythe que les revenus du capital et l'imposition des entreprises permettraient de résoudre tous les problèmes, sans toucher à l'argent des particuliers. Nul ne veut voir que la rémunération du capital ne cesse de diminuer, et qu'elle ne représente plus aujourd'hui que 3 % des revenus totaux. Charger les personnes morales pour épargner les personnes physiques est donc un grand principe du tabou. Il est pratiqué par la majorité et par l'opposition. En 1974, M. Fourcade, ministre des Finances, s'efforça de mettre le fardeau de la crise à la charge des entreprises. Ce qui obligea M. Barre à le reporter sur ses vrais destinataires : les particuliers.

Le problème aujourd'hui est de faire sortir le profit, et non de le condamner. Car la dissimulation des bénéfices par les entreprises répond à la dissimulation de la fortune par les particuliers. Les dirigeants, qui souvent ne détiennent aucune part du capital, s'octroient sous forme de salaires, avantages de fonction, frais de représentation, primes et tantièmes, d'énormes rétributions qui correspondent à de véritables participations aux bénéfices. Ne dit-on pas que le fameux Harold S. Geneen, le P.-D.G. d'I.T.T. perçoit un salaire annuel de 3,6 millions de dollars, sans compter les avantages divers. Cette rétribution correspond à la rémunération d'un portefeuille d'actions I.T.T. représentant 120 millions de dollars ! Peut-on encore parler de salaire à ce niveau ? Il s'agit d'une répartition de profit rémunérant une fonction et non un capital.

En France de telles pratiques se sont généralisées et permettent à un véritable « club » de capitalistes sans capitaux : P.-D.G., administrateurs, directeurs, conseillers, etc. de récupérer le profit au détriment d'actionnaires souvent fort modestes.

Résumons-nous : les Français en baptisant « profit » la fortune, les riches « entreprises » ou « monopoles », font un transfert du réel à l'irréel qui permet de combiner le respect de l'argent et le désir de justice.

L'argent comme le sexe

En définitive, il s'agit toujours de construire un discours imaginaire, ou d'entretenir le silence pour masquer une profonde contradiction entre la culpabilité et le désir. La richesse est à la fois enviée et condamnée, respectée et déconsidérée, tout comme la femme libre qui mène la vie de son plaisir.

L'argent n'a ici aucune valeur morale et, dès qu'il dépasse une certaine quantité, il prend une connotation nettement négative. Il devrait en résulter, au niveau du sexe comme de la propriété, une véritable censure des désirs conduisant, dans un cas à une certaine austérité, dans l'autre à une grande rigueur de mœurs. Mais les valeurs morales qui justifient ces condamnations ont beaucoup perdu de leur force. Elles peuvent encore réprimer l'expression des désirs, mais non les désirs eux-mêmes.

On rêve de plaisirs et de cinéma pornographique sans oser franchir le pas ; on souhaite s'enrichir, mais on n'ose afficher un objectif aussi trivial. Plutôt que de se lancer dans « les affaires pour faire de l'argent », on joue sur l'or, la pierre, voire au tiercé ou à la Loterie nationale.

La spécificité du comportement français ne tient pas à l'amour de l'argent, mais au refoulement de cet amour. Or, un refoulement collectif est toujours le reflet d'une culture et d'une morale ; c'est donc à ce niveau qu'il faudra chercher l'origine des relations coupables entre les Français et l'argent.

Chapitre 4

LE RETOUR DES CORPORATIONS

Le tabou sur la fortune qui protège les situations individuelles se prolonge désormais par le tabou corporatif qui défend les situations collectives. Chacun, en effet, partage le sort d'une ou de plusieurs catégories. Non pas seulement en ce qui concerne les revenus, mais aussi pour tous ces avantages que sont la sécurité de l'emploi, le temps de travail, l'âge de la retraite, les avantages sociaux, la considération morale. De ce point de vue, la société française s'est prodigieusement diversifiée. Au sein des professions, des administrations, des entreprises, des régions, les groupes et sous-groupes ont tenté de se créer des apanages. Sortes de patrimoines collectifs. Là encore on retrouve la clandestinité. Mais alors que le silence complice des fortunes individuelles commence à se dissiper, le silence protecteur des privilèges ne cesse de s'épaissir.

Ainsi l'agriculteur a les prix garantis, le fonctionnaire la sécurité, le notaire son monopole, l'universitaire ses vacances, le chauffeur de taxi ses pourboires, le journaliste sa clause de conscience, le cheminot ses tarifs réduits, le militaire sa retraite, l'instituteur sa mutuelle, le V.R.P. son régime fiscal... Sur toutes ces conditions particulières règne le tabou.

Il est impossible de connaître les avantages et les inconvénients des différents groupes sociaux, impossible de voir au premier coup d'œil la rémunération totale, la durée du travail, l'âge de la retraite, les sécurités d'emploi, les services sociaux, etc. selon les catégories. Depuis des années les parlementaires se battent avec le gouvernement pour connaître l'ensemble des traitements, primes et avantages dont bénéficient les hauts fonctionnaires. Ils ne peuvent obtenir ces informations. Essayez tout simplement de recenser les travailleurs qui bénéficient d'une cantine et ceux qui n'en bénéficient pas. Nul ne pourra vous le dire avec précision. Les uns peuvent prendre de véritables repas pour cinq ou six francs, les autres doivent se contenter d'un casse-croûte s'ils ne peuvent s'offrir le restaurant à vingt au trente francs. Pour les intéressés, cela fait une différence extrêmement sensible, pourquoi faut-il qu'elle ne retienne pas davantage l'attention de nos statisticiens ?

Et pourquoi ne peut-on faire le départ entre ceux qui sont entièrement pris en charge par une mutuelle et ceux qui doivent se contenter de l'assurance-maladie, ceux qui bénéficient de colonies de vacances et ceux qui laissent leurs enfants jouer dans la rue en juillet, ceux qui sont logés par leur entreprise et ceux qui cherchent un toit dans la jungle du marché immobilier ?

Le droit au malheur

Pour les conditions comme pour les fortunes, le silence assure les apanages, il interdit leur éventuelle réduction, il favorise leur nécessaire extension. Les avantages acquis, en basculant dans le monde oublié des droits naturels, laissent le terrain libre à l'acquisition d'avantages supplémentaires. Ainsi, toute la société joue au poker-menteur. La règle en est simple : soyez fort, mais paraissez malheureux. Si vous êtes faible, tous les malheurs du monde n'attireront pas l'aumône. Vous ne serez qu'un retraité ou un handicapé. Mais si vous êtes fort et si vous paraissez heureux, si vous ressemblez à un cadre par exemple, vous vous entendrez répondre qu'il est des misères à soulager plus urgentes que les vôtres. Chaque groupe s'efforce donc de draper les avantages de sa condition dans les haillons de l'indigence afin de toujours paraître sous son jour le plus favorable, c'est-à-dire le plus misérable. Il n'en faut pas moins pour arracher un bon lot dans ce souk aux privilèges que tend à devenir la société française. Tous les Français sont malheureux, et c'est leur faire injure ou leur vouloir du mal que dire le contraire. A la satisfaction que procure l'envie de son voisin, chaque catégorie préfère la sécurité qu'apporte la pitié de tous. Ainsi, de l'entrepreneur qui ne fait jamais de profit, au paysan qui récolte toujours trop ou pas assez, en passant par le commerçant que rackette le fisc, le fonctionnaire qui ne gagne pas un sou, le professeur que guette la dépression nerveuse, c'est la France entière qui pleure misère. Véritables sécrétions lacrymales ou simples coulées de glycérine, il serait inconvenant d'en décider. Chacun a droit à ses pleurs, il est interdit d'en suspecter l'authenticité.

Aucun groupe ne supporte que l'on énonce publiquement ses avantages. Car il voit dans ce rappel une menace pour ses revendications à venir. Essayez de dire à un inspecteur des finances qu'il cumule tous les avantages, à un travailleur du secteur nationalisé qu'il ignore le chômage, à un garçon de café que le fisc ne voit pas souvent ses pourboires, à un professeur de faculté qu'il travaille peut-être moins que d'autres, à un paysan qu'il bénéficie sans doute plus que d'autres de la solidarité nationale, c'est comme si vous infligiez une décharge électrique à vos interlocuteurs. Les voilà qui s'agitent, se récrient, haussent le ton et deviennent hargneux.

Si la télévision se risquait à présenter sous un jour trop favorable — c'est-à-dire, dans certains cas, sous son jour véritable — la situation de telle ou telle catégorie, elle provoquerait un déluge de protestations. Des particuliers aux syndicats, tout le monde hurlerait à la trahison. Si, en revanche, le reporter n'insistait que sur les mauvais côtés d'une profession, il serait aussitôt couvert de fleurs. « Ah ! Monsieur, comme vous nous avez compris ! On voit que vous avez du cœur ! »

Ces réactions sont les symptômes habituels du tabou. Et, de fait, les journalistes ne se risquent pas souvent à braver l'interdit. Lors des conflits sociaux, l'information insiste toujours sur les désavantages des uns et des autres : faibles salaires, travail pénible, situation précaire de l'entreprise, conjoncture défavorable mais s'abstient généralement de mettre en parallèle les avantages. Car le public tend à devenir l'arbitre de ces marchandages, et chaque partie a besoin de se le concilier, ou, du moins, de le dresser contre l'adversaire. Tout personnel en grève s'efforce d'alerter l'opinion, et les studios de télévision deviennent les objectifs privilégiés des cortèges revendicatifs. Chaque fois qu'il m'est donné de rencontrer des travailleurs en lutte, ils se plaignent que l'antenne ne leur soit pas davantage ouverte, et l'on devrait sans doute, pour donner satisfaction à tout le monde, consacrer une chaîne aux seules revendications catégorielles — chaîne que personne ne regarderait, évidemment.

En 1976, lors de la grève des Caisses d'épargne, M. Barre menaça de rendre publics les salaires et avantages des grévistes. Leur situation étant favorable, cette révélation aurait sans doute rendue leur cause moins populaire. Les travaillistes anglais ont dû en venir à cette extrémité pour briser les grèves des électriciens et des dockers. Mais tout le monde recule devant cette procédure, pourtant fort saine. Les corporations, même moins favorisées, craignent le précédent qui permettrait d'utiliser le mécanisme contre elles. Ainsi, les moins bien lotis ne sont pas les moins acharnés à défendre la clandestiné. Ce sont les mêmes réflexes de peur qui, dans ce cas, s'étendent à tout un groupe.

Du silence naît naturellement l'ignorance. Réelle ou feinte. On le vit bien lors de négociations sur la réduction des horaires à 40 heures dans la fonction publique. Officiellement, les fonctionnaires travaillaient 42 heures et demie par semaine, mais l'application de la réduction se révéla délicate car plusieurs administrations travaillaient déjà 36 heures par semaine. De part et d'autre, on faisait semblant d'ignorer ce fait.

A force de minimiser leur situation, les Français finissent par voir le monde à travers des lunettes noires.

Il est de règle que les travailleurs indépendants et les patrons fassent toujours preuve du plus noir pessimisme et que les syndicats ne reconnaissent jamais l'élévation du niveau de vie : lorsqu'elle est réelle on dit qu'il faut « défendre le pouvoir d'achat », lorsqu'elle se ralentit ou s'interrompt momentanément, on dénonce la « dégradation de la situation ». Dans la France peinte par les organismes professionnels, les conditions de travail se durcissent, les salaires diminuent, les faillites se multiplient et chacun s'enfonce inexorablement dans la plus noire misère.

Comment allez-vous ?

Et les Français finissent par croire le discours plutôt que la réalité qu'ils vivent pourtant quotidiennement. Le sondage effectué par le C.E.R.C. en 1973 révèle que 35 % seulement des personnes interrogées reconnaissent que leur situation s'est améliorée entre 1960 et 1970. 44 %, en revanche, estiment qu'elle s'est dégradée. Or les statistiques montrent de façon indiscutable que le niveau de vie réel — en franc constant — des Français s'est élevé de 60 % au cours de cette décennie. Il s'agit évidemment d'une moyenne. On peut admettre que l'amélioration a varié entre 45 et 75 % selon les catégories. Mais n'est-il pas incroyable que, de toute bonne foi, les intéressés puissent eux-même ignorer une évolution de cette importance ? A force de nier la réalité, on finit par ne plus du tout la connaître.

Si l'évolution générale est aussi mal perçue que la sienne propre, celle des autres, elle, est complètement ignorée. La compassion n'a rien à voir avec la misère. Pour les Français, les plus malheureux sont les petits commerçants et artisans. 72 % des Français pensent que, pour eux « ça va moins bien ». Les retraités aussi semblent très défavorisés : 49 % de réponses négatives. Pour les agriculteurs, on ne sait pas : 35 % les voient plus riches, 31 % plus pauvres. La moitié des Français pense que les revenus des ouvriers se sont améliorés. 28 % estiment le contraire. En revanche, il n'y a guère d'incertitude pour les ingénieurs et les fonctionnaires. La moitié des Français voit sa situation s'améliorer et 10 % seulement se détériorer. Quant à l'évolution du niveau de vie des familles nombreuses, 51 % des Français en 1973 pensent qu'elle a été favorable au cours des dix dernières années et 20 % seulement pensent le contraire. Les allocations aux familles nombreuses augmentent plus que les salaires : c'est la croyance générale.

Voyons la réalité. Pour les statisticiens, le niveau de vie des retraités s'est accru de 70 % dans la décennie 60, celui des ouvriers et ingénieurs de 50 %, celui des fonctionnaires de 40 %. Juste l'inverse du classement du public. Les estimations, forcément très incertaines, pour les agriculteurs et commerçants, tournent autour de 45 à 55 % d'augmentation. Le pourcentage est comparable à celui des travailleurs salariés. Quant aux familles, le calcul est d'autant plus délicat qu'il faut tenir compte du nombre d'enfants, et faire la différence Paris-Province ; quoi qu'il en soit, les statisticiens situent cette évolution entre — 10 % et + 18. Compte tenu de l'augmentation des autres revenus, il est évident que, à salaire égal, le pouvoir d'achat de la famille nombreuse a moins augmenté que celui du célibataire. La preuve est faite : le silence sur les situations entraîne une méconnaissance totale.

Le Français est pris dans un concert de revendications tous azimuts qui se transforme en un véritable hourvari. Il ne sait plus où donner de la tête et de la compassion dans les grandes plaintes des confréries mendiantes et le cliquetis des sébilles. Faut-il plaindre les paysans, les fonctionnaires, les ouvriers, les professeurs, les militaires, les piétons, les anciens combattants ? Tout naturellement, on n'écoute que ceux qui crient le plus fort. A ce jeu, les veuves, les mères de famille, les O.S. de province n'ont guère de chance de se faire entendre. Les plus faibles seront les derniers plaints et les derniers servis.

Indispensables vacances

Pour chaque catégorie, il s'agit d'oublier, de minimiser ou de justifier coûte que coûte ses avantages. Le monde universitaire, par exemple, se refuse à considérer ses vacances comme un privilège, n'y voyant qu'une organisation spécifique du travail indispensable au bon exercice de la profession. Le ministre de l'Education nationale qui lèverait un tel lièvre serait vite pris dans la tourmente. Chacun fait donc semblant de croire que les cinq mois de congés annuels sont indispensables à la santé des professeurs et des pauvres étudiants.

Une étude tant soit peu objective montre pourtant que la vie de l'enseignant en faculté n'est en rien plus pénible que celle du travailleur dans l'industrie ou le commerce. Elle peut certes connaître des périodes d'activité intense pour la préparation des cours ou la correction des examens, mais toute profession oblige à de tels « coups de collier ». En revanche, l'universitaire ignore le stress du cadre qui craint à tout moment d'avoir pris de mauvaises décisions et de devoir en rendre compte. Bref, on ne voit pas que l'enseignement en faculté nécessite des périodes particulières de repos.

Lorsqu'on chatouille les universitaires sur ce point, ils évoquent parfois la nécessité de « recherches et travaux personnels », mais finissent généralement par estimer que ces congés prolongés sont la juste compensation de salaires anormalement bas. Ce dernier argument est parfaitement recevable. Il est vrai qu'un agrégé de sciences économiques dans une université gagne deux fois moins que son homologue dans une entreprise. Les vacances universitaires constitueraient donc une sorte de salaire-temps s'ajoutant à un salaire-argent. Pourquoi, dans ces conditions, ne pas le dire clairement ? On pourrait donner aux enseignants un salaire correspondant à leur qualification, et leur laisser la possibilité de prendre chaque année deux ou trois mois de congé sans solde.

Il ne s'agit pas en effet de condamner ce genre de rémunération, il conviendrait même de le répandre. Les travailleurs devraient se voir offrir le choix entre des situations à fort salaire et horaires contraignants, et d'autres, à salaire réduit et temps de travail limité. Mais il est malsain de masquer ce système, parfaitement avouable, derrière de prétendus « travaux personnels ». Si l'on peut ainsi justifier la situation des enseignants, il n'en va pas de même pour celle des étudiants. Dans ce dernier cas, il s'agit d'un privilège totalement injustifié. Je sais bien qu'il faut bûcher dur pour préparer l'internat ou les concours, que les étudiants se paient alors des heures supplémentaires à coup de cafés noirs, voire d'amphétamines, mais ces rudes moments de la vie universitaire constituent l'exception et non la règle. S'il est indispensable que de bonnes vacances succèdent à de telles épreuves, il n'est pas nécessaire, en revanche, de prendre cinq mois de repos tous les ans et dans toutes les disciplines.

J'ai moi-même fréquenté assez longtemps les écoles et les universités, j'ai même gagné ma vie en poursuivant des études, et je n'ai pas pour autant mené une existence de galérien. Ma vie professionnelle me semble en général beaucoup plus dure que ne le fut ma vie universitaire, et je ne vois toujours pas ce qui a bien pu justifier les congés généreux dont je fus gratifié.

Les pauvres étudiants

Or, l'étudiant, à la différence de l'enseignant, n'est pas un producteur. Il est à la charge de la collectivité. C'est-à-dire des travailleurs, y compris les plus modestes. Même le non-contribuable subit la charge de l'Education nationale car les sommes allouées aux universités n'iront pas améliorer les systèmes sociaux dont il bénéficie. Une bourse en plus, c'est, peut-être, un lit d'hôpital en moins. Il importe donc que l'étudiant travaille au moins autant que le reste de la population, et qu'il justifie le privilège des études par la qualité des résultats. Car l'étudiant, fils d'ouvrier ou de P.-D.G., restera longtemps encore un privilégié, et non un exploité, pour la raison évidente que son improductivité le rend inexploitable. Prenons deux jeunes de dix-huit ans. L'un entre en usine, travaille à la chaîne dans le bruit et la crasse, sans pouvoir relâcher un instant son attention, sans sécurité, sans perspective de carrière. L'autre entre à l'université ou dans une école, vit sur un campus, mène une vie intellectuellement passionnante, peut prétendre aux meilleures places de la société. Il ne serait pas scandaleux que le premier bénéficiât de vacances prolongées, et le second de congés normaux. Mais notre société fait exactement le contraire, demandant même au premier de contribuer aux vacances prolongées du second. C'est aberrant.

Imaginons que l'on découvre aujourd'hui la nécessité des études supérieures et que l'on organise le système *ex nihilo*. Sans doute allo.uerait-on des bourses plus élevées et des vacances plus courtes. L'étudiant serait moins dépendant, les études seraient moins longues, et tout le monde y gagnerait.

Le tabou fige, puis fossilise les héritages du passé, en sorte que les situations se justifient par leur seule existence, sans référence aux conditions historiques qui les firent naître. On voit bien que les vacances universitaires sont un legs de la société bourgeoise. Au XIXe siècle l'ouvrier travaillait plus de soixante heures par semaine et n'avait droit à aucun congé ; le bourgeois, en revanche, était maître de son temps et s'octroyait des loisirs importants, allant même parfois jusqu'à vivre en rentier. Dans ce système, le jeune bourgeois étudiait, et le jeune prolétaire travaillait, en sorte qu'il était naturel que l'un jouisse des loisirs de sa classe et l'autre des contraintes de la sienne. Aujourd'hui ce privilège bourgeois est ardemment défendu par les étudiants gauchistes, et toute remise en cause de ce tabou vous fait traiter de réactionnaire.

A qui les droits acquis ?

Il est naturel que les situations ne soient pas remises en cause tous les jours, et non moins prévisible que chaque groupe défende ses positions. Mais le « droit acquis » à la française va beaucoup plus loin. D'une part il recouvre n'importe quelle situation indépendamment des justifications. Le privilégié s'en prévaut tout comme le plus mal traité. D'autre part il se perpétue dans le temps, alors même qu'ont disparu les circonstances qui lui donnèrent naissance, alors même qu'il serait nécessaire de le faire évoluer. Il est impossible de transformer un avantage en un autre, de compenser la perte de l'un par l'augmentation de l'autre. Tout ce qui rompt la situation présente est ressenti comme une agression.

En consacrant jusqu'à l'absurde cette immuabilité des situations, on a paralysé complètement la Sécurité sociale. Le système est particulièrement vulnérable puisqu'il met patrons et syndicats face à face. La suspicion aidant, les partenaires se regardent en chiens de faïence et ne peuvent que compliquer les mécanismes. Jamais les simplifier. En effet, s'il est toujours possible d'ajouter une disposition à une autre, de créer de nouveaux régimes spéciaux, il est pratiquement impossible de mener une action normalisatrice. Dès que l'on parle de fondre plusieurs régimes dans un cadre unique, de remplacer des règles particulières par une règle commune, les intéressés se sentent menacés. Ne va-t-on pas rogner leurs avantages sous prétexte de simplification ? Par crainte d'être floué dans l'opération, chacun préfère conserver sa situation propre, quitte à devoir supporter le poids d'une bureaucratie de plus en plus lourde. Les administrés se perdent dans le maquis des réglementations, s'épuisent à suivre les procédures, ne peuvent bénéficier des commodités de l'informatique. Le tabou joue comme toujours à contre progrès.

Les avantages acquis par les uns et les autres sont le plus souvent aussi modestes que justifiés. Qui songerait à contester le statut du mineur, ou la retraite à cinquante-cinq ans du chauffeur de locomotive ? Ces avantages non monétaires introduisent une diversité dans les conditions qui est aussi nécessaire sur le plan de la justice que de la liberté. Il est bon que la société offre une extrême variété de situations et que l'on s'efforce, dans chaque cas, de compenser des inconvénients par des avantages. Mais, dans la mesure où l'on entoure du tabou ces questions, on aboutit tout juste au résultat inverse. On ne sait plus pourquoi telle profession jouit de tel droit, et l'on en vient, sous prétexte de défendre les justes avantages du plus grand nombre, à protéger les privilèges de quelques-uns.

La diversité et les inégalités sont effarantes face à la sécurité de l'emploi. Les fonctionnaires qui sont assurés de conserver leur poste, touchent généralement des traitements inférieurs à ceux des ouvriers ou employés qui vivent dans la crainte du chômage. En période de plein-emploi, cette situation avantage le travailleur du secteur privé. En effet, il touche une sorte de prime d'insécurité alors que la possibilité de se recaser aisément réduit ce risque à peu de chose. Mais, en pleine crise de l'emploi, la situation s'inverse.

Depuis 1975, les travailleurs n'osent guère revendiquer dans les entreprises, encerclées par la fameuse « armée de réserve du capital ». La crainte du chômage freine les augmentations de salaire. Mais cette crainte ne joue pas dans le secteur public, où fonctionnaires et employés des entreprises nationales gardent intactes leurs armes pour négocier. Ils peuvent désormais arracher des concessions plus facilement que leurs collègues du secteur privé. En conséquence, les salaires des fonctionnaires ont augmenté plus vite que ceux des ouvriers au cours de l'année 1975 ; ce qui est complètement aberrant, puisque la contrainte de l'insécurité s'est faite plus pressante. Depuis trente ans, la différence n'a jamais été aussi grande entre ceux qui bénéficient de la sécurité de l'emploi et les autres. Or, c'est précisément le moment où vont se réduire leurs différences de salaires.

Les garanties contre le licenciement varient à l'infini selon les conventions collectives et les contrats d'entreprise. Ici, l'ouvrier est payé à l'heure et peut pratiquement être débauché sans indemnité, là, un ouvrier

qui fait le même travail, jouit de solides garanties. On
retrouve la même diversité au niveau des cadres. Et les
mêmes injustices.

Dans ma profession, les conventions collectives assurent des indemnités de l'ordre d'un mois de salaire par
année d'ancienneté. C'est un régime commun à beaucoup
de cadres. Il constitue un droit acquis que nul ne songerait à revoir, si ce n'est pour y ajouter de nouvelles
garanties. Mais on arrive ainsi à des injustices fla-
grantes. Est-il normal que le rédacteur anonyme, ayant
peu d'ancienneté, se retrouve à la rue avec deux ou
trois mois de salaire alors que les dirigeants de certaines
grandes rédactions s'en vont avec un million de francs ?
Net d'impôts. Ne serait-il pas raisonnable que ces indemnités soient doublement plafonnées ? Avec un minimum
et un maximum ? Mais qui oserait rediscuter le système ? Sous prétexte de défendre les avantages insuffisants des plus mal lotis, on protège les privilèges excessifs des mieux nantis. Pour les situations comme pour
les fortunes, répétons-le encore, la protection des petits
entraîne celle des gros.

Le principe de base est évident : tout avantage doit
correspondre à un inconvénient. La diversité des situations doit correspondre à un système général de compen-
sations. Mais nul n'aurait le front de vérifier dans chaque
cas précis la juste application de cette règle.

Les petits-fils de Mermoz

Les aviateurs sont bien malheureux : ils portent un
bel uniforme, ils sont voyants. Alors que tant de catégories peuvent jouir d'énormes avantages en toute tranquillité, ils se sont fait bêtement repérer à cause de leur
belle casquette. Tout le monde sait maintenant qu'ils
ont de hauts salaires. Ce ne sont pas les trésoriers-payeurs
généraux qui iraient ainsi parader en uniforme. Ils sont
bien discrets et nul ne s'interroge sur leurs gains pourtant énormes.

Lorsque l'on tente de savoir pourquoi des comman-
dants de bord peuvent être autant payés que des

P.-D.G., les intéressés invoquent les servitudes et les responsabilités particulières à leur profession. D'où vient que ces inconvénients soient si bien compensés ici, si mal ailleurs ? Le routier dort aussi peu souvent dans son lit que l'aviateur. Qu'il se repose à 600 km de chez lui et non à 6 000 n'y change rien. Mais l'un tente de dormir dans un hôtel de deuxième zone au bord de la route, pendant que l'autre se repose dans un Hilton. Les responsabilités sont les mêmes dans la mesure où tout homme aux commandes d'un véhicule assure d'abord et avant tout sa propre sécurité. Le commandant de bord n'a même pas la possibilité de risquer sa vie pour sauver celle des passagers alors qu'on a déjà vu des camionneurs rester au volant d'un camion en feu pour épargner un village. Le travail lui-même est plus éprouvant avec un volant qu'un manche à balai. Sur les camions, pas de pilote automatique ! Enfin, l'aviateur jouit de la considération qui entoure le monde de l'aéronautique tandis que le routier n'est traité qu'en ouvrier de la route. Dans ces conditions, on se demande ce qui peut justifier un écart de salaire de un à six en faveur du pilote. Mythe de l'aviation, coût de la formation, efficacité de la grève, une situation de fait s'est créée au hasard des circonstances. Tant mieux pour les pilotes, tant pis pour les routiers. Ce qui est sera, et le tabou des situations acquises protège les petits-fils de Mermoz. Il leur manque seulement cette heureuse clandestinité qui couvre tant d'autres corporations bien plus favorisées.

Les cumulards

Une étude systématique des conditions révélerait que, non seulement le principe de compensation n'est pas respecté, mais qu'en outre il est toujours appliqué à l'envers. Une fois de plus le silence du tabou est complice de l'injustice.

Au jeu du cumul, les vainqueurs sont sans doute les grands corps de l'Etat : inspection des Finances, Mines,

Ponts et Chaussées, Polytechnique, etc. Ici, la sécurité de l'emploi est absolue, puisque l'on peut toujours retrouver sa place et son rang dans son corps d'origine. La liberté de choix est également très large entre les postes bien payés, et très tranquilles dans l'administration, et des postes somptueux dans le secteur privé ou nationalisé. On peut sauter allégrement du Conseil d'Etat à la direction d'une grande entreprise pour retourner au Conseil quand on veut couler des jours plus paisibles. Partout, on est assuré d'avoir un travail intéressant, un titre prestigieux, des avantages de fonction et des rétributions généreuses ou fastueuses selon le choix. Le système s'est mis au point avec discrétion et efficacité, aux limites parfois de l'illégalité. C'est ainsi qu'en dépit des dispositions législatives, on voit certains hauts fonctionnaires passer de l'administration de tutelle à l'entreprise tutellarisée. Ce jeu est également beaucoup pratiqué entre l'Etat-Major et les grandes industries aéronautiques et d'armement.

Les postes directoriaux du secteur nationalisé sont ainsi devenus une chasse gardée pour les membres de cette caste. Ils offrent des situations matérielles équivalentes à celles des grands managers du privé, sans comporter les mêmes risques en cas de mauvaise gestion. Que le patron d'une entreprise privée, qui a engagé toute sa fortune dans l'affaire, s'octroie 80 000 F de traitement par mois, on peut le comprendre sinon l'admettre ; que ce salaire soit celui du P.-D.G. d'une banque nationalisée, qui ne risque rigoureusement rien, cela représente un cumul d'avantages : salaire vertigineux plus sécurité totale, que rien ne justifie. Mais qui osera jamais attaquer de front les privilèges des grands corps ?

Et voici, tout à l'opposé, l'ouvrière dans une usine de province. Elle est payée à l'heure, peut être licenciée à tout instant et ne bénéficie d'aucun avantage au sein de son entreprise. Bien souvent, elle habite dans son village et doit utiliser le car de ramassage pour se rendre à son travail. Il n'est pas rare que, dans de telles situations, la durée du trajet atteigne trois heures par jour. Il n'existe généralement pas de marché de l'emploi dans la province sous-industrialisée, en sorte que l'usine possède le monopole d'embauche. La direction peut faire régner une discipline quasi militaire. Ici, on ne se syndique pas. « Si vous n'êtes pas content, vous n'avez qu'à prendre la porte. » Les conditions de travail sont ce qu'elles sont, les salaires aussi. Si l'inspecteur du travail veut faire du zèle, le patron répond par le chantage à la fermeture. Certes, ce n'est plus tout à fait le XIXe siècle, mais ce n'est pas non plus le XXe.

La France des avantages

Comparer les feuilles de paie d'une telle « smicarde » et d'un inspecteur des finances ne révèle qu'une partie de la vérité. On ne saurait assimiler non plus, à salaire égal, la situation de cette O.S. et celle d'un ouvrier de la régie Renault ou de l'E.D.F. Il ne suffit plus alors de dire qu'on va relever les bas salaires, il faudrait dire aussi que l'on va améliorer les mauvaises conditions.

Ainsi va la France des avantages. Les uns, tels les grands corps, détiennent le pouvoir et peuvent se constituer en silence de somptueux apanages ; les autres, tels les travailleurs de certaines grandes administrations ou entreprises, les agriculteurs aisés, les commerçants, peuvent faire pression pour arracher des avantages particuliers ; quant aux faibles : ouvriers de provinces, mères de famille, veuves, salariés des petites et moyennes entreprises, qui ne peuvent ni agir ni se faire entendre, ils restent toujours aussi démunis pendant que les autres prospèrent ou « se défendent ».

Si l'on mettait sur la table tous ces avantages, on découvrirait sans doute qu'une majorité de Français jouit de situations assez équilibrées dans leur diversité. Et puis, se détachant de cette classe moyenne, on trouverait les catégories des cumulards. Ceux du haut et ceux du bas. Là encore, le génie conservateur de la société française fait basculer dans le camp du tabou tous ces « petits privilégiés » qui ne risquent guère qu'un gel de leur condition. Les cadres supérieurs et dirigeants, les professeurs de faculté, les membres des professions libérales, les agriculteurs et les commerçants aisés, les hauts fonctionnaires, les notaires, les « mandarins » savent que leurs privilèges sont défendus par le cheminot qui cache ses billets réduits, l'instituteur qui impose le silence sur ses vacances, le petit agriculteur qui entre en fureur quand on évoque son régime fiscal, et le mineur qui s'offusquerait qu'on fasse allusion à son logement. Ainsi, le silence jalousement défendu sur les avantages légitimes protège les plus discutables privilèges. On retrouve ici tous les mécanismes du tabou qui ont imposé la clandestinité de l'argent.

Les saintes corporations

Mais s'ajoute, dans ce cas précis, le tabou sur la corporation. En France, on ne critique jamais les catégories excepté celles des patrons, des militaires, et des journalistes.

Les patrons sont critiquables. Ils sont même difficilement défendables. S'ils ont préservé l'essentiel, c'est-à-dire le pouvoir et l'argent, ils ont perdu la considération. La malédiction de Karl Marx pèse sur eux et leur défaut d'exploiteur passe toujours avant leur qualité de producteur. Désormais des journalistes osent critiquer leurs produits, des juges osent les rendre responsables des accidents... Il est dur de se retrouver tout nu après avoir vécu si longtemps sous la cuirasse du tabou. « Quand je me regarde dans la glace, dit Léon Gingembre, le patron que je suis en vient à se demander s'il n'est pas, de toute façon, le dernier des salauds. » Les temps ont bien changé pour le patronat.

Ils ont également beaucoup changé pour les militaires qui tinrent si longtemps le haut du pavé. Ah ! la parole d'un officier ! ce n'était pas rien au début du siècle ! Seuls, quelques antimilitaristes viscéraux osaient s'attaquer à nos glorieux généraux. Aujourd'hui, chacun peut dénoncer sans risque l'inutilité ou l'incapacité de notre armée. L'uniforme a cessé d'être tabou.

Je serais tenté d'ajouter les journalistes à cette catégorie des « hors tabous ». Autant il serait dangereux de s'attaquer à la presse en pays anglo-saxon, autant il serait absurde de s'en priver en France. Tous les journalistes mentent, c'est bien connu. Ce sont eux qui déforment l'actualité, interprètent mal les propos des hommes politiques, dénigrent systématiquement l'action du gouvernement quand ils ne font pas la propagande gouvernementale, montent en épingle la violence, vont déterrer les scandales, etc. Bref, en cas de difficultés, la presse figure toujours dans la liste des boucs émissaires. C'est une échappatoire commode, sans danger et efficace.

En revanche, toutes les autres catégories sont taboues. Ouvriers, commerçants, fonctionnaires, instituteurs, professeurs, cadres, magistrats, Bretons, viticulteurs, automobilistes, étudiants, personnes âgées, etc. On ne doit rien en dire... C'est la première règle de politesse sociale. On ne peut critiquer les travers d'un groupe particulier, dire publiquement que certains médecins s'intéressent trop à l'argent et pas assez à leurs malades, que certains travailleurs abusent des congés maladie, que certains agriculteurs utilisent les prêts à bas taux pour replacer l'argent chez le notaire, que des enseignants bâclent leurs cours... Si les faits sont accablants on vous accordera une brebis galeuse mais pas plus.

Les mieux organisés — on n'est jamais si bien servi que par soi-même — sont assurément les magistrats qui, sous prétexte de défendre la dignité de la justice et l'autorité de la chose jugée, peuvent utiliser à leur profit le système répressif dont ils disposent en principe pour défendre la société. Ainsi, nos juges, quelque décision qu'ils prennent, quelque verdict qu'ils rendent, quelque erreur — pour ne pas parler de faute — qu'ils commettent, restent-ils intouchables.

Toutes les corporations rêvent d'en arriver là. Outrage à patronat, outrage à syndicat, outrage à betteravier, outrage à jardinier, outrage à charcutier, outrage àératépiste, on parlerait enfin librement de tout, à condition de n'en rien dire de personne. Chaque groupe pourrait vanter son extrême perfection à l'abri des critiques, et faire embastiller les insolents qui tenteraient de jeter la suspicion à propos d'une affaire malheureuse. Mais à quoi bon institutionnaliser cette dissuasion ? Elle fonctionne déjà fort bien ; la censure n'est guère nécessaire lorsque l'autocensure atteint une telle efficacité.

Une censure impitoyable

Car on en arrive à cette situation typique du tabou dans laquelle le discours privé est complètement décalé par rapport au discours public. Dans les conversations particulières, toutes les catégories sont mises en accusation à tour de rôle. Chaque Français ouvre périodiquement le feu sur une bonne douzaine de catégories. Mais, évidemment, chacun n'a pas les mêmes dans son collimateur.

Curieusement ces gerbes d'imprécations qui fusent dans les conversations privées se métamorphosent en harmonieux bouquets dans le discours public. Les journalistes et les hommes politiques ne sauraient formuler la moindre réserve, la plus petite critique et doivent, au contraire, nourrir leurs litanies de commentaires flatteurs.

Car les groupes sociaux sont des censeurs redoutables. Agressifs, intolérants, ils ne reculent devant aucun mensonge, aucune menace, aucune calomnie pour intimider les critiques éventuels. Malheur à qui s'y frotte ! Mais, en vérité, nul ne s'y frotte. Vignerons, Corses, fonctionnaires, commerçants, industriels... groupes innombrables, vous tenez votre monde bien en respect et le téméraire qui vous défierait verrait immédiatement toutes les autres catégories condamner son manque de respect. Non vraiment, vous ne risquez rien.

La censure doit être bien efficace pour bâillonner l'esprit critique qui trouverait mille occasions de s'exercer aux dépens des corporations : alors que les Français cherchent toujours les petits intérêts sous les grands sentiments et les faiblesses cachées dans les plus hauts mérites, ils s'abstiennent ici de tout scepticisme et jouent consciencieusement le rôle du naïf.

Lorsque des patrons viennent solliciter l'Etat, ils se gardent bien de dire qu'ils souhaitent accroître leurs profits grâce à l'aide publique. C'est l'intérêt général qui commande de créer des emplois pour les jeunes, ce qui implique un vigoureux effort d'investissement. Les entreprises sont prêtes à le faire, mais leur trésorerie est mauvaise et leurs capacités d'autofinancement insuffisantes. Si donc l'Etat voulait bien accorder certains allègements fiscaux, consentir des prêts à très bas taux ou autoriser des hausses de prix, les conditions se trouveraient réunies pour une relance des investissements. Sans doute tout cela passe-t-il par une augmentation des profits, mais vous constaterez que l'on peut fort bien sauter cette étape du raisonnement.

Ces mêmes patrons savent qu'ils ne doivent plus présenter leur pouvoir absolu comme un privilège de la propriété ; ce sera donc pour défendre la compétitivité de l'entreprise et, par là même, de l'économie française, dans son ensemble, qu'ils s'opposeront à tout partage de leur autorité avec les travailleurs.

C'est uniquement pour améliorer les relations humaines dans la cité que les petits commerçants s'opposent au développement des grandes surfaces. Les médecins, en luttant pour la médecine libérale, ne pensent qu'à l'intérêt du malade, les notaires, en défendant leurs privilèges, ne veulent que protéger la clientèle. Selon Jean Vincens : « Un individu peut être cynique et vaniteux et faire étalage de sa réussite. Un groupe, jamais. Toute réunion d'intérêts parfaitement égoïstes donne naissance à une expression morale. C'est au nom de la justice, de l'égalité, de la parité, de l'intérêt supérieur de la Nation, des sacrifices consentis, de la civilisation, du rattrapage, de la compensation, de l'indemnisation, et j'en passe, que chaque groupe défend ses positions ou passe à l'attaque [1]. »

---

1. " L'Inflation, c'est les autres " *Le Monde*, 28 septembre 76.

Défendre le service public

Cette volonté de moraliser les intérêts catégoriels est particulièrement sensible dans le secteur public. Ici, l'on baptise « défense du service public » la défense des avantages acquis par le personnel. Ce qui ne peut tromper personne. Les syndicats de la télévision invoquent la qualité des programmes, les syndicats du C.E.A. la sécurité du public, les syndicats de la S.N.I.A.S. l'indépendance nationale, et les syndicats d'enseignants l'intérêt des enfants. Sans mettre en doute la sincérité de ces préoccupations, force est de constater qu'elles débouchent toujours sur la défense ou le renforcement des avantages acquis par le personnel. Comme s'il existait une mystérieuse concordance entre l'intérêt général, l'intérêt du public et l'intérêt du personnel. Il n'est certes pas faux que de mauvaises conditions de travail nuisent à la qualité du service. L'institutrice ne peut pas donner un bon enseignement dans une classe de 40 élèves, et le réalisateur de T.V. ne peut pas faire une bonne émission avec un budget de misère, mais, à l'inverse, il existe un antagonisme évident et naturel entre l'intérêt des travailleurs et celui du public.

Dans les administrations, par exemple, le personnel souhaite ne travailler qu'aux « heures de bureau », en revanche, il serait agréable aux administrés que les services soient ouverts « en dehors des heures de bureau ». S'il ne tenait qu'à moi, je supprimerais bien les journaux télévisés du samedi et du dimanche afin de passer mes week-ends tranquilles, mais je conçois que les téléspectateurs aient de tout autres exigences.

Dans le secteur privé, les travailleurs n'ont pas à s'embarrasser de justifications, car le conflit salariés-patron est admis. Les ouvriers qui tentent d'arracher une augmentation ou quelque autre avantage défendent leurs intérêts sans chercher de faux-semblants. Ils poursuivent des objectifs catégoriels et ne s'en cachent pas. Mais la situation est plus délicate face à l'Etat-patron, car on ne peut plus prétendre se faire payer sur les profits capitalistes ; et bien qu'on ne le dise jamais, c'est à la communauté que l'on adresse ses revendications. Il importe donc de gagner sa sympathie au moment même où on attend d'elle un effort. C'est alors que les corporations tentent de masquer des objectifs catégoriels derrière l'intérêt général.

En fait, les corporations sont presque toujours en position fausse. Prisonnières de leurs mandants, elles doivent souvent défendre l'indéfendable : l'avancement à l'ancienneté, la dépersonnalisation des rémunérations, le retour au protectionnisme, les aides à l'improductivité, etc. Qui plus est, elles doivent couvrir tous les manquements, tous les abus des uns et des autres. La corporation, c'est l'avocat qui ne dit pas son nom et qui ne choisit pas ses causes, qui hausse le ton quand faiblit l'argumentation et qui croit justifier tous les privilèges en proposant de les étendre à tout le monde. Un tel discours prête aisément le flanc à la critique, et les commentateurs ne s'en priveraient pas s'il venait du gouvernement ou des partis politiques.

Malheureusement, on finit par ne plus distinguer le vrai du faux. Car il arrive bien souvent que le recours à de tels arguments soit pleinement justifié, et ne masque aucun intérêt catégoriel. Je me suis, pour ma part, trouvé engagé dans la grève des journalistes de télévision en 1968, et je puis attester que les grévistes ne poursuivaient aucun objectif corporatiste. C'est pour cela sans doute que le mouvement fut si durement réprimé.

Allez donc savoir la vérité quand les industriels pleurent misère, quand les agriculteurs font le bilan de la sécheresse, quand les commerçants prétendent être acculés à la faillite. Il faudrait se livrer à un examen critique de ces affirmations, mais on ne critique pas les corporations. On ne doit pas non plus sortir les chiffres qui pourraient leur être désagréables.

Comment se fait-il, par exemple, qu'on ne cherche pas davantage à connaître les secteurs économiques responsables de l'inflation ? Les statistiques modernes permettent d'identifier les corporations qui augmentent les prix ou dissimulent les gains, mais elles ne sont guère utilisées à cet effet.

L'intouchable secteur nationalisé

Il y a bien longtemps, en 1959, un rapport officiel rédigé sous la direction de MM. Rueff et Armand dénonça un nombre de privilèges dont jouissaient entre autres les notaires, les pharmaciens, les chauffeurs de taxi, les commissaires priseurs, les courtiers, tous légalement protégés de la concurrence ouverte par un système de quotas. L'audace était grande, mais pas tant qu'il y paraît, car la plupart des propositions n'ont toujours pas été traduites dans les faits dix-sept ans plus tard. On dit aujourd'hui que M. Barre voudrait reprendre certaines de ces suggestions. Alors, gare aux réactions des corporations visées...

L'ensemble du secteur public est désormais paralysé par les tabous qu'entretiennent les différentes corporations depuis les managers-technocrates qui en ont fait un fief réservé jusqu'aux catégories de personnel qui défendent des avantages infiniment plus modestes. Il est devenu impossible d'en parler sans provoquer ces réactions passionnelles qui bloquent toute discussion. Nous retrouvons ici, superposés, deux faux débats de la société française : les nationalisations et les corporations.

Les nationalisations tout d'abord. La classe politisée veut en faire une querelle théologique. Tout Français devrait se situer par rapport à cette question. Pour la gauche, on est partisan des nationalisations ou défenseur du capitalisme sauvage et exploiteur, pour la droite, on est adversaire des nationalisations ou suppôt du collectivisme totalitaire et oppresseur. Ce manichéisme est bien caractéristique du tabou. C'est une attitude absurde que dément une observation tant soit peu objective des faits.

Sur le plan des principes, le socialisme ne se reconnaît pas à la nationalisation. Il se prouve par le sort réservé aux plus faibles, par le sens donné à la production. On reconnaît l'arbre à ses fruits et non aux méthodes de jardinage, or les nationalisations ne sont jamais qu'un moyen parmi d'autres pour atteindre ces objectifs. A l'inverse, on ne bascule pas dans le collectivisme en socialisant certains secteurs économiques. La liberté d'entreprendre peut être éliminée de certains secteurs sans disparaître pour autant. La réforme de l'entreprise peut nous éloigner bien davantage de l'économie libérale et la redistribution des revenus nous approcher beaucoup plus du socialisme.

Il est facile de constater qu'il n'existe presque aucun rapport entre l'appropriation collective des gros moyens de production et l'équitable répartition du pouvoir et de la richesse. En France même, les nationalisations n'ont guère contribué à réduire les inégalités excessives et les comparaisons internationales sont d'ailleurs édifiantes à cet égard.

Reprenons le fameux classement de l'O.C.D.E. en fonction des inégalités. Dans le peloton de tête : la France et l'Italie qui ont de forts secteurs nationalisés, l'Espagne et les Etats-Unis qui n'en ont pas. En revanche, la Suède, les Pays-Bas et la Norvège figurent parmi les pays les plus égalitaires, tout en ayant négligé de nationaliser leurs « grands monopoles ».

Une autre étude de l'O.C.D.E. montre que l'Allemagne et la Suède ont la plus faible proportion de pauvres (3 et 3,5 %), alors que la Grande-Bretagne, qui possède un secteur nationalisé, en compte 7,5 % et la France, en dépit de ses entreprises publiques, 16 %. Triste record ! On pourrait prouver de même que les nationalisations n'ont guère contribué à l'ouverture de la caste dirigeante en France.

Il n'y a donc aucun rapport entre justice sociale et nationalisation. Dira-t-on que la prise de contrôle des grands moyens de production est obligatoirement une mesure d'économie socialiste ? Pas davantage. Le fascisme italien, par exemple, était très nationalisateur. Quand l'Etat veut contrôler directement l'économie, ce n'est pas forcément pour faire le socialisme. Ce peut-être pour faire du « soviétisme », c'est-à-dire pour détourner l'économie au service d'une classe politique et non du peuple. Ce peut être encore pour faire du technocratisme ou du corporatisme.

Ce peut être, enfin, pour édifier une véritable économie socialiste. C'est vrai. Dans cette optique la nationalisation est un bon outil, mais à condition d'être correctement utilisé, et ce n'est jamais qu'un outil parmi d'autres. Les systèmes coopératifs ou mutualistes, par exemple, sont aussi efficaces.

Car il n'existe pas une alternative public-privé, mais une infinité de situations intermédiaires. Le pouvoir politique peut contrôler les entreprises au niveau des règlements, des crédits, des contrats, des prix, de la fiscalité, des prises de participation et, enfin, des nationalisations. L'important est qu'en tout état de cause, il puisse effectivement diriger l'appareil productif dans son fonctionnement et dans ses objectifs, qu'il ne l'abandonne pas aux automatismes capitalistes sans finalités pour l'homme. Recourir systématiquement à la nationalisation pour assurer cette indispensable planification est une solution simpliste qui n'est pas forcément la plus efficace.

Car la nationalisation pose autant de problèmes qu'elle en résout. L'Etat-patron est tenté de la mettre à toutes les sauces : fonctionnement d'un service public, aménagement du territoire, développement de l'économie, indépendance nationale, lutte contre l'inflation... En passant de la seule recherche du profit à la multitude des objectifs, l'entreprise risque de s'embourber dans une gestion incohérente. Bref, une nationalisation peut être ratée ou réussie, et l'on ne peut poser en principe que ce soit le meilleur mode de gestion.

Il faut craindre également qu'une caste technocratique, forte de sa compétence, ne s'empare de l'entreprise nationalisée pour imposer ses choix au gouvernement, ou qu'un pouvoir politique utilise le secteur public de façon incohérente pour des objectifs inavoués : lutte contre l'inflation, considérations électorales, etc. Dans chaque cas particulier, se pose donc un problème concret de relations entre l'entreprise et l'Etat, un problème qui devrait être pratique et non idéologique. Or que constatons-nous en France ?

La majorité actuelle, qui, depuis une vingtaine d'années, a la charge des entreprises nationalisées, découvre qu'elles marchent fort mal. Cet argument doit condamner toute nouvelle nationalisation et non la politique gouvernementale en la matière. La gauche veut nous faire croire que tout va pour le mieux dans le meilleur des mondes nationalisés, que les seules défaillances sont imputables au gouvernement et que ce succès justifie le Programme commun. Tout cela est absurde. Il est vrai que la majorité joue le secteur privé et frémit à l'idée de « socialiser » l'économie. C'est ainsi qu'elle a multiplié les subventions à l'industrie privée sans exiger en retour les prises de participation correspondantes. Il est clair pourtant que le recours à l'argent public doit entraîner un contrôle public.

Il est également vrai que le secteur nationalisé fut bien souvent géré de façon incohérente. Il a été transformé en chasse gardée pour les hommes du pouvoir qui se sont réservé les postes à forte rémunération et les ont même multipliés plus que nécessaire. La définition des objectifs et la répartition du pouvoir ne furent pas plus satisfaisantes. Tantôt les directions ont pu lancer des programmes catastrophiques comme Concorde, tantôt le gouvernement a imposé des décisions non moins catastrophiques, notamment dans le domaine de la tarification. On a fini par ne plus savoir du tout où on en est, ne plus pouvoir juger les résultats, les bilans et les responsabilités. Le rapport Nora a tenté de remettre un peu d'ordre dans tout cela, mais ses recommandations ont été bien vite oubliées.

Dira-t-on que tout ce qui va mal est imputable à la majorité et que tout irait bien avec la gauche au pouvoir ? Il faudrait être naïf pour le croire, et l'attitude de l'opposition ne laisse rien espérer de tel. Car la gauche est prisonnière de deux tabous : celui des nationalisations et celui des corporations. On ne peut gérer correctement un secteur nationalisé en traînant deux boulets pareils.

Le 30 novembre 1976 devant le Sénat, M. Jean-Pierre Fourcade, ministre de l'Equipement déclare : « Les cinq grandes entreprises : S.N.C.F., R.A.T.P., Air France,

Aéroport de Paris et Compagnie générale transatlantique connaissent toutes des déficits importants. L'effort budgétaire est de 14 milliards 600 millions en 1976 pour les cinq et sera de 11 milliards 368 millions en 1977 pour la S.N.C.F. et la R.A.T.P. seules... La contribution de l'Etat atteint 42 000 F par agent et par an... »

Une telle déclaration en dit trop et pas assez. Un déficit n'est pas nécessairement scandaleux en sorte que ces chiffres n'ont pas de signification en eux-mêmes. Tout d'abord l'industrie privée a bénéficié de subventions considérables, l'agriculture aussi. Le tout est de savoir si ces subventions, celles du secteur privé comme celles du secteur public, sont justifiées et si elles ont été correctement utilisées. Seules de très longues enquêtes permettraient de savoir ce que représente dans le bilan des entreprises nationales les services rendus à l'Etat. Prises de participation imposées par le gouvernement pour Renault, maintien des lignes secondaires, billets réduits pour la S.N.C.F., exploitation de Concorde et des Caravelles pour Air France, etc. C'est au terme d'une telle étude que l'on pourrait porter un jugement sur la gestion du secteur nationalisé.

Mais, lorsqu'on apprend que les aides de l'Etat aux entreprises publiques ont doublé en quatre ans, que les résultats vont se dégradant pour la plupart d'entre elles, alors le pouvoir politique doit exiger un tel examen. C'est le devoir du gouvernement comme des parlementaires. Tant que cette étude n'est pas faite, toutes les appréciations sur la gestion des entreprises publiques traduisent de simples préjugés.

En bonne logique, une intervention comme celle de M. Fourcade aurait dû entraîner la constitution d'une commission d'enquête parlementaire pour établir la vraie nature du déficit. Que se passa-t-il en réalité ? Les sénateurs de la majorité défilèrent à la tribune pour attirer l'attention du gouvernement sur l'insuffisance des transports dans leurs circonscriptions, ceux de l'opposition dénoncèrent dans les propos du ministre « une attaque contre le secteur nationalisé » et l'affaire en resta là.

Depuis lors, le gouvernement multiplie les critiques

vis-à-vis du secteur nationalisé, tandis que l'opposition va chantant ses louanges. Pour les uns, c'est la gabegie, pour les autres, le modèle même de la bonne gestion. Comment expliquer une telle attitude ?

Il est indiscutable que les entreprises nationalisées ont prouvé leur capacité à faire fonctionner correctement les services publics. Nos chemins de fer et notre télévision offrent un service de meilleure qualité que leurs homologues américains gérés par le secteur privé. Mais c'est l'inverse pour le téléphone. De ce point de vue, il n'y a donc rien à conclure, sinon que la nationalisation peut effectivement être une bonne solution, et que les travailleurs ont prouvé leur sens du service public.

Il existe, en revanche, un problème de rentabilité, et c'est vouloir se cacher derrière un fil de fer que le nier. Tous les gouvernements communistes reconnaissent qu'ils rencontrent ces difficultés dans les entreprises socialisées, pourquoi en irait-il autrement en France ?

La force historique du capitalisme, c'est d'avoir su tirer de l'individu une énorme quantité de travail en récupérant une forte plus-value. Pour y parvenir, il a joué d'un instrument terriblement efficace : l'insécurité. Celui qui ne joue pas le jeu risque le licenciement s'il est salarié ; la faillite s'il est son propre patron. C'est fou ce qu'on peut faire courir les hommes en lâchant de tels molosses. Mais dès lors qu'on refuse d'utiliser ces contraintes, il faut inventer un nouveau mode de gestion. La répression doit être remplacée par l'incitation, de larges promotions doivent être offertes aux travailleurs les plus dynamiques, des équipes autonomes doivent être maîtresses de leurs tâches et intéressées aux gains de productivité, l'encadrement ne doit pas avoir la même sécurité que le personnel, etc. Mais si l'on se contente de faire disparaître les contraintes capitalistes sans mettre en place des incitations socialistes, on fait baisser la rentabilité.

Au niveau des directions, on tend à oublier les exigences commerciales ; au niveau des travailleurs, on risque de relâcher l'effort productif. Comme, en outre, de puissantes corporations se forment dans ces grandes entreprises publiques, la rémunération du travail, sous forme de salaires ou d'avantages divers, tend à l'emporter sur celle du capital. Au total, cette gestion affranchie tout à la fois des contraintes capitalistes et des disciplines socialistes, ouvre la voie au corporatisme. Dès lors que l'Etat-actionnaire n'exige pas suffisamment sa rémunération, la direction s'efforce d'obtenir la paix sociale en accordant des avantages, en diminuant les contraintes productives. La nation est alors flouée. En effet, l'entreprise publique, lorsqu'elle a une vocation industrielle, représente un capital productif, elle doit enrichir la nation et pas seulement tourner en circuit fermé, voire subventionné. Les bénéfices du secteur nationalisé, sous forme de profits ou d'impôts sur les profits doivent permettre de créer des routes, des hôpitaux, des emplois. Faute de quoi il y a corporatisation et non nationalisation.

Dans la mesure où la gauche veut développer le secteur nationalisé, elle devrait être la première à étudier ce problème. En effet, les nationalisations ne sont plus combattues au nom de la propriété mais de l'efficacité. Plutôt qu'aller répétant que la gestion actuelle est parfaite, elle devrait en imaginer une autre. Car il serait bien surprenant qu'une majorité capitaliste ait trouvé la meilleure gestion possible d'un secteur socialiste. Il serait donc logique qu'elle reconnaisse les imperfections du système actuel et propose les corrections nécessaires pour l'avenir. Mais les corporations veillent. Elles redoutent, généralement bien à tort, toute recherche rigoureuse sur la rentabilité du système socialisé. Or tous les sondages montrent que les travailleurs du secteur public forment le gros bataillon des électeurs de gauche. Il ne faut pas les effaroucher.

Là encore une analyse sans complaisance révélerait l'extrême diversité des situations. Il n'y a pas une corporation, mais des dizaines. Les unes privilégiées, les autres exploitées. Qu'y a-t-il de commun entre les professeurs de faculté et les facteurs, les employés de la Banque de France et les aides soignantes de l'Assistance publique, les professeurs de faculté et les instituteurs, les hôtesses de l'air et les mineurs de fond ? Certains instituteurs, infirmières, facteurs, etc., sont exploités de façon scandaleuse, d'autres très heureusement traités. Il faudrait accorder des avantages par-ci, en rogner par-là : augmenter les chances de promotion pour certains, les incitations productives pour d'autres... Mais les corporations ne veulent pas de ce réexamen. Une telle éventualité les fait monter sur leurs grands chevaux. Elles y voient une insulte aux travailleurs. Pas moins.

Voilà donc la majorité condamnée à dire que tout va mal dans les nationalisations et que tout ne peut qu'y aller mal, et la gauche condamnée à soutenir que tout y va bien et que tout ne peut qu'y aller bien. Si nos politiciens étaient débarrassés du tabou, ils s'efforceraient d'inventer un statut correspondant à chaque situation. Ici une participation minoritaire de l'Etat, là une procédure rigoureuse de contrôle, là encore une nationalisation pure et simple. Il est des cas où il vaut mieux maintenir la concurrence privé-public, d'autres où il vaut mieux la supprimer, certaines entreprises publiques doivent avoir une gestion proche du secteur commercial, d'autres en être très éloignées. Ce ne sont pas les présupposés idéologiques qui comptent, mais les situations particulières. C'est en abordant le problème à l'envers qu'on propose de nationaliser des entreprises purement industrielles, mais qu'on oublie des activités de service public comme les pompes funèbres, la distribution de l'eau ou celle de la presse.

Un vaste secteur nationalisé, dynamique, profitable, peut se marier heureusement à une industrie privée ou semi-publique. Une telle organisation est indispensable pour conduire les transformations profondes que doit connaître la société française, pour y introduire la diversité des conditions. Il ne s'agit ni de la panacée que chantent certains, ni de l'abomination que dénoncent les autres. Simplement d'un moyen utile s'il est bien utilisé. Malheureusement, entre ceux qui condamnent les nationalisations sans leur donner une chance de réussir et ceux qui les encensent avant tout succès, nous avons encore une belle occasion de tout gâcher. Pour le moment en tout cas, la situation est bien bloquée par les tabous idéologiques et corporatistes.

Ce silence conduit les Français à penser et dire qu'on ne se fatigue pas trop dans le secteur public, alors que c'est bien souvent l'inverse, mais, à force de se taire et de mentir, on finit par déporter l'erreur d'un extrême à l'autre. Les corporations, qui veulent toutes être blanches en public, finissent par être toutes noires en privé, et la complaisance si largement entretenue finit par étendre sur toutes la suspicion. La crispation agressive de tous les groupements particuliers, le refus de toute critique, la passion outrancière de tout dialogue conduisent les Français à ne plus se croire entre eux. Au reste, ils s'en fichent, pourvu qu'ils ne se sentent pas directement visés. Chacun peut bien raconter ses histoires et pousser ses avantages dans l'indifférence des autres qui se livrent à la même activité pour leur propre compte. C'est la grande « démerde ». « Donnez-leur ce qu'ils demandent pourvu que vous m'en donniez davantage ! » Et l'on saute ainsi les barreaux de l'inflation... mais n'anticipons pas.

Regroupez-vous

Que des Français se regroupent pour défendre des intérêts communs, ce n'est pas une nouveauté, dussent en souffrir les mânes de M. Le Chapelier, grand pourfendeur des corporations sous la Révolution. Mais le phénomène a pris une ampleur exceptionnelle au cours des dernières années. Les raisons de cette évolution sont multiples, le corps social s'étant à la fois diversifié et structuré. La division toujours plus poussée du travail, la diversification croissante des conditions et des qualifications ont fait éclater la structure ternaire : bourgeois, ouvriers, paysans, de la France au XIXᵉ siècle. Chacun de ces groupes et sous-groupes tend à s'organiser en lobby : syndicat, association, chambre patronale... Et cette structuration des intérêts particuliers déborde largement la vie professionnelle. Les piétons, les écologistes, les riverains d'une rue, les contribuables, les parents d'élèves, les betteraviers, les pêcheurs à la ligne, les fabricants de moulin à légumes... tout le monde se regroupe et s'organise pour disposer des meilleurs moyens de pression.

Face à ces intérêts organisés, la société devient de plus en plus fragile. Plus elle se développe, et plus elle tend à former un véritable organisme, c'est-à-dire un système dans lequel le fonctionnement de l'ensemble dépend de chaque partie. De même que la défaillance d'une minuscule glande ou l'insuffisance d'une hormone, se répercute sur l'ensemble de notre organisme, de même le sabotage économique des possédants, l'opposition des conducteurs de métro, l'occupation d'un site nucléaire, ou l'arrêt des ordinateurs dans les grandes administrations peuvent bloquer toute une partie de l'activité nationale.

Lorsque le groupe juge que sa place dans le système économique ne lui donne pas un poids suffisant, il en sort et s'attaque à tel ou tel point sensible de la société. Les paysans et les routiers ont trouvé les barrages sur les routes, certains extrémistes corses ou bretons font parler l'explosif, partout on manifeste avec ou sans violence. On peut encore faire la grève de la faim ou utiliser les cadavres. Le suicide d'une institutrice, d'une commerçante ou d'un vigneron est aussitôt récupéré par la corporation comme argument revendicatif. Etant donné que 8 000 Français doivent se suicider chaque année, on risque de voir se multiplier les discours revendicatifs sur les tombes.

Tout cela est fort éloigné d'une économie de marché. Ce n'est pas moi qui pleurerais la mort du libéralisme, mais il conviendrait d'évaluer correctement le nouveau système qui se met en place car nous pourrions troquer notre cheval borgne contre un aveugle.

Nous vivons dans une société sous pressions. J'utilise le pluriel à dessein, car les pressions sont multiples, innombrables même. Elles s'exercent toutes dans la même direction : plus d'argent, plus de sécurité, plus d'avantages, et à l'inverse moins de contraintes. Il n'y a là rien que de très normal. On n'a jamais vu personne vouloir gagner moins et travailler plus. Toutefois, le phénomène contemporain comporte les aspects particuliers.

Il est tout d'abord frappant par l'ampleur et la diver-

sité des revendications. Première de toutes : l'augmentation. Tout Français, du bas au haut de l'échelle, a le
droit naturel, absolu et inaliénable de voir son revenu
augmenter d'une année sur l'autre.

L'augmentation automatique

L'histoire des années 1950-1960 déjoua toutes les prévisions pessimistes de l'époque précédente. Les esprits,
mal préparés, furent longs à reconnaître l'élévation
continue de la croissance et du niveau de vie. Le mythe
de la paupérisation et la hantise des crises les paraly-
saient encore. Mais, deux décennies de croissance, le
démenti obstiné des faits finirent par changer les mentalités. Du coup, l'amélioration du revenu cessa d'être la
contrepartie d'un accroissement de la production et de
la productivité.

Il fut admis que les revenus devaient s'élever d'une
année sur l'autre comme la taille des enfants, par un
dynamisme naturel. Lorsque survinrent les années de
vaches maigres, les gouvernements, n'osant transgresser
le tabou, continuèrent à promettre des augmentations
en dépit de toutes les vissicitudes économiques. Les
Français, du bas en haut de l'échelle, gagneraient plus,
quoi qu'il arrive. Cela du moins était assuré. C'est alors
que l'on commença à vivre la crise à crédit.

Lorsqu'en 1976 Raymond Barre estima qu'il fallait
stopper la progression du pouvoir d'achat pour rétablir
les équilibres, il souleva un beau tollé. Le tollé que
provoque ordinairement la violation d'un tabou. Les
Français découvrirent, ils n'y avaient guère prêté attention jusque-là : ils avaient institutionnalisé l'augmentation annuelle. A travers les contrats de progrès négo-
ciés dans le secteur nationalisé, l'Etat s'était engagé à
augmenter, quoi qu'il arrive, le pouvoir d'achat. On peut
discuter à loisir sur l'opportunité d'un blocage total du
niveau de vie pendant un an, ce qui m'intéresse ici c'est
ce fait incroyable qu'un gouvernement puisse distribuer
les fruits de la croissance avant même de les avoir vus
croître sur l'arbre. Comme le constate Pierre Drouin

dans *Le Monde* : « Ainsi les liens entre l'augmentation de la masse salariale et les performances de l'entreprise, la progression de la production intérieure brute, se sont peu à peu relâchés pour déboucher à l'E.D.F. sur ce qui fait précisément problème aujourd'hui : quoi qu'il arrive, la garantie d'augmentation du pouvoir d'achat a été fixée à 2 %. »

L'hyperkeynésisme

Il est admis que l'augmentation est un droit absolu, et toute stagnation une agression. En 1975, on a enregistré une baisse de 3,5 % de la production et une augmentation de 3,3 % de la consommation des ménages. La gauche, de son côté, se lance dans des acrobaties hyperkeynésiennes pour toujours demander des coups d'accélérateur et jamais de coups de frein. Pourtant, comme le note justement Paul Fabra : « Si l'on pouvait sans risque, comme le suggère un keynésianisme simpliste, encourager la demande chaque fois qu'une partie de l'appareil de production est inemployée, la politique économique serait facile : il suffirait d'envoyer à chaque Français un chèque... » Mais chacun sait bien que l'argent ainsi distribué ne peut être que l'énergie des batteries qui fait démarrer l'auto ; si le moteur ne tourne pas, si l'on n'a pas les moyens de se payer l'essence, on aura beau s'évertuer, l'auto ne bougera pas. En revanche, on se retrouvera vite avec des batteries à plat. Ainsi, une augmentation sans croissance a vite fait de relancer l'inflation et d'accroître le déficit extérieur sans que reprenne la production.

Mais, si la majorité ne peut faire ce qu'elle dit et si l'opposition dit ce qu'elle ne pourrait faire, c'est que nul n'ose plus transgresser le tabou de l'augmentation annuelle.

Les économistes de gauche ont beaucoup réfléchi sur ce renouvellement des désirs en système capitaliste. Ils n'ont pas manqué de noter le rôle joué par la publicité, les inégalités, la volonté de chacun de gagner un surcroît de considération à travers un surcroît de consommation. Tous ces aspects sont également intéressants, mais l'on a omis, tabou oblige, de souligner le rôle joué par les organisations dans cette permanence des frustrations. Il ne s'agit pas là de juger, mais de constater. Le regroupement des individus en organisations catégorielles exalte les mécontentements. Les différents appareils, qu'ils représentent les habitants d'une province, les travailleurs d'une profession ou d'une entreprise, les producteurs d'artichauts, les médecins, peu importe, tirent leur puissance de l'insatisfaction qu'ils incarnent.

Les leaders se sentent forts lorsqu'elle atteint le seuil de « combativité », ils perdent toute crédibilité lorsque leurs troupes semblent satisfaites ou résignées. « Les P.M.E. en ont assez ! » tonne M. Gingembre quand il veut se faire entendre. « La patience des travailleurs est à bout », répond en écho M. Séguy. De là à dire que le mécontentement est inventé et fabriqué de toutes pièces par les appareils, il n'y a qu'un pas que l'on franchit allégrement dans certains milieux. C'est évidemment absurde. Les organisations sont comme la presse, elles structurent et amplifient les mouvements profonds de l'opinion, elles ne créent rien. Les responsables savent qu'on ne déclenche pas une action revendicative quand la base ne le veut pas. Ils ne sont entendus que parce qu'ils réveillent une insatisfaction latente. Mais, à l'opposé, il est absurde de nier que l'organisation des intérêts particuliers avive les désirs. C'est une évidence. Des travailleurs organisés sont plus insatisfaits, plus impatients et plus combatifs que des travailleurs inorganisés. Et cette loi se vérifie pour toutes les catégories professionnelles ou autres.

De plus, l'importance prise par les représentants des intérêts particuliers dans le colloque social change l'attitude des individus. Lorsque M. Debatisse vient tenir à la télévision un discours revendicatif, il ne stimule pas seulement l'ardeur de ses troupes. C'est toute la population qui est plongée dans le climat revendicatif.

La permanence de cette pression a pour premier résultat de rendre illusoire toute perspective d'une autre forme de progrès. On aura beau supprimer complètement la publicité et interdire les mécanismes capitalistes pour stimuler les désirs, tant que les Français seront aspirés par la dynamique des corporations, ils voudront « plus » du bas en haut de l'échelle. Il n'est pas question de modifier la croissance ou d'adopter un mode de vie plus économique, tant que des forces innombrables poussent à la consommation.

Se peut-il qu'un changement radical dans la répartition des richesses, qu'une réduction spectaculaire des inégalités changent l'attitude des groupes de pression ? On doit l'espérer et, dans cet espoir, faire de telles réformes, mais rien n'est moins assuré.

Nous vivons plus que jamais dans une société d'insatisfaction. A priori, un système d'économie libérale doit s'en accommoder puisque cette impatience stimule les agents économiques et, par là même, entretient le dynamisme. Toutefois, cette force aveugle ne suffit pas à assurer un bon fonctionnement de l'économie. Il faut encore qu'elle soit correctement canalisée, et c'est précisément ce rôle que remplissent les mécanismes du marché échangiste dans le capitalisme libéral.

La distribution des prix

Normalement, l'arbitrage est purement économique. Chaque catégorie ou chaque individu obtient des lots plus ou moins importants selon la place plus ou moins forte qu'il occupe dans le système de production. Le travailleur dont la qualification est recherchée, l'entrepreneur dont les produits sont très demandés augmentent leurs prix ; les travailleurs en surnombre, les entreprises non rentables connaissent la récession, quand ce n'est pas la faillite ou le chômage. Ces résultats sanctionnent des rapports de forces dont la production est l'enjeu. Les perdants sont ceux qui produisent peu ou mal. Il leur reste à changer de méthodes ou d'activités pour améliorer leurs performances, partant leurs rémunérations.

Tout cela est largement théorique. La concurrence n'est pas parfaite, les agents économiques ne sont pas à égalité de chances, et les régulations projettent l'économie de crise en crise. Bref, ce système parfait dans sa logique engendre en pratique les plus graves injustices et peut même conduire à de véritables désastres. Les syndicats vont jouer un rôle essentiel pour corriger tous ces dérèglements. En obligeant le pouvoir politique à compenser les injustices, en associant tous les groupes à l'œuvre de production et aux fruits de la croissance, ils ont assuré la survie d'un système qui aurait dû se détruire de lui-même, selon les prévisions marxistes. Jusque-là, tout va bien. Que les travailleurs deviennent progressivement les maîtres des outils de production, que les contraintes du système soient humanisées, que les inégalités soient réduites, c'est excellent, à une condition toutefois, que ces pressions n'en viennent pas à favoriser systématiquement l'improductivité.

Honte aux productifs

Aujourd'hui cette répartition répond à un chantage tous azimuts. Telle région ou telle catégorie sera servie parce qu'elle risque de « mal voter », tel groupe parce qu'il menace de paralyser les routes, tel autre parce qu'il tient un grand service public, tel autre encore parce qu'il peut licencier 10 000 travailleurs, etc. Ceux qui ont les meilleurs otages empochent les plus fortes rançons. Le patron de la sidérurgie qui brandit le spectre d'un énorme chômage, le personnel d'une entreprise lorsque les deux — personnel et entreprise — sont en position de force, les vignerons s'ils menacent de sortir les fusils, tous ceux qui font peur, tous ceux qu'on veut faire taire.

Et la production, que devient-elle dans tout cela ? Bien peu de chose en vérité. L'industrie n'a jamais été très considérée en France. Maintenant, elle va à la dérive. Les entrepreneurs sont « des patrons », c'est-à-dire une catégorie qui vient juste au-dessus des technocrates dans l'exécration publique. Le notaire, le médecin, le gros commerçant ou le directeur d'une entreprise nationalisée, qui gagnent généralement plus d'argent que les patrons des petites et moyennes entreprises, jouissent en revanche, de la plus haute considération sociale. Qu'ils soient fort peu productifs et parfois même à la limite du parasitisme n'y change rien. Eux n'ont pas été condamnés par Karl Marx.

La situation n'est pas meilleure à l'autre bout de la chaîne. Certes, nul ne se hasarderait à dire du mal des ouvriers. Tels des Juifs, ils sont à jamais préservés par leurs malheurs passés et leur misère présente. L'ouvrier est bon. Billancourt est le cœur de la France. Cela dit... tout est dit. Dans la société française, le monde ouvrier reste payé de mots. Ce faux ouvriérisme qui englobe indistinctement des millions de travailleurs cache une déconsidération à la limite du mépris, au niveau individuel. Imaginez-vous un bon bourgeois, ou même un quelconque nouveau riche, acceptant le mariage de sa fille avec un travailleur à la chaîne, l'imaginez-vous heureux de voir son fils prendre le chemin de l'usine ? Un sondage effectué pour *Paris-Match* auprès des jeunes montre que la moitié d'entre eux acceptent d'être coursier à 1 700 F par mois, alors que 22 % seulement acceptent d'être O.S. en usine. Pour un salaire de 3 500 F, 78 % des jeunes veulent bien être coursiers, mais 59 % seulement acceptent d'être O.S. Le plus minable emploi de bureau paraît encore présentable, alors que l'usine est inavouable.

On retrouve bien ce discrédit dans les rémunérations. L'hebdomadaire *Le Point*, après une longue enquête, a établi en 1975 un tableau comparatif des professions par pays. 17 métiers étaient retenus et le classement se faisait en fonction des gains. On constate que l'ouvrier qualifié — et non l'O.S. — vient en huitième position en Suède, en dixième en l'Allemagne, en onzième aux Etats-Unis et au Japon, et en douzième seulement en France. Le caissier de banque, l'infirmière, le conducteur d'autobus, l'instituteur et le capitaine, qu'il devance en Suède, le précèdent en France.

Ainsi, le monde ouvrier, mis à part certains secteurs particuliers : ouvriers du Livre, Renault, etc., est le grand perdant du système. Il cumule le manque de

considération morale et le manque d'avantages matériels.
Il ne fait pas bon produire en France.

L'ingénieur français lui-même, très convenablement
traité sur le plan matériel, ne compte guère sur le plan
intellectuel ou moral. Il n'influence en rien la pensée
française ou les courants dominants de l'opinion. C'est
un officier d'industrie muet, efficace et fonctionnel.
Les notions de production, d'entreprise, de productivité, de rentabilité pour ne pas dire de profit, sont
partout déconsidérées. Nos « gens intelligents », jamais
en retard d'une sottise, en ont fait des notions de droite.
La pire accusation qui puisse être lancée contre une
direction, c'est qu'elle recherche le rendement. Il faut
vraiment n'avoir aucun sens de son bonheur en France
pour avouer qu'on produit pour gagner de l'argent. On
n'est vraiment honorable que si l'on ne produit pas.
Dans la foire d'empoigne que se livrent les corporations, la récompense ne va ni au plus productif ni au
plus malheureux, mais au plus menaçant. Le fait de
tenir des manifestants violents en réserve, de pouvoir
influer sur le résultat des élections, de paralyser Paris,
jeter mille chômeurs sur le pavé, ébranler le franc ou
couper le courant, mérite une récompense indépendamment de tout résultat économique. Naturellement, le
fait de n'avoir aucun de ces arguments vous fait perdre
tout espoir d'arracher un quelconque avantage. Vous
avez beau travailler dur dans une usine à haute productivité, si vous ne pouvez pas bloquer la France, vous ne
serez jamais qu'un ouvrier qualifié dans une entreprise
de province. Et cela ne vaut pas cher.

L'Express résumait un peu brutalement le nouveau
système des pressions dans cette rapide démonstration.

« Le total des charges assumées par l'Etat pour les
activités agricoles et industrielles sera, l'an prochain, de
70 milliards. Le double de ce qu'il recevra en impôts...

« Les œufs se vendent-ils mal ? Les éleveurs de volaille
reçoivent 3 millions de francs pour abattre les pondeuses
trop zélées.

« Les pêcheurs bloquent les ports : on leur verse
63 millions pour les dégager.

« Les Corses sont en colère : ils recevront plus de 20 millions supplémentaires.

« Les viticulteurs s'en prennent aux touristes : la distillation de vins leur sera facturée en bonus, 880 millions.

« 2 500 tonnes de pommes ont été broyées au bulldozer sur le marché de Châteaurenard dans les Bouches-du-Rhône après avoir été payées 0,30-0,40 F le kilo aux producteurs. Jeudi dernier encore, M. Jacques Chirac a accordé aux agriculteurs une enveloppe supplémentaire de 630 millions de francs, afin de soutenir leurs revenus... »

Sans commentaire.

Chapitre 5.

LE DROIT A L'EMPLOI

Doit-on expulser de son logement une famille qui ne peut plus payer son loyer ? C'est évidemment intolérable. Ça l'était encore plus pendant la Grande Guerre, quand le locataire défaillant se battait sur le front. Des mesures de circonstances furent donc prises pour soustraire le secteur du logement aux brutalités du marché. La paix revenue, les gouvernements n'eurent la cruauté ou le courage ni de revenir à la situation antérieure ni de se lancer dans une politique nouvelle. Les loyers restèrent bloqués puis réglementés, les locataires cessèrent de craindre l'huissier. Le problème était résolu, la justice triomphait, les Français se voyaient pratiquement reconnaître le droit à la conservation du logement.

Chacun savait fort bien que ce gel des situations acquises était absurde et qu'il allait, à terme, augmenter le nombre des mal logés, mais il s'instaura un véritable tabou sur la question. Proposer de revenir aux loyers libres, c'était prendre le parti d'opulents propriétaires contre de pauvres locataires ; et quant à proposer une socialisation du logement, nul ne s'y risquait. Le conservatisme conforté par le tabou tenait lieu de politique.

Les résultats catastrophiques de cette démission apparurent dans les années 1950. Les locataires, logés gratuitement ou presque, étaient bien souvent des bourgeois qui auraient pu et dû payer des loyers normaux ; des personnes âgées, qui se trouvaient trop grandement logées, préféraient rester dans leur appartement, plutôt qu'en prendre un autre plus petit mais plus cher ; un marché noir des « reprises » s'instaura qui permit aux locataires de s'enrichir sans cause sur le dos des propriétaires ; ces derniers, mal rétribués, laissèrent se dégrader le parc immobilier ; les capitaux se détournèrent de la construction, etc.

En définitive, les Français se retrouvèrent les plus mal logés de l'Europe occidentale. Leurs logements étaient vétustes, mal utilisés, et les jeunes générations attendaient vainement dans les taudis d'être relogés par les offices de H.L.M.

Le prix du logement étant trop bon marché ou trop cher eut un véritable effet dissuasif sur les Français qui consacrèrent à l'automobile ce que d'autres peuples consacraient à l'habitation. Pendant ce temps, les Allemands, malgré les énormes destructions de la guerre, retrouvaient rapidement des logements modernes.

Mais qui aurait osé dire qu'il fallait libérer les loyers, au risque de voir expulser des locataires, ainsi que le veut l'économie libérale ? On ne se risquait d'ailleurs pas plus à la socialisation du logement, avec son corollaire inévitable, la répartition autoritaire du parc immobilier et l'augmentation des impôts, pour financer la construction. Il fallait à la fois que les Français soient logés gratuitement et que chacun soit maître de conserver indéfiniment le logement de son choix. Cette paralysie face aux tabous sur le logement, cette incapacité de regarder la réalité en face coupa brutalement la France en deux : d'un côté, il y avait ceux qui étaient logés ; de l'autre, ceux qui ne l'étaient pas.

Aujourd'hui, les Français sont tentés de refaire les mêmes erreurs sur le plan crucial de l'emploi. C'est le drame majeur des pays industrialisés, il est si lourd de souffrances humaines que toute approche rationnelle semble traduire l'indifférence ou l'ignorance par rapport à la détresse de ceux qui en sont frappés. C'est alors

que le tabou paralyse la réflexion. Pourtant les chercheurs qui luttent contre le cancer tentent de rester
lucides, mais sans oublier pourtant les souffrances des
cancéreux. Bien au contraire. Il en va de même ici.

L'emploi pour l'emploi

La perte d'un emploi ou l'impossibilité d'en trouver
un sont aussi horribles et injustes que l'expulsion ou le
taudis. Dans les deux cas, le système économique frappe
des victimes. Le mineur chassé de sa mine épuisée,
l'ouvrière remplacée par un robot, l'épicier condamné
par les circuits modernes de distribution, le jeune qui
ne trouve pas de premier emploi subissent une épreuve
imméritée. On peut bien admettre la faillite du patron
qui avait pris ses risques et escomptait des profits, le
travailleur, lui, n'avait pas joué, et il connaît le pire
sans avoir eu droit au meilleur.

Le sentiment d'injustice est d'autant plus grand que
les privilèges de la fortune sont mieux protégés — ce qui
est le cas en France — et que les mécanismes de l'emploi sont moins bien compris — ce qui est également le
cas chez nous. L'argent est donc protégé alors que le
travail ne l'est pas. Or le travail est le seul capital des
pauvres. Une fois de plus, le système joue en faveur des
puissants, contre les faibles. C'est l'injustice absolue.

Dans une telle situation, toute parole qui semble
admettre des contraintes sur le travail devient scandaleuse. Cette réaction est d'autant plus compréhensible
que ces contraintes semblent artificiellement entretenues. N'est-il pas évident qu'en conservant les emplois
existants et en diminuant la durée du travail, on pourrait faire disparaître le chômage ? Si les locataires ne
sont pas prêts à partager leurs logements, les travailleurs, eux, sont tout disposés à partager leur labeur
avec les chômeurs... à salaire égal, s'entend. Ceux qui
refusent ces solutions d'évidence sont donc les ennemis
des travailleurs et veulent entretenir le chômage pour
grossir les profits. Allez résister à pareil tabou !

Le fait est qu'on n'ose plus guère transgresser l'interdit et que le droit au maintien dans l'emploi est de plus en plus largement revendiqué et de moins en moins contesté. Dans la pratique, cette revendication ne peut être satisfaite sans un changement total du système, et c'est pourquoi on licencie de façon honteuse et clandestine les plus faibles en leur remettant une indemnité plus ou moins substantielle et en les laissant se débrouiller sur le marché du travail. Le tabou est particulièrement visible face aux suppressions d'emplois. Elles sont désormais ressenties comme une agression contre les travailleurs. De ce fait, les partis de gauche, les syndicats et, bien souvent, le patronat sont condamnés à défendre toute activité du seul fait qu'elle existe et qu'elle assure des emplois. C'est ainsi que l'opposition de gauche défend avec un bel enthousiasme les industries de luxe ou d'armement, le tiercé, la culture des mauvais vignobles, l'exploitation des mines épuisées, le maintien des boutiques et des bistros excédentaires, l'industrie de l'eau emballée, la publicité, j'en passe.

Le chantage au licenciement

Le désarmement du *France* a fourni une illustration presque caricaturale du tabou. Les partis de gauche, les syndicats avaient justement critiqué la décision de construire le « paquebot des milliardaires ». La bêtise faite, il ne restait plus qu'à promener les 1 200 « touristocrates » aussi longtemps que l'exploitation ne serait pas déficitaire. Mais le quadruplement du prix du pétrole fit passer la facture de fuel de 15 à 48 millions de francs. Dans ces conditions le déficit devait atteindre 100 millions de francs pour 1974. Pourtant le désarmement de cette ruineuse merveille souleva une tempête de protestations. Cette décision entraînait le licenciement de 1 160 travailleurs, mais il ne paraissait pas déraisonnable de maintenir ces emplois au prix d'une subvention de 100 000 F par poste. La même chose s'est passée pour Concorde et nous savons ce qu'il nous en a coûté.

Il faut se réjouir que l'énorme stupidité de La Villette ait été reconnue avant l'entrée en service complète des abattoirs. Sinon il aurait fallu subventionner l'exploitation à perpétuité. Les employeurs disposent ainsi d'un merveilleux instrument de chantage. Un producteur de cinéma, toujours au bord de la faillite, avait coutume de dire : « Mes créanciers ne peuvent pas me refuser un million de plus, je leur dois déjà un milliard. » Désormais, ce sont les emplois qui remplacent les dettes. Sitôt que vous avez mis cinq cents hommes au travail, vous disposez d'otages permettant tous les chantages. Les municipalités acceptent les pollutions, les banques, sollicitées par les pouvoirs publics, ouvrent des crédits irrécupérables, l'inspecteur du travail ferme les yeux, le fisc accorde des compromis, la Sécurité sociale ne réclame pas son dû. Tout le monde est paralysé par le chantage au licenciement. Il faut céder pour ne pas réunir contre soi la coalition hétéroclite des partis politiques, des syndicats et du patronat.

Toute autre mesure que la stricte défense des emplois existants déclenche les pires accusations : « ennemi des travailleurs », « exploiteurs du peuple », et ceux qui refusent de geler définitivement la situation de l'emploi font figure de riches capitalistes heureux de voir les travailleurs au chômage. Comment résister à une telle pression lorsqu'on connaît la souffrance humaine provoquée par la perte de l'emploi ? Lorsque ceux qui souffrent sont toujours des victimes injustement frappées ?

Cette sensibilisation aux problèmes de l'emploi est parfaitement naturelle. Aucun progrès social n'est réalisable dans une société qui entretient des milliers de chômeurs désespérés. Mais le tabou qui se crée sur cette question, loin de réduire le mal, le laisse empirer. Il oblige à créer un discours irréaliste qui masque les contraintes mais ne les supprime pas et risque, au contraire, de les aggraver. C'est ainsi qu'un médecin laisserait mourir son patient en lui prodiguant de bonnes paroles plutôt qu'un traitement douloureux.

Contrairement à l'inflation, au déficit ou même à la pauvreté, le chômage est une maladie qui se voit, qui fait mal et qui fait peur. L'immense majorité de la population se sent concernée. La preuve en est que les Français ont vécu des années de plein-emploi en croyant toujours à une montée du chômage. Cette inévitable focalisation déforme leur vision. Lorsqu'on a mal à la tête on ne pense plus qu'à sa tête. Ainsi, l'ensemble des problèmes économiques se réduit-il à celui de l'emploi. L'industriel devient un employeur, la société a pour tâche première de « créer des emplois », et le système économique se voit assigner pour objectif de faire travailler le plus de monde possible. Quoi de plus naturel puisqu'on lui demande d'assurer en priorité le plein-emploi ?

Partager le gâteau

On en vient donc à considérer la situation de l'emploi indépendamment de la production. Un emploi est un emploi. Qu'il soit rentable ou déficitaire, qu'il assure une production utile ou nuisible, il n'importe. Il est bon du seul fait qu'il permet de payer un salaire. Que des travailleurs poussent à boire des gens que d'autres devront soigner, que l'on fabrique des choses invendables, ou que l'on s'agite sans rien faire n'a pas d'importance. L'essentiel est que tout le monde ait un salaire. Les emplois inutiles s'additionnent en positif tout comme les productions inutiles dans le P.N.B., et la France compte ses feuilles de paie comme le rentier ses bons du Trésor.

Lorsqu'on donne ainsi le primat à l'emploi dans le système économique, le problème paraît effectivement très simple, et les remèdes permettant de vaincre le mal s'imposent comme des évidences. Toute compression de personnel est génératrice de chômage selon l'équation : un emploi supprimé = un chômeur de plus. Il convient donc, en priorité, de s'opposer aux licenciements. S'ils sont imposés par la conjoncture, on obligera l'entreprise à conserver son personnel excédentaire en attendant la reprise.

Ces réductions d'effectifs peuvent correspondre à une

évolution des techniques ou des produits. Il s'agit généralement de méthodes plus productives qui permettent
à un homme d'effectuer la tâche précédemment effectuée par deux ou trois. C'est alors que la machine
« mange » le travail de l'homme. Pour empêcher cela, il
faut refuser la course à la productivité et choisir les
solutions qui utilisent un maximum de personnel. Dans
tous les cas, le refus du licenciement évite l'aggravation
du chômage.

Lorsqu'une partie de la main-d'œuvre est inemployée,
il est logique de penser que la quantité de travail disponible est mal répartie. Des horaires excessifs, une retraite
trop tardive permettent à l'ensemble de la production
d'être assurée par une partie seulement des travailleurs.
Il suffit de répartir le « gâteau » du travail en parts plus
petites pour qu'il y ait autant d'emplois que de travailleurs. L'arithmétique est simple. Si le taux de chômage
atteint 5 %, on diminue la durée du travail de 5 %, et le
plein-emploi est assuré. Il va de soi que cette réduction
ne doit entraîner aucune diminution de salaire.

S'il est vrai que les économistes de gauche ne s'en
tiennent pas à ces théories simplistes, il est vrai aussi
qu'ils ne peuvent en dénoncer publiquement la fausseté,
car cette analyse sous-tend les slogans de tous les cortèges revendicatifs en période de chômage : « Non aux
licenciements. » « Semaine de quarante heures. »
« Retraite à soixante ans. » La démonstration paraît
convaincante, les travailleurs ne demandent qu'à être
convaincus, tout esprit fort qui s'opposerait à ces fausses
évidences serait immédiatement considéré comme un
ennemi du peuple. Le tabou est difficile à transgresser.

Au terme de cette analyse, il apparaît que l'on pourrait
se débarrasser du chômage en n'ayant pour seule obligation que de travailler moins pour la même rémunération
et en toute sécurité ; qui n'accepterait un tel remède ?
Faut-il que nos gouvernements soient bêtes pour ne pas
appliquer cette médecine qui ferait plaisir à tout le
monde et assurerait leur victoire aux élections !

Interdire tout licenciement et réduire la durée du
travail, c'est la revendication naturelle de tous les syndicats en période de sous-emploi. Et comment ne les

comprendrait-on pas ? N'est-il pas surprenant qu'aucun gouvernement, qu'il soit de droite ou de gauche, ne puisse appliquer cette politique ? En 1974, les Trade-Unions britanniques voulurent faire adopter par le gouvernement travailliste un projet de loi imposant aux entreprises de conserver le personnel en surnombre. Il était prévu que l'Etat prendrait à sa charge la rétribution de ces travailleurs inoccupés. Le projet fut finalement abandonné devant l'opposition résolue de Michael Foot, le ministre de l'Emploi et l'un des leaders de l'extrême gauche travailliste.

Pour éprouver une analyse, il faut la confronter avec les faits. Si ce raisonnement est exact, les gains de productivité doivent se traduire par du chômage ; au contraire, on doit diminuer le nombre des sans-emplois quand on réduit la durée du travail. Voyons si cette relation se retrouve dans les statistiques.

Les faits contre les slogans

De 1900 à 1914, le taux de chômage par rapport à la population active était en moyenne d'environ 1,5 % ; il monte à 2,7 % après la guerre, pour atteindre 4,5 % en 1936. En 1946, il descend à 0,7 %. C'est le plein-emploi. Il se maintient pendant les années 50 et jusqu'au milieu des années 60. En 1968, on atteint tout juste 2 %. C'est depuis la crise de 1974 que l'on a retrouvé les tristes records de la grande dépression.

Il faut noter que le chômage a augmenté entre les deux guerres, alors que l'effroyable saignée de 1914-1918 avait considérablement diminué la main-d'œuvre disponible en France. Dans les décennies 50-60, la France n'a pas assuré le plein-emploi, mais le sur-emploi. En effet, elle a dû fournir du travail à des centaines de milliers de pieds-noirs, et faire appel à 2,5 millions de travailleurs immigrés. C'est dire que le nombre des emplois créés durant cette période devait excéder de 15 % environ celui de la population active française.

En bonne logique, on devrait en conclure qu'entre les deux guerres on s'est surtout soucié de produire, et que la durée du travail était fort longue. Cela se traduirait notamment par des gains de productivité élevés. La situation se serait inversée après la guerre avec une productivité faible amenant le plein-emploi. Les chiffres révèlent une relation exactement inverse. La productivité par tête a progressé de 1,4 % de 1913 à 1929, puis de 0,7 % de 1929 à 1938. En revanche, on a atteint des taux, jamais égalés auparavant, de 4,5 % entre 1949 et 1960. Le verdict des faits est donc sans appel : productivité et chômage ont évolué de façon inversement proportionnelle et non parallèle. Je tire ces conclusions au passé et non au présent, car je n'ai garde de les extrapoler pour l'avenir. Il se peut que ce qui fut vrai hier ne le soit plus demain, mais il n'est pas contestable qu'historiquement les gains de productivité se soient révélés, globalement et sur le long terme, créateurs de richesses et d'emplois. Aujourd'hui même, on constate que les taux les plus élevés de chômage se rencontrent dans les pays sous-développés qui ont la plus faible productivité.

Le verdict de l'histoire est tout aussi net pour ce qui concerne la relation entre le chômage et la durée du travail. La trop fameuse loi des quarante heures adoptée par la Chambre du Front populaire ne put en rien assurer le plein-emploi. Pendant les décennies 50-60, le chômage disparut presque complètement, alors que les Français travaillaient entre quarante-quatre et quarante-six heures par semaine. Depuis 1970, la durée du travail horaire diminue alors que le nombre des chômeurs augmente. En Europe, c'est en Belgique que l'on trouve la plus faible durée du travail et l'un des plus forts taux de chômage. Et le Japon, champion de la productivité n'a jamais connu un pourcentage de chômeurs dépassant 2 % de la population active.

De tels faits vont à l'encontre de toutes les évidences, et c'est pourquoi ils n'ont jamais été reconnus. De tout temps, l'opinion a considéré que la machine prenait le travail de l'homme. L'empereur Dioclétien n'avait-il pas interdit d'utiliser les machines à dresser les colonnes pour ne pas priver de travail le petit peuple ? Tout au long du XIXe siècle, les ouvriers suivirent avec méfiance le développement du machinisme. La révolte des canuts lyonnais contre les métiers à tisser n'est qu'un épisode parmi bien d'autres. En 1976, une commission d'experts recommandait à la Communauté européenne de favoriser l'engagement de personnel plutôt que les investissements. Bref, chacun voit dans la course à la productivité une des causes du chômage.

Bien qu'il ne faille pas tirer une loi générale de l'expérience passée, il convient de la comprendre pour interpréter correctement le présent. N'oublions pas non plus qu'à l'époque de ces faits, les théories qui prétendaient les démentir étaient aussi en honneur qu'aujourd'hui.

Le travail-marchandise

L'erreur de pareilles théories et des politiques qu'elles préconisent est de considérer l'emploi en soi, comme la finalité de l'économie, et de s'en tenir à une vision ponctuelle, statique et quantitative. Or la réalité est tout juste inverse. Le but premier de l'économie, mais non le seul, c'est de produire des richesses. Cette production nécessite des capitaux, de l'espace, de l'énergie, des matières premières et du travail. Le système ne produit donc pas du travail. Il en consomme. Et c'est en lui faisant consommer du travail qu'on assure l'emploi.

Toute la difficulté vient de là. Pour le travailleur en période de crise, l'objectif premier du système productif : c'est d'employer de la main-d'œuvre, alors que l'objectif premier doit être en vérité de produire. Le travail est un facteur de production et non un produit. Et, comme tous les facteurs de production, il doit être économisé. C'est le suprême paradoxe. Les travailleurs attendent une production d'emplois d'un système qui vise à employer le moins de monde possible. Comment supprimer le chômage dans de telles conditions ?

Le capitalisme libéral avait brutalement posé le problème en dissociant le travail, en tant que valeur économique, de l'homme. Il ne s'agissait plus que d'une marchandise qui se commercialisait selon la loi de l'offre et de la demande. Le travailleur tentait de la vendre au meilleur prix, le patron de l'acheter au moindre coût. Si l'affaire ne pouvait se faire, le travail restait inemployé. De l'homme, du chômeur, il n'était guère question. C'était un problème social et non économique.

Ce réalisme cynique a suscité par réaction la théorie inverse. Le travail ravalé au rang de simple facteur de production devenait le centre même de l'économie. Mais, si l'on peut se débarrasser ainsi de la brutalité capitaliste, on ne se débarrasse pas des faits qui restent solidement attachés à la misère humaine. Or, il est vrai que le travail est un facteur de production, mais il n'est pas un facteur de production comme les autres ; il est également vrai que l'économie n'a pas pour objectif de fabriquer des emplois, mais elle ne peut rester indifférente aux emplois qu'elle crée ou qu'elle supprime. Tout cela est fort compliqué, et l'on se condamne à n'y rien comprendre si l'on s'en tient à une attitude superficielle.

L'emploi est indissociable du système économique dans lequel il s'intègre. Il ne consiste ni à faire faire une tâche, ni à verser un salaire. C'est un poste de production, nécessitant le travail d'un homme, et qui produit plus de richesse qu'il n'en coûte. Il n'est d'emploi que rentable.

Cette notion de rentabilité étant identifiée à la recherche forcenée du profit par l'exploitation des travailleurs et pour l'enrichissement du patron est aujourd'hui fort décriée. Mais la rentabilité n'est ni capitaliste ni communiste, elle est simplement rationnelle. Elle répond à la logique du monde moderne qui vit sur le principe d'efficacité et s'oppose à la logique du monde traditionnel.

Cela posé, on peut mettre ce que l'on veut dans le calcul de rentabilité. Le marché libéral la limite à la rentabilité commerciale et ne compte pour rien, par exemple, la peine du travailleur. Mais rien n'empêche d'introduire d'autres paramètres : sécurité, qualité du travail, de la vie, de l'environnement, temps libre, satisfaction personnelle, etc. La rentabilité traduit l'idéologie propre à toute société moderne, mais son calcul varie selon le régime politique : capitaliste, socialiste, communiste.

Il n'est d'emploi que rentable

Mais, quels que soient les critères retenus, la logique de tout système productif moderne est d'assurer et même d'accroître constamment cette rentabilité. Car il ne suffit pas de se maintenir à un certain niveau, il faut encore et toujours progresser. Rien n'est si stupide que d'imaginer un gel de la productivité. En un premier temps, ces gains de productivité permettent d'augmenter physiquement la production, en un second temps, ils payent d'autres biens : temps libre, qualité de la vie, services sociaux, amélioration du travail. Ce perfectionnement des méthodes productives ne nous condamne nullement à la croissance sans fin, mais nous permet simplement le progrès continu dans notre mode de vie.

Le fait essentiel est qu'il n'existe d'emplois qu'en fonction de la rentabilité dans un système donné. La France a besoin d'un certain nombre de biens et de services et peut se les offrir à un certain prix, c'est l'activité entrant dans ce cadre qui représente le travail. La rentabilité peut être commerciale, c'est celle de la couturière qui fabrique des robes de milliardaires et procure ainsi des devises pour acheter des produits utiles ; elle peut être sociale, c'est alors celle de la soignante qui rééduque des handicapés ; mais elle doit toujours exister. Cette utilité doit être produite à un coût acceptable pour notre niveau de productivité.

C'est pourquoi le maître d'hôtel qui sert à perte les touristocrates du *France*, le technicien de la SNIAS qui construit d'invendables Corvette, les fonctionnaires en surnombre qui parasitent certaines administrations, les travailleurs qui se mettent à trois pour remplir le poste d'un seul ne sont que des chômeurs dissimulés derrière une feuille de paie. Les individus s'en trouvent mieux, le système de production en pâtit.

Dans une économie primitive, il est simple de créer un emploi. En Inde, par exemple, il suffirait de fournir à des milliers de paysans quelques pioches, pelles et brouettes, pour les faire travailler à d'utiles ouvrages d'irrigation, moyennant un salaire très bas. Il en va différemment dans une économie évoluée. Alors, l'investissement est considérable, le coût de la main-d'œuvre également, le travail doit avoir une qualification particulière et le produit une utilité suffisante. Lorsque le système productif fonctionne mal, il n'est plus capable de créer suffisamment d'activités pour employer toute la population active. Proclamer travailleur le personnel qui ne trouve pas d'occupation rentable et lui verser un salaire évite bien des souffrances sur le plan humain, mais ne s'attaque pas à la racine du mal. En fait, le plein-emploi n'est vraiment réalisé que lorsque le système productif tourne à un régime tel qu'il offre des emplois rentables à toute ia population. Le capitalisme obtient ce résultat en utilisant le chômage pour le réguler. Le communisme, refuse cette méthode et préfère utiliser des techniques moins efficaces du point de vue productif, mais moins traumatisantes pour le travailleur. C'est ici qu'apparaît la grande différence.

La facture de la productivité

Le système capitaliste n'a qu'un objectif : accroître la production pour augmenter les profits. Il aura naturellement tendance à subordonner le travailleur aux impératifs de la productivité. Or travail et production s'opposent bien souvent. Le travailleur souhaite avoir des occupations intéressantes, l'organisation rationnelle de la production multiplie les tâches sans intérêts. Le travailleur souhaite des cadences modérées, des horaires réduits, des vacances prolongées, mais l'impératif productiviste conduit à imposer l'effort maximal à la main-d'œuvre. Enfin, le travailleur aspire à la sécurité, il veut pouvoir conserver son emploi ; alors que la productivité introduit le changement en éliminant les entreprises non rentables, en poussant au renouvellement des techniques, en favorisant l'automatisation. Elle oblige les individus à se déplacer, à se reconvertir, à se recycler. N'en prenons qu'un exemple, fort simple : aucune société ne peut se

développer si elle ne fait pas basculer les deux tiers de
sa population des campagnes vers les villes, des champs
à l'usine. Qui dira jamais les souffrances de cet exode
rural ? Il n'est pourtant pas possible de l'éviter. La facture de la productivité est donc lourde pour le travailleur. L'expérience prouve pourtant que ce sytème peut,
dans des circonstances favorables, assurer l'élévation du
niveau de vie et le plein-emploi. Pourquoi ?

Parce que les gains de productivité ou la recherche de
la rentabilité qui peuvent se traduire localement par des
compressions d'effectifs doivent entraîner un enrichissement du patron, de l'Etat, du travailleur ou du
consommateur. Cette richesse va stimuler l'activité dans
d'autres domaines qui, de ce fait, auront besoin de
nouveaux travailleurs. Au total, le bilan est positif.

Encore faut-il que les travailleurs se soumettent aux
contraintes du système productif, qu'ils s'accommodent
des emplois offerts, qu'ils travaillent à un rythme suffisant, qu'ils acceptent de changer de profession, de
région... Comment obtenir l'acceptation de telles
contraintes ? C'est précisément la menace du chômage
qui impose les nécessités de la production.

Un tel système choisit de soumettre le travailleur à
la production ; il n'intègre pas dans ses calculs de rentabilité la fatigue du travail trop intense, la frustration
des tâches répétitives, l'angoisse du chômage. Une seule
chose compte : la productivité. Celle-ci sera effectivement élevée, en revanche le sort du travailleur sera
rude. Mais cette forte productivité bénéficie au salarié
qui voit sa rémunération augmenter. En définitive, le
chômage est l'agent de pression d'un système essentiellement productiviste qui sacrifie le travailleur au
bénéfice du consommateur. C'est ainsi que nos cadres se
paient des voitures de luxe, des résidences secondaires
et des infarctus à quarante ans.

Le prix de la sécurité

Le communisme, au contraire, refuse d'utiliser le chômage comme contrainte économique et fait du plein-

emploi un objectif prioritaire. Il joue le travailleur avant le consommateur. Dans son calcul de rentabilité, il refuse d'oublier les aspirations à la sécurité, au repos. De ce fait, l'ouvrier et l'employé soviétiques travaillent dans un climat plus détendu, ils ne sont pas constamment maintenus sous pression, ils ne connaissent pas les angoisses du chômage. De ce fait aussi, les exigences de la productivité sont moins bien satisfaites. On n'hésite pas à maintenir au travail du personnel en surnombre, la croissance en est ralentie, le niveau de vie plus faible. Le consommateur paie les avantages accordés au travailleur. A Moscou, le premier fait parfois la queue devant les magasins, à Paris, le second va parfois pointer au chômage.

Un exemple caricatural de cette opposition est donné par les restaurants parisiens et moscovites. Dans les premiers, les clients sont rois, les serveurs esclaves. Les consommateurs impatients, capricieux, multiplient les exigences ; les serveurs se démènent comme des damnés courant, criant, gesticulant, travaillant à une cadence véritablement infernale. Dans les seconds, le personnel est roi. Il prend tout son temps pour servir, ne fait preuve d'aucune prévenance, d'aucune amabilité. Il apporte la commande et c'est tout. A la fin de la journée, le serveur parisien est crevé, son collègue moscovite dispos, mais un client est satisfait et l'autre frustré.

L'antagonisme travailleur-consommateur constitue l'essence même du système productif. Les avantages que peut obtenir le premier, que ce soit en matière de sécurité ou de conditions de travail, ne sont pas gratuits. Ils se paient ordinairement en productivité. Il est absurde de penser qu'on peut maintenir ou augmenter la production, donc le niveau de vie, en libérant le travailleur de toutes les contraintes productivistes.

Dans cette optique, la croissance lente du niveau de vie dans les pays communistes n'a rien de mystérieux ou de scandaleux. C'est, pour l'essentiel, le prix payé au travailleur par le consommateur. Le prix de la sécurité. Car il est bien évident que, pour éviter le chômage, la société doit s'appauvrir en entretenant des emplois non rentables, et qu'elle ne peut obtenir le même effort de travailleurs qui ne connaissent plus ni les contraintes ni les incitations capitalistes. Comment expliquer autrement les performances si médiocres de l'économie soviétique ? Il faudra bien, un jour, renoncer à invoquer l'état de la Russie en 1917 et les dévastations de la guerre, regarder en face le déficit de l'U.R.S.S. vis-à-vis des pays capitalistes.

Car ce pays-continent est prodigieusement riche : n'est-il pas le premier producteur de pétrole au monde ? Les exemples de l'Allemagne de l'Ouest ou du Japon prouvent qu'une économie dynamique se relève rapidement des pires désastres. Comment donc expliquer l'indéracinable pauvreté soviétique que ne peut plus masquer le triomphalisme des statistiques officielles ? La bureaucratie centralisatrice fait beaucoup pour freiner le développement, c'est vrai, mais il serait injuste de ne pas reconnaître dans ce retard la part trop belle faite au travail.

Il est d'ailleurs frappant de voir que bien des réfugiés de l'Est, anticommunistes par conséquent, sont choqués par les conditions de travail en Occident et, sur ce point, regrettent le système communiste.

Travailleur-consommateur

Je ressens, pour ma part, tous les jours cet antagonisme producteur-consommateur. On me propose constamment des travaux supplémentaires : livres, articles, films, etc. Si je les accepte, je peinerai plus en tant que travailleur et serai plus à l'aise en tant que consommateur, si je les refuse — comme il m'arrive le plus souvent — le consommateur que je suis devra renoncer à certaines dépenses, mais le travailleur sera moins contraint.

Or, les travailleurs communistes n'en sont pas quittes avec cette faible consommation, ils doivent payer de bien d'autres façons leur sécurité. Car le système peut, certes, renoncer au chômage, il ne peut pourtant supprimer toutes les contraintes. Pour fonctionner correctement, même à productivité réduite, il lui faut maintenir le primat de la production sur les travailleurs. Mais il le fait en utilisant des moyens politiques et non économiques.

Les fondateurs du communisme avaient bien rêvé de substituer une « conscience socialiste » aux incitations et contraintes capitalistes. Ils ont dû déchanter. Fidel Castro avait multiplié les déclarations en ce sens. Mais, en avril 1971, il a promulgué une « loi antiparesse » qui prévoit des peines d'emprisonnement pouvant atteindre deux ans pour les tire-au-flanc. 50 000 poursuites ont été engagées l'année suivante contre les flemmards qui avaient quitté leur travail sans raisons valables. En Pologne, le 23 octobre 1973, le Parlement adopte une loi contre l'absentéisme qui prévoit des retenues importantes sur le salaire pour sanctionner les absences injustifiées. Il en va de même dans les autres pays communistes. Partout, les dirigeants dénoncent la faible productivité des travailleurs, et leur peu d'ardeur à la tâche.

Pour équilibrer l'offre et la demande, ces pays doivent entièrement subordonner le système éducatif aux exigences de l'économie. Les principes d'orientation et de sélection sont d'application générale. Ils sont moins choquants qu'en Occident du fait que la démocratisation de l'enseignement est plus poussée, mais ils n'en sont pas moins désagréables pour les intéressés. Ici, les jeunes ne reçoivent pas la formation qu'ils désirent, mais celle que l'Etat juge utile de leur donner en fonction de ses besoins et de leurs aptitudes. N'est pas linguiste ou chanteur qui veut.

S'il est vrai que le travailleur n'a pas à se dépenser sur le marché du travail, il est vrai aussi que ce système d'affectation est largement autoritaire. L'Etat donne un emploi à chacun, mais pas forcément l'emploi désiré, au lieu et au grade souhaités.

Une fois embauché, le travailleur soviétique n'est pas soumis à de grandes contraintes, mais il ne dispose pas du droit de grève pour obtenir des augmentations de salaire. Sa rémunération est fixée par l'Etat ou l'entreprise, et il doit s'en satisfaire.

Enfin, le système, ayant à ce point bouleversé les

notions économiques de rentabilité, ne peut plus rester ouvert sur l'extérieur. L'U.R.S.S. ne saurait affronter la libre concurrence commerciale avec les pays d'Occident. Son système implique nécessairement une fermeture des frontières et un contrôle par l'Etat de tous les échanges. En insistant sur ces contraintes, je ne prétends pas démontrer qu'elles sont supérieures à celles du capitalisme, je veux simplement souligner qu'elles sont différentes. Capitalistes et communistes ont chacun leur méthode pour les exercer, mais nul ne peut s'en affranchir. Autant l'on peut critiquer l'organisation politique des régimes soviétiques, autant on ne saurait leur reprocher leurs contraintes économiques. Même un Dubcek, s'il était resté au pouvoir, aurait dû les maintenir. En Union soviétique, c'est le citoyen qui a perdu sa liberté, pas le travailleur. Ce dernier, bien sécurisé, est probablement plus libre que son collègue occidental en période de chômage.

La corvée de pluches

Cette première approche de l'emploi révèle des réalités fort désagréables. Le chômage est une somme de situations individuelles, mais sa solution dépend du fonctionnement d'un système. Chacun réagit naturellement en fonction du problème concret qui lui est posé. Or tout dépend de la bonne régulation de l'ensemble. Ces éléments que constituent les hommes doivent agir et réagir et interagir selon la logique du fonctionnement, faute de quoi, tout se bloque. Il est différentes façons de piloter ce système, mais il n'en est aucune qui donne tout à l'individu sans rien lui imposer. Rêver à une société qui assurerait à chaque travailleur le libre choix de sa profession, de son lieu de travail, de son entreprise, de son grade hiérarchique, qui lui assurerait les conditions de travail souhaitées et la sécurité absolue de l'emploi, qui, en outre, lui procurerait une rémunération élevée, est aussi absurde qu'imaginer un réseau de transports dans lequel les conducteurs conduiraient leurs véhicules où ils le désirent, quand ils le désirent et comme ils le désirent. Tout système implique une discipline collective, une soumission à la règle du jeu, faute de quoi il cesse de fonctionner.

Les remèdes miracles qui doivent faire disparaître le chômage sans rien demander aux travailleurs sont illusoires parce qu'ils ignorent la nature profonde du système. C'est le cas, en particulier, de l'interdiction des licenciements et de la diminution des horaires, remèdes aussi indolores que malfaisants.

Peut-on conserver du personnel en surnombre pour éviter le chômage ? A titre transitoire, oui, mais à la condition que cette mesure n'affecte pas la productivité de l'entreprise. Cela signifie que les salaires qui ne correspondent pas à une production doivent être payés sur les profits distribués — ce qui ne fera pas lourd —, sur les frais généraux inutiles, et sur la masse salariale correspondant à la production. Si le sur-emploi est important, cela implique une baisse des salaires élevés et moyens pour payer le personnel inemployé. Faute de quoi, l'entreprise devra renoncer à investir et verra diminuer sa compétitivité. Elle augmentera ses prix et fera payer la facture par le consommateur et les circuits de l'inflation. Une telle situation ne dure généralement pas très longtemps et finit par provoquer le chômage.

Il en va de même pour la réduction du temps de travail. Il est vrai que, sur une petite unité, on peut réduire les horaires pendant une crise de chômage pour éviter de licencier, mais, là encore, il faut maintenir les équilibres. Les travailleurs qui ont des horaires plus courts devront être payés moins. La simple justice veut que l'on maintienne les plus bas salaires et qu'on diminue les autres, mais, globalement, une décroissance de la production doit s'accompagner d'une décroissance des coûts.

En revanche, cette méthode, qui permet localement de passer un cap difficile, ne résout rien sur le plan national. Il est bien vrai qu'un adjudant, pour la corvée de pluches, peut utiliser dix bidasses travaillant deux heures, ou vingt travaillant une heure, mais, au niveau d'un pays, cette arithmétique n'a plus de sens. En effet, le problème cesse d'être purement quantitatif pour devenir qualitatif. Les travailleurs sont enfermés dans leur spécialisation et ne sont pas interchangeables. Les éboueurs pourraient bien travailler trente heures par semaine que cela ne donnerait pas un job de plus à tous les bacheliers en chômage. N'est-il pas frappant de constater aujourd'hui même qu'il existe toujours cent mille emplois disponibles ? Certes, on ne sait que faire de tous les étudiants manqués qui courent les petites annonces, mais on a toujours autant de mal à trouver un bon soudeur, un bon staffeur, un gardien de prison ou un croque-mort. Que serait-ce si ce marché du travail était normal, c'est-à-dire s'il ne pouvait compter sur la main-d'œuvre immigrée ? Sans doute aurions-nous alors entre 500 000 et 1 000 000 d'offres d'emplois qui resteraient en souffrance ! Une réduction des horaires et l'avancement des départs à la retraite ne feraient que resserrer encore ces goulots d'étranglement de la production, sans dégager les secteurs encombrés du travail.

Car le système de production est devenu si compliqué, avec ses multitudes de produits, de services, de professions et de qualifications, que son bon fonctionnement exige infiniment plus de subtilité qu'une simple politique quantitative dans le genre « partage du gâteau ». Or il existe un décalage qui va s'aggravant entre les besoins du système de production, d'une part, les compétences et les aspirations de la population active, de l'autre. Pour rétablir un semblant d'harmonie, il faudrait agir sur les deux pôles à la fois : l'offre et la demande.

Des propositions convenables

L'offre, d'abord. Il n'est plus possible que la production se développe sans tenir compte du type d'emplois qu'elle propose. Au cours des années écoulées, l'industrie a créé un nombre important de postes d'O.S. pendant que notre éducation nationale fabriquait à grands frais des bacheliers. C'est aberrant. Créer une activité qui fait appel à un travail pénible, absurde, déconsidéré et mal rétribué, n'est pas une opération rentable. Concrètement, cela signifie que la France devra à la fois faire venir un Africain de plus à exploiter et payer une indemnité de chômage à un bachelier. Sa balance commerciale sera en outre affectée par des sorties de devises. Le beau résultat ! Le système économique doit inclure dans ses calculs de rentabilité la nécessité de ne créer que des emplois acceptables par des Français. Le « sale travail », outre ses multiples inconvénients, est devenu générateur de chômage.

Mais le problème est beaucoup plus général. L'éventail actuel des offres d'emplois est de nature à bloquer le système. Pourquoi ? Parce qu'il est absurdement injuste, que tous les avantages sont d'un côté, tous les inconvénients de l'autre. Les demandeurs d'emploi se détournent des offres les moins intéressantes pour se reporter en masse vers les plus alléchantes. La condition des travailleurs manuels en général et des ouvriers en particulier est caractéristique de cette situation. Selon une étude du Centre d'études et de recherche sur les coûts de 1977, le travailleur manuel français est le moins bien traité de la C.E.E. Chez nous, les ouvriers gagnent moins que les employés, alors qu'ils gagnent plus en Allemagne ou en Angleterre. Plus généralement, les rémunérations des manuels sont inférieures de plus de moitié à celle des non-manuels. L'écart est bien moindre chez nos voisins. Si l'on ajoute à ces mauvais salaires la déconsidération générale qui, en France, s'attache au technique, les conditions pénibles du travail en usine, on comprendra aisément qu'il existe une « désaffection pour le travail manuel ». On comprendra moins qu'il ait fallu attendre 1975 pour s'en rendre compte.

Tant que les situations offertes refléteront l'injustice et non la diversité, les adaptations de la demande à l'offre se feront mal sur le marché de l'emploi. Mais, si tout est à faire en ce domaine, c'est que rien n'est faisable. Tant que l'accord pour donner plus à certains ne s'accompagnera pas d'un accord pour donner moins à d'autres, les choses resteront en l'état avec des professions maltraitées et délaissées, et d'autres trop bien traitées et encombrées.

Les Français s'étonnent aujourd'hui qu'un million

d'entre eux soient au chômage, alors que 2,5 millions d'étrangers travaillent chez nous. Mais toutes les études montrent que ces emplois, tels qu'ils sont proposés aujourd'hui, seraient refusés par les nationaux. Pour les rendre acceptables, il faudrait sans doute doubler les salaires et le temps de vacances, alors seulement l'éboueur verrait la pénibilité de son travail payée à son prix. Tout le monde admet cela... à condition de faire payer la facture par « l'Etat » et « les grands monopoles ».

Les chômeurs diplômés

A ce bouleversement des offres d'emplois devrait correspondre un bouleversement de même importance dans la formation des travailleurs. Aujourd'hui, notre système éducatif forme imperturbablement des jeunes pour des emplois imaginaires, et distribue des billets d'entrée au chômage baptisés diplômes. Qu'importe, tant que le capitalisme restera maître du système productif, nos universitaires refuseront de « mettre la culture au service du profit ». Car nous retrouvons ici la perversion classique qui consiste à imputer au capitalisme haï les contraintes économiques. Il est pourtant clair que le pourcentage des sociologues, philosophes, linguistes psychologues et autres humanistes de l'université nécessaires à la production — des biens et des services ne l'oublions pas — ne varierait guère si l'ensemble du système productif était socialisé. Mais le monde universitaire semble avoir dépassé le stade du tabou sur l'emploi. Certains professeurs ont le sentiment que la formation doit commander la production. Il appartiendrait à la société de faire des emplois adaptés à tous les jeunes instruits dans les universités. Si ces dernières forment à la pelle les pseudo-spécialistes des sciences humaines, il faudra doubler chaque ouvrier d'un psychosociologue pour utiliser le produit de nos facultés. Dans cette optique, toute forme d'orientation, de sélection, de concours ou de *numerus clausus* devient un crime réactionnaire. Il se crée alors un triple tabou sur l'emploi.

Premièrement, chacun a le droit de poursuivre les études de son choix quelles que soient ses aptitudes et quels que soient les besoins de la société ; deuxièmement, ces études, qu'elles soient ou non sanctionnées par un diplôme, donnent droit à un emploi. On doit être professeur titulaire, avec un certificat de licence, chercheur à l'Institut national d'études démographiques avec une licence de sociologie. Troisièmement, ces emplois sont attribués en viager et ne peuvent être remis en cause.

La nécessaire adaptation

A supposer que ces adaptations soient faites, arriverait-on pour autant à une concordance parfaite entre les emplois proposés et les aspirations ? Certainement pas. D'une part la gamme des qualifications ne cesse de s'étendre. Chaque travailleur est prisonnier d'une spécialité, il faut que l'adéquation soit toujours plus fine pour que chacun trouve bien le travail qui lui correspond. D'autre part, les qualifications évoluent au rythme même des techniques.

De plus, les demandeurs d'emploi ne visent pas seulement une branche, mais également un niveau. On veut certes travailler dans le commerce, la fonction publique ou la banque, mais pas à n'importe quelle place. Ce sont les postes de cadres bien rémunérés qui polarisent tous les désirs. Et c'est une autre source d'inadéquation : l'armée du travail tend à devenir une armée de colonels.

La démocratisation de l'enseignement fait progressivement du libre choix une réalité. Depuis que l'école est obligatoire, tout fils d'ouvrier ou de paysan peut espérer devenir chirurgien, préfet ou professeur de faculté. Cette possibilité restait théorique et les aspirations étaient plus modestes. Mais à mesure que les études supérieures deviendront la règle et non l'exception, tout enfant pourra laisser libre cours à ses goûts, il aura le sentiment que tous les métiers lui sont accessibles.

Avec la disparition de la censure sociale des aspirations, on verra s'agrandir le décalage entre les désirs et les possibilités. Or, la France ne pourra offrir le travail qu'ils cherchent à tous les jeunes qui veulent être chanteurs — de préférence, vedettes — ou journalistes — de préférence, grands reporters. Certes, l'évolution générale des emplois nécessaires à la production avec la réduction du travail agricole et industriel, l'accroissement du secteur tertiaire, va dans le sens des mentalités. Mais l'évolution est infiniment plus lente au niveau de la production qu'à celui des esprits.

Ainsi, et quelques efforts que l'on fasse, on ne peut espérer voir les offres et les demandes d'emploi s'harmoniser si parfaitement que chaque Français trouve exactement le travail qui lui convient. Il faudra toujours et nécessairement que beaucoup de travailleurs s'adaptent aux emplois disponibles. En changeant de qualification, en changeant de région, en renonçant à certaines prétentions. C'est vrai lors de l'entrée dans la vie professionnelle, et ce le sera tout au long de la carrière. Plus grande sera la mobilité des hommes pour effectuer cette adaptation, mieux le système économique fonctionnera ; plus faible elle sera, et plus mal il fonctionnera. Et ces dysfonctions sont elles-mêmes cause de chômage. Nous retrouvons nos fameuses et indestructibles contraintes.

Le chômage en économie libérale est donc tout à la fois une maladie et un système de régulation. Il est tentant d'oublier le premier aspect et de ne retenir que le second. Pour la société, il est si commode de voir la peur du chômage réguler automatiquement le marché de l'emploi ! Certes, nul ne peut s'accommoder d'un très fort chômage, mais certains voudraient l'accepter tant que la fonction régulatrice l'emporte sur les aspects pathologiques ! Cela n'est pas admissible.

Le chômage est un mal à combattre, non un ressort à faire fonctionner. On ne peut donc l'utiliser comme un automatisme du marché parmi d'autres.

Lors de l'éclatement de l'O.R.T.F., les rédactions des journaux télévisés furent brutalement confrontées avec ce problème. Des parlementaires démagogues avaient fait croire que leurs effectifs étaient trop élevés, bien qu'ils aient été décimés quelques années plus tôt par

la vindicte du gouvernement. Il allait donc y avoir des
« compressions de personnel », des licenciements.
Du jour au lendemain, l'atmosphère devint irrespi-
rable : le mal rôdait. Untel était menacé malgré sa
situation familiale, tel autre en dépit de ses états de
service. « Pourquoi lui ? » « Et pas lui ? » « Et pas
moi ? » Les plus faibles, ceux qui toucheraient les plus
faibles indemnités, qui auraient le plus de mal à se
recaser, étaient les premiers touchés. La malédiction
s'abattait. Odieuse, absurde.

Savez-vous comment on dit : « Bonjour, comment ça
va ? » à un collègue qui vient de recevoir son avis de
licenciement ? il n'y a pas de bonne manière. Et pas
même de mauvaise. Ne reste que la révolte. Ces licenciements étaient injustifiés, d'autres inévitables. Cela ne
change rien : le fait même est insupportable. Chaque
fois que je téléphone à des amis au chômage, j'éprouve
ce sentiment d'impuissance désespérée que suscite le
malheur. « Alors... rien ?... Ça n'a pas marché... » L'enfer
continu.

Une société ne peut entretenir un tel cancer, elle ne
peut se contenter de prêcher la patience en attendant
que les mécanismes régulateurs aient joué. Alors, que
faire ? D'autant que, de même que l'on tend à mentir
aux cancéreux, on tend à mentir aux travailleurs sur la
réalité du chômage. Mais si l'on peut comprendre le
premier mensonge (dans le cas d'un mal incurable)
on ne peut oublier que le second mensonge s'applique
à un mal curable, empêchant dès lors l'application d'un
traitement hélas toujours pénible.

Se débarrasser du chômage

En définitive, peut-on s'affranchir du chômage ? C'est
toute la question. Il est deux situations de plein-emploi.
La première se rencontre dans les économies communistes ; là il s'agit certes d'un sous-emploi caché, mais,
pour le travailleur, cela ne fait guère de différence. La
seconde, c'est une économie capitaliste tournant à plein
régime, comme celle de la France dans les années 50.

Pouvons-nous espérer en l'une ou l'autre de ces solutions ?

Le communisme ne fait disparaître toute forme de chômage que s'il est appliqué dans son intégralité. En effet, l'obligation d'occuper tout le monde et de préserver tous les emplois suppose la rupture avec le système et même le monde capitaliste. L'entreprise qui est contrainte de garder son personnel en surnombre, en maintenant les salaires, stagne durant un certain temps, puis commence à perdre les marchés étrangers et nationaux. La charge du sur-emploi devient alors intolérable. Il faut choisir entre le licenciement et le protectionnisme. Ce n'est pas le fait du hasard si le chômage n'est totalement supprimé que dans les pays vivant avec des frontières fermées.

Les Français devraient payer le prix de la sécurité. Tous les faux travailleurs devraient être rémunérés sur la production des vrais. Le système productiviste tournerait à un moindre régime. On peut éviter les principales erreurs des pays de l'Est et obtenir une productivité meilleure. Il n'en reste pas moins que les Français devraient renoncer à l'assurance de l'augmentation automatique et accepter des régressions du pouvoir d'achat pour certaines catégories.

De nouvelles disciplines devraient être mises en place un peu partout : sélection, orientation, affectation : le système ne s'accommoderait plus des choix individuels qui l'encombrent actuellement.

A ce prix, il est possible d'éliminer radicalement la notion de chômage. Tout le monde ne fera pas un travail rentable, mais tout le monde travaillera. Le tout est de savoir si les Français peuvent accepter aujourd'hui un tel système. Certes, ils ont horreur de cette tare du capitalisme qu'est le chômage, mais ils sont fort attachés à la croissance des revenus et au libre choix de l'entreprise. Si toutefois la crise de l'emploi prenait des dimensions encore plus catastrophiques, il se pourrait que la population se décide à payer le prix fort pour se débarrasser du fléau. Il suffirait pour cela que les pays communistes parviennent à faire quelques progrès économiques et politiques. Le communisme perdrait alors cet aspect rébarbatif qui le handicape aujourd'hui, et les Français préféreraient la sécurité dans le communisme à la liberté dans le capitalisme. C'est dire que le chômage va bien constituer l'épreuve de vérité pour les économies libérales.

La seconde solution revient à traiter le mal par le mal, c'est la solution capitaliste. Ici, l'insécurité oblige les travailleurs à subir tous les impératifs de la production. Si les circonstances sont favorables, le système productif tourne à plein rendement et assure le plein-emploi. C'est la situation que nous avons connue dans les années 50-60. Le chômage existait, mais il n'était pas un fléau puisque l'économie pouvait intégrer pratiquement tous les demandeurs d'emploi moyennant un effort raisonnable d'adaptation. C'est, en apparence, la solution idéale. Elle laisse à chacun une relative liberté dans le choix de son travail, elle assure une élévation constante du niveau de vie, mais elle présente tous les inconvénients, désormais bien connus, d'une forte croissance.

Mais tout semble indiquer que ces mécanismes n'assureront plus le plein-emploi dans l'avenir. L'Allemagne et les Etats-Unis, qui ont imposé à leurs travailleurs toutes les rigueurs de l'économie libérale, ont des taux de chômage élevés. Il semble donc que le système se bloque et se bloquera encore davantage dans l'avenir.

Le développement du marché mondial conduit à l'exportation massive du travail vers des régions à main-d'œuvre bon marché. Les grands secteurs créateurs d'emplois, bâtiment, automobile, mécanique, prennent des rythmes de croisière et non plus de croissance. Les parcs de logements, de voitures, d'appareils électroménagers sont presque constitués. Il ne s'agit plus de produire ce qui n'existe pas, mais de renouveler ce qui s'use. Les créations d'emplois dans l'industrie seront donc moindres que dans le passé, elles seront difficiles car la qualité des produits devra justifier le surcoût de la main-d'œuvre.

Il faudra développer une politique volontariste et non s'en tenir aux automatismes du marché.

Le premier point, c'est de s'opposer à la double fuite du travail que constitue l'importation des travailleurs ou l'exportation du travail. Il est évident qu'il n'y aura pas un emploi pour chaque Français si nous voulons jouir de biens : propreté, logements, produits manufacturés, que nous laissons toujours produire par d'autres. La consommation française correspond à une certaine production, si cette dernière provient du travail étranger, les Français seront au chômage, c'est assuré. De ce point de vue, le libre-échangisme intégral et la stratégie des multinationales risquent d'être incompatibles avec le plein-emploi.

Le ralentissement de la croissance dans certains secteurs ne signifie pas qu'il n'y a plus de biens à produire pour occuper les travailleurs. Nul n'oserait le soutenir. Si la consommation de biens individuels s'oriente vers un palier, de nombreux autres secteurs sont en retard. Il faut améliorer les services sociaux, les équipements collectifs, la qualité du travail et de la vie et, enfin, gagner du temps libre en réduisant la durée du travail. Mais il faut bien remarquer que cette réduction n'a rien à voir avec la résorption du chômage. Il s'agit de consommer en temps libre les gains de productivité et non de multiplier les emplois en travaillant moins pour la même rémunération. Le plus sage serait sans doute de développer des formules de travail à la carte permettant le plus possible de moduler son temps de travail selon ses besoins. Certains préféreraient travailler quarante heures par semaine, d'autres se contenteraient de trente pour un salaire qui varierait dans la même proportion.

Mais il faut transférer les gains de productivité d'un secteur à l'autre. C'est essentiellement l'industrie qui doit dégager les richesses que l'on utilisera dans les secteurs sociaux pour développer des activités nouvelles et embaucher du personnel. Il n'est pas dans le génie du capitalisme d'effectuer cette opération. Il faudrait modifier profondément le système pour qu'il puisse prendre correctement le virage. Comment faire passer au secteur collectif des gains profits ou salaires réalisés dans le secteur privé ? Cela ne se peut sans un effort considérable de justice sociale dans la distribution de l'argent. Mais le fait demeure que l'amélioration de la productivité dans le secteur productif — au sens étroit — permettra seule de créer les nouveaux emplois dans le secteur tertiaire. Ce n'est pas en acceptant la non-rentabilité dans les entreprises que l'on offrira du travail aux jeunes générations.

Il faudra donc, dans l'avenir plus encore que dans le passé, que les travailleurs s'adaptent au système et à ses évolutions, que l'on dégage toujours les ressources nécessaires pour lancer les nouvelles activités, que l'on trouve toujours les travailleurs de la qualification nécessaire pour occuper les emplois disponibles. En dépit des adaptations de l'offre et de la demande, il restera encore et toujours des efforts pénibles à accomplir par les travailleurs. Comment pourra-t-on assurer cette adéquation ?

La France est actuellement installée entre deux systèmes : elle utilise la méthode libérale du chômage, mais elle en a honte. Elle n'ose plus, et c'est fort heureux, abandonner sans ressources les travailleurs au chômage pour leur imposer de se plier à toutes les exigences de la production. Les indemnités aux sans-travail ont augmenté considérablement depuis l'époque de la grande dépression. Mais une telle indemnisation ne serait satisfaisante sur le plan de la justice que si elle devenait un véritable salaire. S'il en était ainsi, le système économique supporterait une charge intolérable en régime libéral. En outre, les chômeurs, assurés de toucher leurs salaires, n'accepteraient que des emplois leur convenant parfaitement. Les facultés d'adaptation du système en seraient diminuées.

Les exclus du travail

Ne pouvant pousser jusque-là l'indemnisation, on doit la limiter, ce qui réduit les chômeurs au rang de déclassés. Mais on s'efforce par tous les moyens d'empêcher les licenciements. Il est probable que ceux-ci devien-

dront pratiquement impossibles si les partis de gauche
prennent le pouvoir. Le Programme commun les subor-
donne à un reclassement préalable. C'est fort légitime en
théorie, fort difficilement réalisable en pratique, à moins
de retirer au travailleur le libre choix de sa nouvelle
affectation.

Cette politique est, en apparence, fort généreuse, elle
semble assurer une protection supplémentaire aux travailleurs. Surtout, elle respecte le tabou sur l'emploi.
Pourtant elle pourrait se révéler encore plus cruelle que
la brutalité capitaliste. En effet, le chômage peut recou-
vrir différentes réalités. Il peut correspondre à une
période de mutation professionnelle, relativement brève,
pendant laquelle le travailleur passe d'un emploi à un
autre en effectuant éventuellement un recyclage profes-
sionnel. Il peut également durer fort longtemps et traduire une véritable impossibilité de se recaser. Le coût
humain est alors fort différent. 10 000 travailleurs ayant
connu chacun trois mois de chômage représentent bien
moins de souffrances que 2 000 privés d'emploi pendant
un ou deux ans. Car l'épreuve devient de plus en plus
terrible à mesure qu'elle se prolonge. Un objectif essentiel devrait être de limiter les périodes de chômage.
C'est aussi important que de limiter le nombre des
chômeurs.

Si l'on refuse aux employeurs la possibilité de licencier, ils préféreront renoncer à des contrats, freiner leur
expansion plutôt qu'alourdir des effectifs au risque de
ne pas pouvoir les réduire par la suite. La croissance
fait peur lorsqu'elle devient un pari irréversible. Globalement, le développement s'en trouvera ralenti et le
nombre des emplois aussi.

En outre, les entreprises se mettent à craindre les
hommes et préfèrent utiliser des machines, alors même
que le recours à l'automatisation n'est pas imposé par la
productivité.

Enfin, l'employeur modifie sa politique de recrute-
ment lorsqu'il craint de ne pouvoir licencier. Tant que
l'engagement n'a pas un caractère définitif, il accepte de
donner leur chance à des candidats qui n'ont pas exactement le profil recherché. On essaie toujours, si le nouvel

engagé ne fait pas l'affaire, on le remercie et on cherche quelqu'un d'autre. Si, en revanche, l'embauche ne laisse plus aucune porte de sortie, l'entrepreneur ne veut jouer qu'à coup sûr, c'est dire qu'il fixera son choix sur le candidat correspondant au portrait-robot qu'il s'est fixé. Tous ceux qui sortiront des normes seront éliminés. Malheur au jeune qui n'a pas exactement les diplômes recherchés, au novice qui manque encore d'expérience, à la femme ou à l'étranger pour les postes de responsabilités, au cadre ayant dépassé la cinquantaine. L'occasion leur sera refusée de faire leurs preuves. Ils deviendront progressivement les exclus du marché de l'emploi.

Ainsi, le chômage, au lieu d'être une contrainte passagère qui frappe un peu tous les travailleurs à tour de rôle, deviendra une malédiction s'abattant sur une part bien précise de la population : les faibles. La société se divisera entre ceux qui ont du travail et ceux qui n'en ont pas. 90 % de la population active sera épargnée par le fléau. 10 % sera écrasé.

Du strict point de vue humanitaire, il faut absolument éviter que le chômage ne se fixe sur une catégorie bien précise de la population et, pour cela, il faut miser sur le dynamisme et non sur le conservatisme. Le problème n'est pas d'assurer la population contre les mutations professionnelles, il est de lui éviter l'exclusion du travail. Le refus de toute mutation peut correspondre à une opposition objective entre ceux qui ont un travail et ceux qui n'en ont pas. Les premiers tendent à figer les situations pour conserver leur emploi, au risque de retirer aux seconds toute chance de se recaser. C'est une réaction extrêmement compréhensible, mais qui ne traduit pas un souci de justice sociale. En réalité, le travailleur et le chômeur n'ont pas du tout le même point de vue sur le problème des licenciements.

Les contrats de reconversion

L'acceptation passive du chômage, plus ou moins corrigée par le paiement d'indemnités et le frein aux licenciements, n'est pas acceptable. La société pourrait sans doute faire plus et mieux sans basculer dans toutes les rigueurs d'un système entièrement collectivisé dont, semble-t-il, personne ne veut.

En économie libérale, le chômeur est abandonné à lui-même. Il doit se débrouiller, courir les annonces, faire du porte à porte. La création des Agences nationales pour l'emploi n'a pas beaucoup changé les choses. Elle permet seulement une meilleure circulation de l'information sur le marché du travail. C'est un progrès, il reste insuffisant.

La société ne peut aller jusqu'à garantir le plein salaire pendant toute la période de chômage, c'est un fait. Elle pourrait pourtant s'engager davantage dans la lutte pour l'emploi et l'assistance aux travailleurs. Mais cette action doit être essentiellement dynamique, elle doit viser à améliorer le fonctionnement du système, non à l'alourdir, et cela suppose la collaboration active du demandeur d'emploi.

On est ainsi conduit à envisager une aide contractuelle à la reconversion. L'idéal serait que tout demandeur d'emploi ait le choix entre différents statuts. Il pourrait vouloir conserver son entière liberté de choix et n'admettre que les solutions qui lui conviennent. En ce cas, il ne recevrait qu'une indemnisation partielle. Il pourrait, au contraire, passer avec les collectivités, entreprise, commune, administration, un véritable contrat qui balancerait les droits et les devoirs. D'une part, il serait assuré de toucher une indemnisation à un taux très élevé pendant sa période de chômage ; de l'autre, il s'engagerait à suivre certains stages de perfectionnement, de formation ou de recyclage et à accepter l'un des trois emplois qui pourraient lui être offerts dans l'année, étant entendu que ces emplois devraient rester dans une catégorie voisine de celle qu'il occupait précédemment.

Il paraît aujourd'hui scandaleux que l'on puisse exiger quelque chose d'un chômeur, alors que celui-ci est d'abord et avant tout une victime. Cela part d'un bon sentiment, mais nous avons assez vu que l'enfer du chômage est pavé de bonnes intentions.

Ces faux bons sentiments traduisent la gêne d'une société qui, protégeant les privilèges des riches, se trouve paralysée au moment de demander un effort aux plus faibles. En ce sens, la réforme sociale est bien un préalable à la lutte contre le chômage. Ce n'est qu'après avoir démantelé les bastilles de la fortune que le gouvernement sera en position d'entreprendre une politique active de l'emploi. Car à force de ne vouloir imposer aucune obligation au chômeur, on finit par l'abandonner purement et simplement. La fameuse loi des 90 % n'a, en fait, rien résolu. On constate, en effet, que les rares travailleurs qui en bénéficient sont ceux qui se recasent le plus aisément. Quoi de plus naturel ? Leur inactivité ne correspond pas à une insuffisance professionnelle, mais à une défaillance de leur entreprise. Ils ont donc plus de chances que les autres de se recaser. Ce sont les plus faiblement indemnisés qui sont aussi les plus faibles, c'est d'eux qu'il faut s'occuper en priorité. Se contenter d'augmenter leur indemnité ne résoudra pas forcément leur problème, il faut leur proposer une action positive, une aide contractuelle qui leur apporte l'espoir d'un emploi et pas seulement d'une assistance plus généreuse.

Une telle politique est beaucoup plus difficile à mettre en œuvre que le simple secours aux chômeurs. Elle suppose une intervention plus active de la puissance publique sur le marché de l'emploi. Elle implique aussi, pourquoi le cacher ? de nouvelles contraintes à accepter pour le chômeur. Mais nous ne résoudrons rien en prétendant épargner toute épreuve, alors que nous ne le pouvons pas. Plutôt que revendiquer le droit à l'emploi, c'est bien le droit au travail qu'il faut instaurer, le droit pour chaque Français d'obtenir, sinon l'emploi exact qu'il désire, du moins un emploi correspondant à sa qualification. Et cela implique des efforts pour la société et pour l'individu.

Pour notre société, il s'agit d'une épreuve capitale. Elle risque de se briser sur ce problème. Les tenants du système capitaliste doivent savoir que les mécanismes libéraux sont désormais en échec. Ils ont été suffisamment amortis pour peser sur l'économie et diminuer les facultés d'adaptation, insuffisamment pour faire accepter le chômage. En poursuivant les tendances actuelles, on risque simplement de s'installer dans un cycle régressif de crise économique et de crise de l'emploi. Il ne restera plus alors que le choix de l'espoir pour certains, du désespoir pour beaucoup : le choix du totalitarisme, de droite ou de gauche, il n'importe. N'oublions pas que c'est la victoire sur le chômage qui a donné sa véritable assise populaire au nazisme.

On n'évitera certainement pas aux hommes les souffrances du chômage en respectant les multiples tabous que l'on prétend aujourd'hui imposer et qui interdisent toute action efficace. On ne les aidera pas à dominer ces épreuves en les berçant avec des explications fallacieuses et des placébos démagogiques. Cela tous les experts le savent alors même qu'ils disent le contraire. Mais la vérité n'étant jamais que l'erreur la plus communément admise, ils nous enfoncent ainsi chaque jour davantage dans une situation inextricable et grosse de souffrances pour les travailleurs.

Chapitre 6.

L'ÉTAT N'A QU'A...

« L'Allemagne paiera ! » Formule miraculeuse en
1920. Elle permettait aux Français de concilier leurs
intérêts divergents sur le dos des « Boches ». Chacun
approuvait sans crainte les revendications de son voisin,
fort de l'assurance que les dommages de guerre seraient
indemnisés par les fameuses réparations que paierait
l'Allemagne.

Mais l'Allemagne ne paya pas. La France, incapable de
s'imposer les efforts de la paix après les sacrifices de la
guerre, partit à la dérive. Quinze ans plus tard, les
Français étaient au bord de la guerre civile. L'illusion
du tiers payant n'avait fait que différer les échéances et
les inévitables affrontements.

Au milieu des années 70, les Français doivent, de
nouveau, affronter une situation difficile. Entre la crise
économique, les nouveaux prix du pétrole, et les dégâts
de la sécheresse, le pays s'est appauvri. Rien de comparable sans doute aux dévastations de la Grande Guerre,
mais, en ce domaine, il n'est de vérité que relative.
Une cure d'austérité succédant à des années de prospérité est toujours une épreuve pénible, et l'expérience
prouve que les sacrifices sont aussi mal supportés dans
les pays riches que dans les pays pauvres.

Les citoyens et les catégories les plus éprouvés demandent à être aidés, les autres ne veulent pas être mis à

contribution. Tout cela pourrait dégénérer en foire
d'empoigne si les Français n'avaient trouvé un nouveau
tiers payant pour se donner l'illusion de la solidarité,
sans en payer le prix. L'Allemagne — qui pourtant doit
encore payer — ne pouvant plus servir, c'est l'Etat qui
les réconcilie.

Que l'on demande une aide ou que l'on refuse un
sacrifice, la formule est toujours la même : « L'Etat
paiera. » Le péage sur les autoroutes, les augmentations
des électriciens, le déficit de la Sécurité sociale, la
facture de la sécheresse, tout doit être payé par l'Etat.
Toute difficulté se trouve résolue par la formule miracle
« l'Etat n'a qu'à... ». Il n'a qu'à donner l'exemple de la
lutte contre l'inflation en n'augmentant pas les tarifs
publics et le prix de l'essence, il n'a qu'à insuffler du
talent à nos écrivains en leur donnant de l'argent, il n'a
qu'à engager des fonctionnaires pour résorber le chômage.

Sur ce thème tous les Français se rejoignent et
n'admettent aucune défense du monstre qui les opprime.
Le réquisitoire est toujours le même : l'Etat prend trop
et ne donne pas assez, bien que chacun trouve l'intervention étatique trop molle pour ce qui lui est favorable
et trop rude pour ce qui le contraint. L'automobiliste
dénonce les entraves à la circulation, et le piéton l'abandon de la cité aux « bagnoles », le commerçant voudrait
que l'Etat interdise les grandes surfaces, mais ne supporte pas les contrôles fiscaux, les industriels dénoncent
les réglementations sociales et demandent des subventions en cas de crise. Le bon usage de l'Etat n'est pas
le même pour tous, mais on se garde bien de mettre au
jour ces contradictions. Il est préférable de sauvegar-
der l'accord de façade que l'on peut toujours réaliser
« contre » faute de pouvoir le réussir « pour ».

Or, les Français, ces anti-étatiques viscéraux, sont les
premiers à favoriser la croissance presque cancéreuse
de l'Etat. Ne respectant pas 'a règle du jeu, ils ne
cessent d'en appeler à l'arbitre. Les forces de gauche,
qui contestent peu ou prou les mécanismes capitalistes,
souhaitent que la puissance publique contrôle des secteurs toujours plus importants de l'économie. C'est

autant de pris aux capitalistes, mais cela n'empêchera nullement de dénoncer ensuite la politique de « l'Etat-patron ». Le patronat, qui conteste le dirigisme gouvernemental, demande des prêts à taux réduits pour ses investissements, des aides à l'exportation, des contrats de recherche.

Tous les groupes, toutes les catégories ont compris que la meilleure façon de « se débrouiller » c'est encore d'en appeler à l'Etat. Ces requêtes portent désormais sur les sujets les plus variés. Sitôt que « ça ne va pas », on se retourne vers les pouvoirs publics. Toute discussion sur la stérilité de nos dramaturges, de nos musiciens, de nos peintres ou de nos architectes débouche inévitablement sur une mise en cause de l'Etat. Les génies existent. C'est le postulat de base. S'ils ne s'expriment pas, c'est à cause de la politique culturelle déplorable du gouvernement. Que demain l'Etat « fasse son devoir » — c'est-à-dire, en pratique, qu'il double les budgets correspondants —, et le public sera séduit par les grands artistes méconnus qu'il boude aujourd'hui. Il en va de même pour la recherche scientifique. Nos chercheurs sont les meilleurs du monde, la communauté scientifique est irréprochable ; c'est encore et toujours l'Etat qui doit changer sa politique pour nous faire gagner les prix Nobel...

L'Etat c'est tout

Les Français n'ont pas confiance dans la collectivité. Peu en importent les raisons, le fait est que les mots de « sens civique », « solidarité nationale », « intérêt général », « discipline collective », leur semblent des attrape-nigauds. Tout a été dit sur ce fameux individualisme qui conduit chacun à vouloir « se débrouiller » ou « se défendre », c'est-à-dire à ne considérer en toute chose que son intérêt indépendamment de l'intérêt général ou des règles du jeu collectives. Ce qui est vrai pour les individus l'est également pour les catégories, bref, pour tout défenseur d'un intérêt particulier.

Dans un tel climat, l'Etat ne peut qu'être suspect.

Il l'est pour ces raisons proprement culturelles. Il l'est également pour des motifs idéologiques. La droite libérale est encore imprégnée par l'idée de l'Etat-gendarme symbolisant l'effacement du pouvoir politique devant les forces économiques. Toute forme d'interventionnisme ou de dirigisme lui paraît suspecte. C'est un premier pas vers le collectivisme. A l'opposé, les syndicats et partis de gauche se méfient de cet Etat « inféodé aux puissances d'argent ». Tout programme gouvernemental sera aussitôt dénoncé comme une concession faite aux riches, comme une agression contre le peuple.

L'institution étatique devrait dépérir, puisque, aussi bien, nul ne lui fait confiance et que son utilité est de toute part contestée. Mais il existe également en France une tradition organisatrice, administrative et rationaliste. De Colbert à Napoléon, s'est développé cet amour des belles structures hiérarchisées, des élégantes constructions juridiques, qui triomphe aujourd'hui dans l'énarchie. Avant même d'avoir étudié un problème, les Français ont déjà créé deux administrations et sorti trois décrets. Les fonctionnaires jouissent d'une grande autorité auprès des citoyens et sont animés d'un véritable impérialisme qui les fait intervenir toujours plus avant dans la vie publique et privée. Les technocrates placés à la tête des sociétés nationales manifestent ordinairement une volonté expansionniste.qui ne le cède en rien à celle des grands capitaines d'industrie. Ainsi, l'appareil de l'Etat ne demande qu'à croître et prospérer.

Sollicité de toutes parts, l'Etat multiplie ses interventions, c'est le grand manitou omniprésent et omnipuissant. Sa compétence devient universelle. Sa responsabilité aussi. Mais, fort heureusement, ses pouvoirs, eux, restent limités. Il ne peut assumer toutes les missions dont il se voit chargé. Il déçoit en proportion même des illusions qu'il fait naître. Plus il est appelé, plus il devient puissant, mais plus aussi, il devient blâmable. Les incessantes sollicitations entretiennent la hargne et non la reconnaissance.

Le couple formé par l'Etat et les Français est devenu profondément malsain. Il ressemble à celui du seigneur et de sa clientèle, du bienfaiteur et de ses assistés. La

relation de dépendance nourrit la puissance de l'un
et l'animosité des autres. Car la satisfaction de ce qui
est obtenu s'émousse plus vite que l'insatisfaction de ce
qui est refusé. Les paysans remarquent les quatre milliards d'écart entre l'indemnisation sécheresse demandée
et celle qui a été accordée, mais ils oublieront vite les
6 milliards effectivement perçus. De même remarque-t-
on la mauvaise route non encore modernisée plus que
l'autoroute nouvellement ouverte, et l'augmentation de
salaire refusée plus que celle qui a été acceptée. Bref,
la nature des relations psychologiques conduit toujours à
voir ce que l'Etat ne fait pas et jamais à considérer ce
qu'il fait.

Ces tendances générales de la société française se sont
accentuées au cours des dernières années en raison de la
nouvelle situation socio-économique, caractérisée par
l'exacerbation des insatisfactions et les incertitudes de
la croissance.

C'est vers l'Etat que montent ces suppliques et ces
requêtes, ces exigences et ces ultimatums. C'est lui qui
doit les prendre en compte, les recevoir ou les rejeter,
c'est lui qui doit accepter de payer plus ou de prendre
moins, de décréter dans un sens ou dans l'autre.

Certes, les travailleurs du secteur privé adressent
leurs revendications à leurs patrons, mais ceux-ci doivent
tenir compte du S.M.I.C., fixé par l'Etat, et de la politique suivie par le premier de tous les employeurs :
encore et toujours l'Etat. Les syndicats qui ont parfaitement compris le jeu, concentrent les actions revendi-
catives sur le secteur nationalisé. Ils savent qu'elles sont
plus faciles à mener, et que les grandes entreprises
nationales, notamment Renault, ont valeur d'exemple. Ce
qui est accordé là finira par l'être ailleurs. La tactique
s'est révélée habile et payante, mais, une fois de plus,
elle met l'Etat au cœur des affaires. Les ouvriers ne s'y
trompent pas. 34 % d'entre eux, selon le sondage de
L'Expansion, estiment que l'évolution de leur pouvoir
d'achat dépend en priorité du gouvernement, alors que
la conjoncture économique n'est évoquée que par 24 %
des réponses, et l'action syndicale par 19 %. L'Etat

apparaît bien comme le premier responsable dans un
domaine où, pourtant, il est censé peu intervenir.

Partout ailleurs, l'appel aux pouvoirs publics est
devenu un réflexe. Quel que soit le problème, qu'il
s'agisse des morts sur la route, des médailles olympiques, de l'insuffisance des logements ou du prix du
beefsteak, le responsable est toujours le même. Entendons-nous bien. Il est vrai que l'Etat peut contribuer à
résoudre les problèmes en prenant les mesures nécessaires. Mais il n'est jamais qu'un décideur. Pas un
exécutant. S'il décide de limiter la vitesse sur les routes,
la décision sera exécutée par les automobilistes, s'il
consacre davantage d'efforts au sport de haute compétition, le prix en sera payé par les Français, s'il fait
autoritairement baisser le prix du beefsteak, le coût
sera supporté par les bouchers, les contribuables ou les
éleveurs. Dans tous les cas, il ne fera que transférer les
contraintes à l'intérieur du système, mais, en dernière
analyse, ce seront bien les Français qui les suppor-
teront.

L'occultation des conflits

L'appel à l'Etat est toujours un appel aux autres, il
ne saurait, par nature, en être autrement. Le gouvernement n'est guère plus qu'un standardiste qui effectue
la commutation entre les catégories sociales. Il pompe
d'un côté, verse de l'autre, c'est tout. Cette relation
devrait fixer des limites très strictes aux revendications.
En effet, toute faveur accordée ici se traduit, ailleurs,
par une charge, et la révolte des payeurs aura vite fait
de limiter l'appétit des quémandeurs.

Et, de fait, nul Français n'ose désigner du doigt le
voisin dont il attend une part de fortune, nulle catégorie n'ose revendiquer au détriment d'une autre plus
favorisée. Il faut pourtant que ces revendications s'expriment, faute de quoi leur censure conduirait à une véritable explosion. C'est à l'Etat qu'il appartient de détourner les relations intercatégorielles qui, en ligne directe,
risqueraient de devenir explosives.

Son rôle n'est pas d'arbitrer, car l'arbitrage implique l'affrontement, or la relation avec l'Etat doit être à deux, non à trois. Le requérant demande, le gouvernement décide. C'est tout. Les incidences financières doivent être dissociées de la discussion, et le représentant de l'Etat ne doit surtout pas dire qu'il prendra aux uns pour donner aux autres, que les salariés paieront pour les retraités, les contribuables pour les fonctionnaires, les consommateurs pour l'industrie, etc. Seule, l'O.P.E.P. est nommément désignée, comme responsable de la hausse quand le prix de l'essence augmente. Entre Français, cela ne se fait pas.

Suprême défense du tabou ! Chaque Français peut demander ce que bon lui semble, chaque groupe peut pousser son avantage aussi loin qu'il veut, sans jamais paraître empiéter sur son voisin. Le monstre étatique avale toutes les suppliques et ne les transmet jamais.

Le principal outil de l'occultation, c'est la confusion budgétaire. Toutes les recettes, qu'elles proviennent de la T.V.A., de l'impôt sur les sociétés ou sur les revenus des personnes physiques se mêlent dans l'anonymat de l'argent public. Seules, les recettes prélevées par les collectivités locales ont une destination bien précise ; les taxes perçues par l'Etat, en revanche, se fondent dans le grand lac du budget général, et nul ne se soucie de remonter les différentes sources d'alimentation pour savoir exactement qui paie.

L'Etat puise à pleins seaux dans ce vaste réservoir, mais, on aura beau savourer l'eau, on ne retrouvera jamais la source d'origine. Une solution de continuité s'introduit dans les circuits de l'argent, et cette rupture crée l'illusion qu'il s'agit de ressources originales et non de l'argent des Français.

Cette confusion budgétaire est une règle de bonne gestion quand il s'agit du fonctionnement de l'Etat, mais ne devrait-on pas faire apparaître plus clairement toutes les interventions, notamment les subventions ?

Ainsi, l'organisation étatique a cessé d'être la simple expression de la société pour devenir une puissance extérieure à la population, un être particulier plaqué sur le corps social, disposant de pouvoirs et de ressources propres, pouvant distribuer ici sans prendre là, aider les uns sans contraindre les autres. Elle devient un outil de mystification. Mais ce n'est pas l'Etat qui mystifie les Français, ce sont les Français qui se servent de l'Etat pour se mystifier eux-mêmes. Nous retrouvons cette obscure volonté de fuir la réalité pour échapper aux contraintes. Ne jamais remettre en cause l'argent, les avantages ou les corporations, c'est le refus de la réalité ; se fixer tout entier sur cet ectoplasme juridique à la place de la réalité, c'est le choix de l'imaginaire. L'un est l'exact complément de l'autre et les deux ensemble traduisent l'incapacité des Français à supporter les contraintes d'un système économique. Quelle est donc cette réalité qu'exorcise la détestation de l'Etat ?

Tous contre tous

C'est l'existence d'un très grand nombre de groupes dont les intérêts sont naturellement en conflit. Tous les Français, influencés par les schémas marxistes, minimisent cet antagonisme généralisé du corps social.

Ils privilégient les conflits liés à la propriété des outils de production, c'est-à-dire pratiquement à la relation patron-salarié. En termes marxistes toutes les autres oppositions sont secondaires et ne peuvent se résoudre qu'à travers le conflit capitaliste-travailleur. Il est « bourgeois » et « réactionnaire » de mettre en avant les conflits de sexes ou de générations, par exemple, car ils sont dérivés et trouveront leur solution dans une société socialiste.

Il paraît donc fatal autant que normal que patrons et ouvriers et, plus généralement, employeurs et salariés s'affrontent. Toute tentative pour résorber ces conflits est suspecte, car la lutte des classes est, en elle-même, une conquête ouvrière, et sa négation, une contre-offensive bourgeoise. Le remplacement du capitaliste par la nation comme propriétaire des entreprises nationalisées, n'a en rien modifié ce schéma. Un étranger devrait lire très attentivement les déclarations faites par les syndicats de Renault pour découvrir qu'il s'agit d'une régie nationale et non d'une entreprise privée.

Mais, à l'opposé, il ne doit pas, il ne peut pas, exister de véritables conflits entre les autres catégories sociales. Une telle monstruosité n'arriverait que si l'Etat, manquant à tous ses devoirs, « dressait les catégories les unes contre les autres », selon la formule consacrée. Les paysans, les commerçants, les consommateurs, les fonctionnaires, les retraités, les chômeurs, les contribuables, les ouvriers, les femmes, tous les Français ont des intérêts convergents, dès que l'on sort de la relation employeur-employé. C'est le postulat de la paix sociale ; postulat rendu possible par la mythification de l'Etat.

Il s'agit là d'une erreur grossière dans laquelle les Français s'entretiennent à plaisir. Voilà les retraités qui vivent de leur pension. Et qui paie ces pensions, qui sinon les actifs ? Toute augmentation des retraites ne va-t-elle pas se traduire par une ponction supplémentaire sur les gains des travailleurs ? Certes, dira-t-on, mais ces travailleurs profiteront à leur tour de ces augmentations quand ils partiront en retraite. « Fort bien, dira l'égoïste, on augmentera donc les pensions la veille de mon départ. »

N'est-il pas évident que les impôts seront moins lourds si l'on n'augmente pas les traitements dans la fonction publique ? N'est-il pas encore évident qu'il en ira de même si l'on diminue les subventions aux agriculteurs ?

Voilà maintenant des petits commerçants, des épiciers par exemple, qui veulent faire interdire les grandes surfaces. Chacun sait que, pour les produits banalisés, le petit commerce artisanal et archaïque est plus cher que la grande distribution. Qui paiera ce surprix, qui sinon le consommateur ?

Quand les médecins demandent un relèvement de leurs tarifs, les frais supplémentaires de la Sécurité sociale sont payés par les cotisations des assurés, quand les entreprises privées arrachent des aides, ces « cadeaux » sont bien payés par le contribuable, lorsque le chômeur est indemnisé, l'indemnité est supportée par les travailleurs.

Etant donné que toute dépense consentie correspond

à des dépenses refusées, certains vont payer en manque-
à-gagner, tout comme d'autres en plus-à-payer. On sait,
par exemple, que les familles nombreuses ont vu leur
situation se dégrader par rapport aux autres catégories
durant les dernières années. Il est légitime de considérer
qu'elles ont supporté à travers ce moins perçu d'autres
dépenses réalisées par l'Etat. Ont-elles payé Concorde, la
force de frappe ou les subventions à l'industrie ? On ne
sait pas le dire, mais ce qu'elles n'ont pas reçu fut bien
versé à d'autres.

L'antagonisme existe dans toutes les directions. Entre
les payeurs et les bénéficiaires, entre les différents
payeurs et entre les différents bénéficiaires. Il n'est rien
de plus naturel et rien de plus artificiel que de le nier.

Le téléspectateur est roi

L'exemple, tout à fait exceptionnel, de la télévision,
montre bien ce que pourraient être des relations non
occultées par l'Etat. Le principe est de payer les
dépenses de fonctionnement sur le budget général, et de
n'affecter que le prix d'un service consommé. Le Français paie son kilowatt-heure directement à l'E.D.F. et son
billet de chemin de fer à la S.N.C.F. ; en revanche, il ne
paie aucune taxe particulière pour l'armée, l'éducation
nationale ou la justice. En ce cas, les services fournis
sont plus ou moins gratuits, et c'est l'Etat qui assure les
frais de fonctionnement. On est dans la confusion budgétaire. Dans la mesure où le téléspectateur ne paie pas
l'émission comme la séance de cinéma, le fonctionnement de la télévision devrait être pris en charge par le
budget général. Mais à l'origine, les catégories des
téléspectateurs et des contribuables ne se recoupaient
pas du tout et il était impossible de faire supporter à
des contribuables modestes les frais d'une télévision
réservée aux plus riches. La coutume est restée d'affecter une taxe spéciale, la redevance, à la télévision.

De ce fait, chaque téléspectateur sait très précisément
ce que lui coûte sa télévision. Il sait qu'une augmentation des charges se traduira nécessairement par une

augmentation de la redevance, que des économies de gestion permettront, au contraire, de la stabiliser. Le comportement du payeur se trouve complètement modifié par cette relation directe entre son argent et la dépense.

J'ai toujours été frappé par la hargne du public, lors des conflits à la télévision. Les téléspectateurs téléphonent furieux, écrivent des lettres de protestations et, lorsqu'on a le malheur d'avoir une tête reconnaissable, n'hésitent pas à vous prendre à parti publiquement. Certes, on retrouve cette irritation chaque fois qu'un service public est perturbé par un conflit social, mais, dans ce cas particulier, s'ajoute une dimension supplémentaire au mécontentement. Les protestations sont ponctuées par le rituel : « Nous payons la redevance. » Lors des conflits catégoriels, on n'entendra jamais les téléspectateurs dire : « L'Etat n'a qu'à leur donner ce qu'ils demandent », car ils savent fort bien que l'Etat c'est eux et qu'ils devront payer la facture. C'est pourquoi ils penchent pour la fermeté et sont toujours disposés à croire que l'on pourrait faire des économies en réduisant le personnel et en mettant fin aux gaspillages.

Le Parlement, sensible à cette pression de l'opinion, en fait d'autant plus ici qu'il en fait moins ailleurs. Il n'a jamais eu le courage de créer des commissions d'enquête sur le Concorde, sur les grands corps de l'Etat, ou sur l'utilisation des fonds publics versés à l'industrie privée, mais il a multiplié les commissions et les rapports-réquisitoires sur la télévision. Là, au moins, l'élu se sent en terrain solide ; plus il critiquera, plus il attaquera et plus il sera suivi par le public. N'importe quel parlementaire peut se faire une gloire en bâclant un rapport pour réclamer des économies à la télévision.

Ces relations entre gens de télévision et téléspectateurs, pour pénibles qu'elles soient lorsqu'on les vit de l'intérieur, me paraissent profondément saines. Il est vrai que si je demande une augmentation, elle ne sera pas payée par « l'Etat », mais par les téléspectateurs. Nos intérêts sont clairement antagonistes, et la puissance publique ne fera jamais qu'arbitrer entre nous.

Je suis toujours ahuri d'entendre les gens sensés ergo-

ter sur les « charges indues » que l'Etat ferait supporter
à la Sécurité sociale. A les écouter, il semblerait que
l'on pourrait résorber le déficit en faisant payer l'Etat
et non les Français. J'avoue ne pas comprendre le sens
de ces querelles. Que je comble le trou en tant que
cotisant, malade ou contribuable, c'est, dans tous les
cas, moi qui paierai.

Les révélations de la sécheresse

De ce point de vue, la sécheresse de 1976 nous a
valu un excellent « jeu de la vérité ». Les agriculteurs
demandaient à être indemnisés et, jusque-là, tout le
monde était d'accord. Chacun a le droit de présenter ses
requêtes à l'Etat. Mais, pour une fois, le gouvernement
ne joua pas le jeu. Au lieu de discuter les indemnités
indépendamment des recettes qui les financeraient, il
osa lier les deux. Un impôt exceptionnel sur le revenu
des personnes physiques serait affecté à cette indemnisation. Sitôt connu, ce projet d'impôt-sécheresse déclen-
cha l'explosion.

La décision était logique. A cette charge exceptionnelle
devait correspondre une recette exceptionnelle. Le
recours à l'impôt était sage, puisqu'il s'agissait d'un
appauvrissement et non d'un investissement, la majora-
tion de l'impôt sur les personnes physiques devenait
alors la plus juste des solutions. Tout cela ne paraissait
guère contestable.

Ainsi, l'Etat devenait transparent et, loin de cacher le
lien entre les catégories, il le mettait bien en évidence.
Le mythe de la bonne entente entre les corporations
n'y résista pas. Les Français, qui, depuis toujours, sub-
ventionnent leur agriculture, qui, d'ailleurs, subven-
tionnent un peu tout, Concorde, le plan Calcul, la
sidérurgie, l'aviation, le train, étaient tout à coup indi-
gnés qu'on osât leur demander de l'argent pour les
paysans. Les journaux furent submergés de lettres de
protestations. *Le Monde* en publia une pleine page.
Bien réjouissante.

« Pourquoi les paysans ne contribueraient-ils pas à un

système mutualiste d'assurance contre les calamités agricoles et, dans l'immédiat, pourquoi ceux qui n'ont pas été touchés par la sécheresse ne participeraient-ils pas à un effort de solidarité corporative ? » écrivait l'un. « ... la fraude fiscale chez les agriculteurs moyens ou aisés atteint une ampleur difficile à imaginer à qui ne fréquente pas ce milieu : 80 à 100 % ! » précisait un « exploitant de banque ». « ... En 1976, le foin (qui valait 300 à 400 F la tonne en 1975) est passé à 600 et 800 F (soit + 100 %). Qui vend la paille et le foin ? Des paysans... » note un Parisien et un lecteur sarcastique s'étonnait de ce que « ... l'administration doit imposer — ou exonérer — les agriculteurs sur un revenu et les indemniser ensuite sur un autre, sans qu'il y ait jamais communication entre les deux fichiers. »

Telle était la hargne, bien policée, des lecteurs du *Monde*, on imagine ce qu'elle pouvait être dans d'autres publications moins huppées. Ce fut un véritable déferlement : pourquoi indemniser les paysans et pas les rapatriés d'Afrique du Nord, pourquoi indemniser la sécheresse de l'Ouest et pas la pluie du Midi ; et les industriels coulés par le marché international, pourquoi ne pas les indemniser aussi ? Tout ressortait, les paysans et les lessiveuses pleines de billets, le marché noir et l'exploitation des citadins, les plaintes quand la récolte est abondante et les plaintes quand elle est médiocre. Un sondage effectué par *Le Point* révélait que 48 % des Français pensaient qu'il n'y a pas de raison d'aider les agriculteurs en mauvaise année, alors que 41 % seulement étaient partisans de la solidarité. La presse, pour une fois, sort de sa réserve et révèle que 70 % des agriculteurs ne payent pas d'impôts directs, qu'ils ne contribuent que pour 3 % aux recettes de l'impôt sur le revenu, que les subventions d'exploitation sont passées de 700 millions à 4 milliards entre 1973 et 1975, etc.

Voilà que les cadres de la C.G.C. se rebiffent. Ils ne veulent pas être la « vache à lait » des éleveurs. M. Séguy, qui les serre de près, lance l'assaut contre l'impôt-sécheresse. Les dirigeants des organisations agricoles flairent le piège. A leur tour, ils se déclarent contre l'impôt-sécheresse... mais pour une indemnisation encore plus importante, payés de façon occulte. Séguy, Charpentié, Debatisse, Maire et les autres ne savent plus comment faire pour respecter les sacro-saintes règles du jeu : le respect mutuel des revendications et le pacte de non-agression. Faute de mieux, on accuse encore et toujours l'Etat de « dresser les catégories les unes contre les autres ».

Un dialogue exemplaire

Un excellent moment de ce mimodrame est fourni par le dialogue exemplaire qu'Yvan Charpentié et Michel Debatisse eurent pour *Le Point*. Aucun mythe, aucun procédé ne manque, c'est un modèle de stratégie corporatiste.

Voici d'abord Debatisse qui « ... constate avec tristesse que le gouvernement n'avait pas jugé utile de recourir à une procédure spéciale pour financer l'aide aux chômeurs ou le Concorde, alors que, pour la sécheresse, il veut recourir à un impôt exceptionnel. Les agriculteurs, croyez-le bien, n'y tenaient pas. Car, une fois de plus, cela les désigne à la nation comme des assistés, alors que l'aide pouvait être réglée dans le cadre global du budget. » On ne peut être plus franc, M. Debatisse veut que les contribuables paient, mais que l'Etat fasse en sorte qu'ils ne le sachent pas. Il a d'ailleurs bien raison de faire remarquer que l'on a procédé ainsi pour Concorde, l'indemnisation du chômage et le reste... Chacun en tirera les conséquences qu'il veut, je pense pour ma part qu'il eût été fort bon d'instituer un « impôt-Concorde » ou un « impôt-chômage », et, du coup, je comprends un peu la réaction des agriculteurs exclus de cette confortable confusion budgétaire.

Charpentié n'est pas en position facile. Il ne doit pas contester le principe de l'indemnisation pour ne pas attaquer les agriculteurs, il ne peut désigner une autre catégorie de payeur, que va-t-il dire ? Après avoir rappelé les injustices auxquelles conduit la mauvaise connaissance des revenus, il doit admettre : « Certes, il est concevable de payer une partie de la facture par le biais de l'impôt sur le revenu. Mais il est aussi possible d'en financer une bonne part par l'emprunt. Et on a un peu l'impression que le gouvernement hésite à y recourir, parce qu'il ne sent pas la confiance des Français. » Voilà la solution miracle : il faut emprunter. Et le gouvernement qui procéderait ainsi mériterait assurément la confiance des Français !

Là-dessus, chacun repart dans sa plaidoirie *pro domo* : Charpentié brode sur le « ras-le-bol » des cadres, Debatisse sur l'agriculture richesse nationale. Mais, soudain le patron de la F.N.S.E.A. commet une gaffe. « Les prix agricoles, fait-il remarquer, ont été fixés, il y a huit mois, à Bruxelles, indépendamment de la sécheresse... »

Charpentié ne peut s'empêcher de réagir, en dépit du pacte de non-agression : « Si je comprends bien, il va falloir payer deux fois la note de la sécheresse : par l'impôt cet automne et, par l'augmentation des prix agricoles, l'année prochaine. »

Là, Debatisse est ennuyé : « Il y aura, au printemps prochain, la discussion annuelle des prix. Ceux-ci seront fixés en tenant compte de tous les éléments, y compris, bien entendu, des aides perçues, mais aussi des charges nouvelles résultant de la sécheresse. »

Charpentié pousse un peu son avantage en faisant remarquer que le beefsteak n'a pas baissé, bien que les abattages aient fait chuter les cours. « Les agriculteurs n'y sont pour rien », proteste Debatisse. L'interviewer du *Point* pose alors, avec une grande lucidité, LA question « ... que feriez-vous à la place de M. Barre ? »

Attention ! C'est là que les corporations se défilent : « Je n'ai pas été appelé par le président de la République pour décider de la politique gouvernementale, fait remarquer Yvan Charpentié... Je laisse donc le soin à Raymond Barre d'écouter soigneusement les uns et les autres, en souhaitant seulement qu'il prenne une décision équitable... »

« Je vous rejoins totalement sur ce point », s'écrie Debatisse. Et c'est bien vrai, les corporations se rejoignent toujours quand il faut laisser tous les problèmes à l'Etat.

La réduction des antagonismes sociaux à la seule

opposition travailleur-patron, n'est qu'une imposture
entretenue par l'interposition de l'Etat. Au contraire,
leur révélation, qui ne fait que traduire la réalité
sociale, est profondément saine et permet de limiter
l'appétit dévorant des corporations.

En créant un impôt-sécheresse, le gouvernement avait
adopté la plus sage des attitudes. Car il n'avait pas l'autorité nécessaire pour contenir les revendications, très
élevées, des organisations agricoles. S'il avait entretenu
l'illusion que l'indemnité serait payée par le trésor
public et non par des Français précisément désignés, il
aurait dû accepter une facture de 12 milliards de francs
avec les conséquences inflationnistes que l'on peut imaginer. En laissant agir les pressions et contre-pressions
des demandeurs et des payeurs, nous sommes restés
dans des chiffres compatibles avec les possibilités économiques de la France, sinon avec les préjudices subis.

Les agriculteurs ont certes protesté, mais ils n'ont
pu crier « des sous, des sous » car les téléspectateurs
auraient entendu : « Vos sous, vos sous. »

La vérité des prix

L'Etat doit toujours dire « je n'ai pas d'argent, mais
je peux en prendre à tels ou tels Français ». Chaque
fois qu'il donne l'illusion de payer, il prétend assumer
ses responsabilités alors qu'en fait, il trompe son monde.

Il en va de même pour les discussions de salaires dans
le secteur nationalisé. La France entière devrait savoir
que 3 % de plus aux électriciens se traduira par
3 % de plus sur les factures de l'E.D.F. Pas de
hausse des rémunérations sans une hausse correspondante des prix payés par les consommateurs afin de rétablir l'équilibre, c'est un principe de saine gestion dans
des secteurs où l'on ne peut prétendre payer l'augmentation sur les profits des patrons. Là encore, il se ferait
une pression sociale intercatégorielle qui éviterait aux
gouvernements des engagements aussi absurdes que
celui d'augmenter les salaires indépendamment de la
croissance.

Dans une société toujours tentée par l'irréalisme, l'Etat devrait sans cesse mettre en évidence les relations économiques fondamentales et refuser de jouer les mystificateurs.

De ce point de vue, la gratuité représente une dangereuse source d'illusions. C'est un système qui semble fort généreux mais qui ment dans sa dénomination même puisqu'il s'agit tout simplement de reporter le paiement de biens onéreux du consommateur sur d'autres catégories de citoyens, généralement les contribuables.

Mais, là encore, l'illusion se crée que le prix est payé par des personnes morales : Etat, département, commune ou entreprise, et non par des personnes physiques. Bref, par des personnes qui ne sont personne. Or les biens grauits sont plus ou moins consciemment dévalorisés. On l'a bien vu pour la nature qui fut abandonnée au pillage, faute d'avoir été prise en compte par l'économie marchande. Ils risquent également d'être gaspillés. Si l'électricité était gratuite, qui se soucierait encore d'éteindre la lumière en quittant une pièce ? Enfin, la gratuité occulte les vrais circuits de l'économie. Le système devient complètement illisible, ce qui incite chacun à le reconstruire en fonction de ses désirs et non de la réalité.

La règle devrait être que chaque bien doit être payé son prix, que le circuit doit être aussi direct que possible, et que l'Etat doit éviter d'apparaître comme le dispensateur des bienfaits. Il est malsain que la collectivité escamote les coûts, encore plus qu'elle en vienne à créer l'illusion que certains biens, fort onéreux, ne coûtent rien. J'ai entendu le maire socialiste d'une ville moyenne se défendre comme d'un forfait de vouloir installer les abominables parcmètres dans le centre de sa cité. Comment peut-on se prétendre de gauche et refuser le stationnement payant ? J'en suis encore à me le demander. L'espace urbain est rare, il a une valeur économique. La preuve en est que son utilisation abusive entraîne des coûts évidents. Les citadins perdent du temps dans les encombrements, la municipalité doit dépenser des sommes considérables pour élargir les voies de circulation, aménager des aires de stationne-

ment, les piétons sont incommodés par les voitures-
ventouses, les autobus circulent difficilement, etc. Qui
peut nier que tout cela représente un coût, et fort
élevé ? Or, le stationnement gratuit revient simplement
à faire supporter ce coût par les contribuables, automobilistes ou non. Etant donné que la motorisation est
proportionnelle au revenu, on fait payer par les moins
riches la commodité des plus fortunés.

Le parcmètre est donc une simple mesure d'équité
sociale. Gageons que si l'on voyait apparaître sur la
feuille d'impôts locaux la somme affectée au stationnement des voitures, si l'on voyait figurer ces mêmes
sommes, en déduction des budgets prévisionnels de services sociaux, nul n'en douterait et les réactions du
public seraient bien différentes.

De même, les avantages accordés aux différentes catégories devraient-ils être monétarisés et apparaître comme
tels sur la feuille de paie. Raccourcir le temps de travail, c'est accorder une augmentation, il en va de même
pour les facilités de logement et toutes les autres
commodités qu'obtiennent les uns et les autres. La sécurité de l'emploi n'est pas un bien gratuit, les autres
avantages non plus.

La prise en charge par l'Etat ne se justifie que dans
des cas tout à fait exceptionnels : les transports en
commun, par exemple. Pour ce service, en effet, on ne
risque aucun gaspillage. On n'imagine guère des Parisiens passant systématiquement deux heures par jour
dans le métro pour jouir de cette gratuité. En revanche,
une telle mesure pourrait combattre efficacement les
excès du transport individuel. Voilà donc un cas, très
rare, dans lequel la prise en compte d'un service par la
collectivité peut correspondre à une volonté politique.

Faire payer le prix réel ne signifie pas seulement s'en
tenir aux lois actuelles du marché. Bien des éléments,
aujourd'hui extérieurs à l'économie, devraient être intégrés dans ces coûts. Lorsque la production d'une marchandise crée des pollutions, il est anormal que la collectivité se charge d'épurer les eaux usées ou d'évacuer les
déchets. Ces frais annexes doivent apparaître dans les
prix. Lorsqu'elle exige un travail pénible, ce travail doit

être payé au prix fort, et les consommateurs doivent supporter un « sur-prix de pénibilité ».

Un remède à l'inégalité

Est-il sain de ne pas payer son prix la charge des enfants, de compenser cette injustice par des tarifs réduits sur les chemins de fer, et de faire combler par le contribuable le déficit de la S.N.C.F. ? Cela revient à brouiller complètement le jeu économique, à retirer toute signification aux bilans de la S.N.C.F., à créer une procédure bureaucratique de plus (celle des cartes de réduction), et à pénaliser les familles qui, pour une raison ou une autre, utilisent peu le train. Ne serait-il pas plus clair de mettre les prestations familiales à un niveau qui ne défavorise plus les familles nombreuses et de laisser chacun payer son billet au même prix ?

Le recours permanent à ce tuteur détesté masque la réalité, alourdit les mécanismes et finit toujours par se payer en liberté. Car l'Etat ne peut qu'être une force uniformisante. Les prestations de toute sorte qu'il distribue tracent un itinéraire obligé pour les individus. Si l'on subventionne tel ou tel service, on impose par là même son utilisation. Seul, l'argent protège la liberté. Supprimer la redevance pour la télévision, ce serait pénaliser ceux qui préfèrent aller au cinéma, etc. Chaque fois que la chose est possible, il vaut mieux laisser à l'individu la libre disposition de son argent, plutôt que de le lui redonner sous forme de services gratuits.

L'idéal serait que tout se paie, y compris les soins et l'éducation. Voilà une proposition tout à fait scandaleuse, mais je n'en suis plus à une près. On trouve aujourd'hui naturel que l'Etat assure l'éducation. De ce fait, les jeunes ne voient plus clairement qui paie leurs études. Ils en mesurent mieux le prix quand ils doivent les payer sur un présalaire remboursable.

De même, le malade tend à devenir économiquement irresponsable. Il ne se soucie pas de savoir qui supporte le poids de ses soins ou de ses congés ; en sorte que se noue une secrète complicité entre soignants et soignés pour ignorer les incidences économiques. Lorsqu'une mutuelle rembourse la totalité des médicaments, le meilleur médecin est celui qui fait les ordonnances les plus coûteuses, qui donne les plus généreux congés-maladie. Si la sécurité collective ne couvrait que les maladies graves, le processus jouerait en sens inverse. On fuirait les praticiens gaspilleurs, on verrait arriver comme une tuile les jours de congés forcés imposés par la fatigue.

Tout cela paraît « réactionnaire », car l'on veut faire croire que « le progrès » consiste à tutellariser les Français. Sans doute serait-il indécent de faire payer les soins médicaux par les retraités, le stationnement de leurs automobiles par les employés, les études de leurs fils par les ouvriers dans la situation actuelle. Tout au contraire, la simple justice exigerait que les économiquement faibles soient exonérés de redevance télévisée, que les H.L.M. soient gratuites pour les smicards, etc. Bref, que l'Etat assume encore bien davantage de charges, notamment en faveur des plus pauvres. C'est assurément céder à un mouvement généreux que s'engager dans cette voie, mais c'est également prendre le problème à l'envers.

Il est deux moyens de corriger les injustices du système libéral. Le premier consiste à répartir les biens et les services, le second à répartir plus équitablement l'argent. Dans le premier cas l'Etat exerce une sorte de paternalisme philanthropique au profit des pauvres. Ceux-ci se voient offrir à prix réduit l'enseignement, le logement, le transport, les crèches. Ce système complique à l'infini la vie sociale et fait proliférer une bureaucratie parasitaire. Il faut sans cesse créer des organismes nouveaux, constituer des dossiers, inventer des régimes particuliers. Bref, une fois de plus, cette politique revient à étendre le rôle de l'Etat et à masquer la réalité économique.

Mais on peut également lutter contre l'injustice en réduisant les écarts de fortune et de revenus. Au terme de longs efforts, en utilisant toutes les possibilités de l'arsenal fiscal, il est possible d'atteindre une répartition de l'argent qui fasse également disparaître la pauvreté et la très grande richesse. Il suffit alors de laisser

jouer les mécanismes du marché échangiste. Le tabou
sur l'argent a si longtemps paralysé toute redistribution
que l'Etat, démissionnaire sur ce point fondamental, doit
recourir aux aides en nature pour corriger ce vice ini-
tial et prévenir de légitimes révoltes. Mais il s'agit là
d'une prothèse compensant une infirmité et non d'une
politique saine. La société française étant ce qu'on l'a
faite, la redistribution de la richesse étant si longue à
opérer, il ne peut être question d'abandonner brus-
quement un système au profit d'un autre. Il faut, bien
sûr, poursuivre ce type de politique sociale. Mais il
s'agit d'un pis-aller acceptable seulement dans une
période intermédiaire, en attendant qu'une véritable
politique de redistribution ait porté ses fruits.

Une politique dans les taxes

Lorsque les inégalités de revenus correspondent à
une morale largement admise, qu'elles traduisent aux
yeux de tous la diversité des choix individuels, et non
l'injustice de situations arbitraires et contestables, que
les revenus plus élevés des uns correspondent à des
mérites, des efforts et des risques, que les revenus plus
faibles des autres traduisent le choix de la sécurité, des
loisirs et d'une certaine facilité, que nul enfin ne se
trouve dans le dénuement, il devient possible d'utiliser
ce merveilleux système qu'est le marché échangiste. La
demande, à travers les préférences qu'elle exprime,
constitue alors un véritable scrutin permettant à la population de manifester sa volonté.

Il devient également possible de faire jouer la fiscalité indirecte pour orienter les choix et diriger une politique. Cette méthode est infiniment plus souple que les
réglementations bureaucratiques. Ainsi, pourrait-on
adopter un système de taxes qui privilégie la consommation collective par rapport à la consommation privée, les
produits de nécessité par rapport aux produits de luxe,
etc. L'Etat n'a plus à tout faire par lui-même. Il lui
suffit de créer les incitations pour orienter les initiatives et les choix.

Je n'en prendrai qu'un exemple : celui de la politique énergétique. Pour la France, elle repose tout
entière sur les économies. Il faut nous orienter vers un
type de société à basse consommation d'énergie. Il n'est
qu'une façon de mener une telle politique, c'est d'opérer
le rationnement par l'argent. L'énergie est rare en
France, elle doit être chère. Horriblement chère. Seules,
les industries travaillant pour l'exportation doivent bénéficier d'une détaxe.

Dans la situation présente, une telle politique serait
proprement scandaleuse. Le triplement du prix de l'électricité n'empêcherait pas les riches d'éclairer leurs pelou-
ses la nuit, tandis que les retraités ne pourraient même
plus regarder la télévision. Toutefois le scandale ne
réside pas dans le rationnement par l'argent, mais dans
les inégalités qui l'interdisent.

On ne risque rien à parier que cette situation nous
conduira à un rationnement bureaucratique qui deviendra indispensable lorsque l'accumulation de nos déficits
extérieurs cessera d'être supportable, et que nos partenaires étrangers exigeront des mesures draconiennes
pour nous consentir de nouveaux prêts. L'Etat deviendra alors le dispensateur de l'énergie. Et chaque citoyen
pourra maudire ce tuteur incapable de l'approvisionner
en pétrole. Ce sera lui, toujours lui, qui sera cause de
notre pauvreté.

L'alibi des égoïsmes

« L'Etat n'a qu'à... » est devenu l'alibi de tous les
égoïsmes, de toutes les fuites, de toutes les démissions.
Il y a quelques années, la Fondation pour la Recherche
médicale me demanda de présenter la soirée télévisée
pour le lancement de sa grande collecte publique. Je
vis alors de toute part monter vers moi les critiques. Il
s'agissait, m'expliquait-on, d'une opération inadmissible.
On ne devait pas faire appel à la charité publique pour
subventionner la recherche médicale, car il appartient à
l'Etat de s'en charger. Ah ! mes bons apôtres ! Comme je
les imaginais mijotant leurs déclarations d'impôt pour

moins donner audit Etat, forçant sur les congés-maladie et les cures thermales pour demander un peu plus à la Sécurité sociale ! Ils étaient merveilleux, ces nobles cœurs drapant dans leur dignité un portefeuille hermétiquement clos. Ils étaient généreux, n'en doutez pas, prêts à tout pour soulager les cancéreux, mais « l'Etat n'a qu'à... », n'est-ce pas ?

Je pense pour ma part que, si même le budget public de la recherche médicale était suffisant — proposition absurde dans son énoncé même — il serait encore bon que chaque Français tire volontairement un billet de sa poche pour aider les laboratoires. Ce geste l'obligerait à réfléchir aux problèmes de la médecine, à se préoccuper de sa propre santé en menant une vie plus saine, au lieu d'espérer que la société-thérapeute réparera automatiquement les maux qu'il s'est à lui-même infligés. Comme seul exercice d'hygiène morale, je serais encore partisan de l'aide privée à la recherche. J'y vois un moyen parmi d'autres de rappeler aux malades en puissance que ce n'est pas l'Etat, mais eux, qui supportent le coût de nos mauvaises façons de vivre, que ce n'est pas l'Etat, mais eux, qui sont malades, qui souffrent et qui meurent.

J'ai éprouvé la même réaction de gêne irritée en observant les sarcasmes qui ont accueilli l'appel au bénévolat lancé par le secrétaire d'Etat à l'Action sociale, René Lenoir. L'Etat n'a qu'à s'occuper des handicapés, disait-on de toute part. Chacun sait fort bien que l'Etat ne peut à lui seul améliorer le sort des handicapés, des infirmes, des vieillards ou des enfants en difficulté. Sans doute faut-il multiplier les installations pour les recevoir, engager davantage de personnel, augmenter les crédits ; oui, mais quand tout cela sera accompli, l'essentiel restera à faire. L'infirme n'a pas seulement besoin de la cage dorée que peut lui offrir l'Etat, il a d'abord besoin des autres, des bien-portants. Il cherche le contact fraternel d'une société qui l'entoure et l'intègre comme n'importe quel autre de ses membres. Seule, la relation bénévole, amicale et spontanée, peut apporter ce remède à la solitude et à l'exclusion. Si dévoué soit-il, le personnel salarié ne peut seul remplir cette fonction. C'est à chacun de s'en charger. Spontanément. L'Etat n'a rien à voir là-dedans. Ce n'est pas lui qui peut faire pénétrer le soleil d'une visite amicale dans la journée d'un vieillard solitaire. Ce n'est pas lui qui pourra décréter que les infirmes doivent participer à la vie de la cité. Le cœur peut faire cela, pas la loi.

Si l'appel à la solidarité collective doit servir d'alibi pour justifier le refus de tout acte personnel et spontané de dévouement, de générosité, alors il vaut mieux renoncer à ce socialisme inhumain qui prétend noyer l'égoïsme de chacun dans l'assistance de tous.

Une fois de plus, l'investissement sur l'Etat traduit la somme des démissions particulières. Le « passe-à-ton-voisin » généralisé. Comme il est commode de se dire que nous ne pouvons rien pour soulager le malheur des autres, que ce soin revient tout entier à un être mythique ! Bientôt, l'Etat deviendra responsable du mongolisme, de la myopathie, de la vieillesse, et de tous les troubles de l'enfance. Ces épreuves-là, tout comme les contraintes du système économique, la limitation des ressources naturelles, les dangers de la circulation automobile et la nécessité des mutations professionnelles seront des péchés supplémentaires dont nous chargerons notre bouc émissaire.

Accablé de toutes les responsabilités, investi de toutes les espérances, écrasé de toutes les compétences, le monstre étatique devient le déversoir de toute la hargne que suscite inévitablement le refus des contraintes naturelles. Depuis qu'il a su adoucir son sort, l'homme ne supporte plus les épreuves. En atténuant les rigueurs de la condition humaine, nous créons l'illusion que la réalité peut se plier à nos désirs. Toute rébellion des faits est ressentie comme une agression et nous incite à rechercher le coupable plutôt qu'à faire face.

Les abominables technocrates

Cette animosité permanente vis-à-vis de l'Etat se traduit dans l'universelle détestation qui entoure ses grands commis.

Une fois de plus, jouons les personnages de Montesquieu. Devenons persans ou, pour rester à notre époque,
extraterrestres, et essayons de comprendre ce pays que
nous venons de découvrir. Nous imaginerions ces mystérieux technocrates sous les traits de redoutables sei-
gneurs rançonnant la population, des plus riches aux plus
pauvres, et tenant tout le pays sous une poigne de fer.
Le technocrate, ce n'est pas exactement le bouc, c'est
plutôt le dragon émissaire puisque, chargé de tous les
péchés, il est également investi de tous les pouvoirs.

Nos hommes politiques sont souvent déconsidérés. Le
technocrate, lui, est haï. C'est le tabou à l'envers qui
interdit de défendre, comme ailleurs il interdit d'attaquer. Nulle part je n'ai vu faire l'éloge de ces noires
éminences grises. Et pourtant...

Bien des pays nous envient cette haute administration.
Dans les institutions internationales, les fonctionnaires
français sont réputés pour leur compétence, leur jugement et leur sérieux. Derrière une classe politique débor-
dée par les trop nombreuses pressions qu'elle subit, ce
sont eux qui tiennent le pays. Ce sont eux, en particulier, qui ont conduit la formidable mutation des
trente dernières années.

Dans cette société latine morcelée par les intérêts
privés, affaiblie par l'absence de discipline collective,
menacée par ses divisions idéologiques, tous ces directeurs, préfets, planificateurs, administrateurs et contrô-
leurs défendent, en définitive, la pérennité du corps
social. Ils peuvent être haïssables, ils sont certainement
indispensables, et nous devrions nous féliciter que la
corruption n'ait pas gangréné l'administration dans un
pays qui pratique tant la « combine ».

Il est certes regrettable que la société française ait
besoin d'un tel carcan administratif. Mais il ne faut
pas confondre la prothèse et l'infirmité. Le mal français
ne réside pas dans l'administration, mais dans le besoin
de l'administration. Dès lors que font défaut ces vertus
collectives qui dispensent d'un appareil d'Etat rigide, il
faut se féliciter que nous trouvions chez nos technocrates

cet équilibre entre l'idéocratie et la technocratie, le
pragmatisme et l'idéalisme, le général et le particulier.
Bref, je ne suis pas loin de penser que nos affreux technocrates nous donnent, non pas la meilleure administration
imaginable, mais, probablement, la meilleure que nous
méritons aujourd'hui. Leurs défauts, évidents, reflètent
simplement ceux de notre société. Ils seraient moins
arrogants si les Français étaient moins déférents, moins
parisiens si la France était moins centralisée, moins éli-
tistes si elle était plus démocratique, moins puissants si
les politiciens avaient plus d'autorité, et moins privilégiés si nous protégions moins les privilèges.

Le jeu de l'universelle compassion

D'où vient donc l'exécration générale qu'ils suscitent ?
C'est que, plus que n'importe quelle autre catégorie, la
technocratie incarne l'Etat, et qu'elle prétend, bien ou
mal il n'importe, défendre l'intérêt général. Or, ce bien
commun est précisément la limite sur laquelle viennent
buter les intérêts particuliers. Dans cette France des
plaignants, où la morale du « chacun pour soi » tend
à devenir celle du « tous pour moi », le technocrate
est nécessairement l'empêcheur de tourner en rond, le
seul qui ne joue pas le jeu de l'universelle compassion.
Eux seuls ont le front de vous dire entre quatre
yeux : « Allons, vous n'êtes pas si malheureux que vous
le dites. » Ces décideurs irresponsables ne s'embarras-
sent pas de complaisance, ils connaissent votre situation
à travers leurs dossiers, leurs enquêtes, leurs rapports,
ils sont même au courant des combines, ils vous mettent
à nu et révèlent la bedaine du riche sous les haillons du
pauvre. C'est intolérable.
L'homme politique est infiniment plus accommodant.
Candidat, il acquiesce à toutes les revendications ;
député, il se fait l'avocat de tous les groupes d'intérêts ;
ministre, il se bat pour ses administrés et impute à ses
collègues le peu de succès de sa politique. Il connaît
bien son électeur, et se garde de lui faire la leçon au
nom de l'intérêt général.

Car le Français accorde toujours ses faveurs à celui
qui le défend le mieux, lui, le particulier. Il faut une
situation de crise extrême pour qu'il donne sa confiance
à l'homme qui ose parler du général et non du particulier. Rien n'illustre mieux ce comportement que l'épi-
logue de la fameuse « affaire des décorations » qui
secoua la IIIᵉ République naissante. Histoire banale au
départ d'un député peu scrupuleux, Daniel Wilson,
gendre du président de la République, Jules Grévy,
qui profitait de sa position familiale pour faire attribuer
des décorations. Lorsqu'en 1887 le commerce fut découvert, Grévy fut contraint à la démission. Rien qu'une
affaire Watergate à la française. Wilson, traduit en
justice, se trouva frappé d'inéligibilité pour quatre ans.
Mais au sortir de son purgatoire, il retourna se présenter
devant ses électeurs, et ceux-ci s'empressèrent de le
réélire. L'Assemblée invalida cette élection. Wilson se
présenta de nouveau et, de nouveau, fut élu. Les électeurs ne voulaient pas se priver d'un député qui vous
obtenait si facilement des passe-droits.

Tels sont les Français, inventifs, imaginatifs, indis-
ciplinés. Individualistes pour tout dire. Ces caractères
sont loin de n'avoir que des aspects négatifs. C'est à eux
sans doute que l'on doit ce charme de la vie en France
qu'apprécient tant d'étrangers. Alors que la discipline
germanique masque bien souvent le vide moral, la mono-
tonie culturelle et l'uniformité personnelle, l'indiscipline
française traduit la spontanéité, la diversité, l'efferves-
cence, bref la vie. Les interminables querelles d'idées,
la recherche incessante des combines, la volonté farouche de diversification, tout enrichit une société. Mais,
lorsque ces tendances s'exacerbent, tout part à vau-l'eau.
C'est précisément ce qui risque de se passer au terme de
l'évolution actuelle.

Car l'individualisme des Français s'est étendu des
citoyens aux groupes sociaux. De ce fait, il s'exprime
avec une virulence accrue. Seul un pouvoir fort pourrait
contenir la poussée de ces intérêts particuliers, un pouvoir qui saurait refuser et déléguer. Mais la force dont
il s'agit n'est pas celle des baïonnettes, c'est celle d'une
autorité morale fondée sur l'adhésion des citoyens. Si

cette autorité fait défaut, l'Etat est condamné à s'affaiblir et s'hypertrophier tout à la fois. Par sa trop
longue complaisance vis-à-vis des riches, sa trop facile
acceptation de l'injustice, l'Etat a perdu beaucoup de
son autorité en France, et cette perte d'autorité se
mesure très exactement en taux d'inflation.

Chapitre 7

LE TEMPS DU MENSONGE

Dans *Le Bonheur en plus*, j'ai dénoncé « l'économanie », c'est-à-dire la réduction d'une société à son système productif, souhaitant que notre civilisation se donne des objectifs plus larges et mise sur des valeurs plus humaines que les seules richesses matérielles. Je pense plus que jamais que nos sociétés seront plus heureuses si elles font passer le souci de mieux vivre avant celui de produire plus.

Depuis cette époque, ces idées qui étaient dans l'air du temps sont passées dans la vie courante. Les gens n'aspirent plus seulement à accroître leur niveau de vie. Ils veulent également jouir de biens nouveaux : temps libre, conditions de travail et cadre de vie améliorés, sécurité accrue, rythme quotidien moins trépidant, relations humaines plus riches, etc. Cette évolution des désirs est heureuse. Mais la façon dont elle se développe me semble dangereuse.

Les discours qui se tiennent ici et là donneraient à penser que les hommes ont joui de ces biens jusqu'au jour où une société mauvaise, la nôtre, les en a privés. Il s'agirait en quelque sorte de droits naturels à reconquérir par le combat politique. Rien n'est plus absurde. Quelle était la sécurité de nos ancêtres, menacés par les catastrophes climatiques, les épidémies ? Qu'était la pureté d'une eau périodiquement infestée par les pires bacilles ? Qu'était la qualité de la vie dans des villes bien souvent transformées en dépotoirs ? Ne rêvons pas, des biens sont à conquérir, et non à reconquérir.

Or, ils ne sont pas gratuits. Nous avons vu que la sécurité de l'emploi, le temps libre, se payent en pouvoir d'achat ; il en va de même pour les autres biens non marchands. Mêler un outil de production qui assure l'abondance et une nature préservée est possible, mais cela coûte cher. La « qualité de la vie » correspond donc à une consommation élargie. Il est possible de se l'offrir, à condition de ne pas espérer gagner sur tous les tableaux : consommation individuelle, loisirs, sécurité, environnement, culture. L'effort qu'il faudra consentir pour payer ces nouveaux biens ne sera pas fait dans les secteurs traditionnels, et doit entraîner des renoncements.

Entre les désirs classiques d'une consommation marchande et les aspirations nouvelles à une vie meilleure, il ne faut pas mettre la conjonction ET, mais OU. La proposition est alternative plus qu'additive. Seules, les catégories injustement maintenues dans la pauvreté pourraient espérer ces deux progrès à la fois.

Cette réalité étant déplaisante, nous préférons entretenir le mythe cumulatif. Chacun veut croire qu'un relâchement de l'effort productiviste nous donnerait tout à la fois le progrès quantitatif et qualitatif.

A plusieurs reprises, au cours de ces dernières années, des interlocuteurs m'avaient présenté la Grande-Bretagne comme le berceau d'une civilisation nouvelle : « Ces Anglais, m'expliquait-on, ont choisi la tranquillité, la sécurité. Leur taux de croissance est faible, mais ils sont en passe d'inventer un nouvel art de vivre. » Ceux qui me tenaient ce discours étaient étonnés qu'ayant écrit *Le Bonheur en plus*, je sois si fort opposé à ce prétendu « modèle anglais ». M'étais-je donc mal exprimé ?

Il est vrai que la société anglaise a relâché son effort productif et que, de ce fait, le travailleur britannique a moins peiné que ses collègues allemands ou français. Sa qualité de vie en a été améliorée. Mais l'Angleterre n'a pas su ou pas pu réduire en rapport sa soif de consommation. Il en est résulté des conflits sociaux permanents, un taux d'inflation élevé, un déficit extérieur grandissant et, finalement, une forte poussée du chômage, une rude cure d'austérité et une véritable mise sous tutelle internationale. Les satisfactions du travailleur ont été payées fort cher. Quel que soit désormais le parti au pouvoir, il ne peut que gérer la crise, colmater les brèches, parer au plus urgent et s'accommoder des directives imposées par les pays banquiers. Il n'est plus question de changer la société en profondeur. Le déséquilibre conduit fatalement à la pire forme du conservatisme : le conservatisme régressif.

La social-démocratie suédoise, au contraire, a poursuivi des objectifs assez comparables à ceux des Britanniques, mais dans le maintien des équilibres économiques. Elle a gagné les nouveaux biens qu'elle désirait. Cette expérience marque aujourd'hui une pause, mais il est significatif que tous les partis soient d'accord pour en préserver l'acquis. Demain, si les Suédois le désirent, ils pourront transformer leur société dans le sens qu'ils voudront. Ils sont maîtres de leur destin.

Le passage d'une consommation marchande à une consommation élargie exige donc le respect des équilibres. Il ne peut se faire qu'en posant bien le OU et non en s'illusionnant sur le ET. On ne peut dire tout à la fois qu'on peut se passer des centrales nucléaires et accroître sa consommation d'énergie. Pour dépasser et dominer le système économique, il faut d'abord le maîtriser, c'est-à-dire en respecter les contraintes fondamentales. On ne peut s'offrir les fruits d'une croissance « à la japonaise » avec les commodités d'un travail « à l'anglaise ».

Les différents tabous sur la fortune, les corporations ou l'argent sont profondément conservateurs. Ils ne peuvent être respectés que dans une société immobile. Le Portugal de Salazar pouvait s'en accommoder, une société en évolution ne le peut pas. Dans des circonstances favorables, ils autorisent une croissance quantitative de type capitaliste. Certainement pas une forme de vie nouvelle.

Une économie politique qui prétend respecter tous ces tabous ressemble fort à la médecine professée par les

médecins de Molière. Elle est condamnée à nier les plus
sûres évidences, à construire des systèmes chimériques,
pour promettre tout sans jamais rien prendre. Le décalage entre les propos publics et privés de nos économistes est significatif à cet égard. Progressivement, les
choses à ne pas dire l'emportent sur celles qui peuvent
être dites. On se met à discourir sur le vide.

A gouverner aussi. Comment satisfaire tant d'aspirations contraires, respecter tant de privilèges, entretenir
tant d'illusions ? Seuls des artifices le permettent. Le
premier d'entre eux, c'est l'inflation.

En laissant varier la valeur de la monnaie, on effectue
une redistribution occulte du pouvoir d'achat. Les uns
gagnent, les autres perdent, mais ce système permet de
donner ostensiblement de la main droite ce que l'on
prélève clandestinement de la main gauche. Les gagnants
sont heureux, les perdants inconscients. Bref, on effectue
une piqûre anesthésiante à la station de pompage pour,
ensuite, braquer les projecteurs sur la source jaillissante.

Le système économique s'en trouve dédoublé. D'un
côté, celui des apparences, fondé sur la valeur nominale
de l'argent et les opérations visibles, il permet de respecter les situations acquises et de satisfaire les catégories les plus menaçantes, bref de respecter les tabous.
De l'autre, celui de la réalité que traduit le pouvoir
d'achat de la monnaie et non sa valeur nominale, il
fait payer à de très nombreuses catégories les largesses
accordées ostensiblement dans le système visible. L'inflation est avant tout un système d'illusion, une économie
qui permet d'ignorer la réalité pour entretenir les mensonges.

A priori, ce tour de passe-passe est bien commode s'il
permet de maintenir la paix sociale en faisant simplement passer l'argent des Français de leur poche droite
dans leur poche gauche. Mais les poches dans lesquelles
on pompe et celles dans lesquelles on verse ne sont
pas forcément les mêmes. Au jeu de l'inflation, il y a
les gagnants et les perdants. Certes il arrive que le
même individu appartienne à l'une et l'autre et fasse
une opération blanche. C'est le cas du travailleur qui

arrache une augmentation inflationniste et subit un prélèvement également inflationniste sur son épargne. Mais
les deux camps sont généralement bien distincts : ceux
qui sont floués d'un côté, ceux qui sont favorisés de
l'autre. C'est pourquoi l'inflation opère une véritable
redistribution de la richesse entre les Français. Une
redistribution en faveur de qui et au détriment de
qui ? — c'est toute la question.

L'impôt clandestin

Le schéma traditionnel de l'inflation est simple. Ceux
qui détiennent de la monnaie ou des créances à court
terme s'appauvrissent, ceux qui ont des dettes ou des
biens réels s'enrichissent. Ceux qui ne peuvent les répercuter en pâtissent.

Les « victimes de l'inflation » seront d'abord les
titulaires de créances non indexées, les obligataires par
exemple. Nombreux furent les « petits-bourgeois » ruinés
par l'inflation qui suivit la Première Guerre mondiale.
Ceux qui détiennent des liquidités sont également touchés. Ce sont les dépositaires non rémunérés : titulaires
de comptes-chèques postaux ou de chèques bancaires, les
dépositaires trop faiblement rémunérés comme ceux des
Caisses d'épargne. A tous ceux-là, on rend de l'argent
dévalué, c'est-à-dire, moins que la valeur reçue.

En 1975, les experts ont chiffré à 50 milliards la
ponction ainsi opérée. Chiffre faramineux ! Aucun projet
d'impôt sur le capital n'envisage un prélèvement d'une
telle ampleur. L'inflation serait-elle une surimposition du
capital ? Ce n'est pas si simple.

Cette ponction inflationniste ne frappe pas les fortunes, mais les économies, c'est-à-dire l'épargne de précaution, « l'argent devant soi » des pauvres gens. Les
gros patrimoines s'en sortent généralement mieux. Les
millions de francs lourds s'investissent dans l'or, la
pierre ou les biens industriels ou réels. Cette possibilité qui n'est pas ouverte au petit épargnant doit
permettre d'utiliser l'inflation pour accroître le capital.

On arrive alors à cette situation scandaleuse d'une dépréciation monétaire qui érode les petits patrimoines et gonfle les gros.

La crise de ces dernières années a sensiblement perturbé ce schéma classique. L'effondrement des valeurs boursières et de certains biens immobiliers a frappé de plein fouet certaines grosses fortunes. Les travailleurs, à l'inverse de ce qui se passait dans les crises précédentes, ont pu anticiper sur l'inflation, en sorte que la rémunération du travail s'est accrue tandis que diminuait celle du capital. Le blocage des salaires décidé par Raymond Barre visait à renverser cette tendance.

En définitive, la plupart des patrimoines ont été atteints et les possédants n'ont généralement pas pu faire mieux que sauver leur capital. Toutefois les gros ont globalement mieux résisté que les petits.

Obligataires, épargnants ne sont pas les seules victimes. Alfred Sauvy fait remarquer que le retraité dont la pension est versée et réévaluée trimestriellement va perdre 2 % de son revenu lorsque l'inflation atteint un point par mois. En effet, cet argent se déprécie tout au long du trimestre, à mesure qu'il se dépense. Les derniers francs valent 3 % de moins que leur valeur initiale. Il en va de même pour les salariés qui devraient dépenser tout leur argent le jour de la paie pour ne pas perdre. Dans la pratique, ce n'est évidemment pas le cas.

Mais on a beau parler d'érosion monétaire, un billet de 100 F reste matériellement un billet de 100 F. Lorsque le supercarburant passe de 1,96 F le litre à 2,26 F, ce même billet qui permettait d'acheter 51 litres ne correspond plus qu'à 44 litres. Il ne représente plus la même valeur, pourtant il n'a pas changé, car on n'a toujours pas inventé le billet à affichage électronique. Si cette merveille existait, chacun verrait fondre son argent, mais, en réalité tout se passe de façon occulte et, pour l'essentiel, indolore. Ainsi peut se perpétuer « le plus gigantesque détournement de fonds qui ait jamais été commis », selon l'expression d'Alfred Sauvy [1]. Et

---

1. *L'Economie du diable*, Alfred Sauvy.

l'inflation devient bien, comme le disait Keynes : « La forme de prélèvement que le gouvernement le plus faible est en mesure d'imposer. »

Les gagnants de l'inflation

Obligataires, créanciers, épargnants, salariés, consommateurs, retraités, pensionnés, familles nombreuses, organismes de prêts... cela fait beaucoup de monde, presque tout le monde. N'y aurait-il que des victimes au jeu de l'inflation ? Certainement pas car les pertes des uns sont les gains des autres, les uns et les autres pouvant être confondus dans les mêmes personnes ou les mêmes organismes. La banque, qui gagne sur les dépôts à vue, perd sur les prêts à long terme. Comme on ne voit pas se multiplier les faillites dans le secteur bancaire, il faut en déduire qu'on peut vivre en étant fort mauvais dépositaire et fort bon prêteur.

Les individus et les organismes gagnent à un titre, perdent à un autre, et le jeu devient si compliqué que l'on ne voit plus qui s'enrichit et qui s'appauvrit. Du moins, le citoyen ne le voit-il pas. Car le rôle social de l'inflation est précisément de brouiller les cartes, de piper les dés, pour que le système économique devienne illisible. Donc supportable.

Les gagnants seront d'abord les débiteurs, selon le principe bien connu : « Qui ne paie pas ses dettes s'enrichit. » De nombreux Français ont pu ainsi se loger à prix réduit, grâce à des emprunts remboursés en monnaie de singe. Des entreprises se sont développées de la même façon, en amortissant leurs investissements à bon compte.

Aussi longtemps que l'inflation reste nettement inférieure au taux de croissance, elle s'apparente à un stimulant. Elle permet de financer l'avenir sans trop demander au présent, d'investir sans se donner la peine d'épargner. Le crédit facile crée la demande qui tire la production, apporte le financement qui pousse les entreprises, bref, l'inflation aide à « faire aller » la machine.

Lorsque le taux d'inflation devient deux, trois ou

quatre fois supérieur à celui de croissance, le stimulant devient une drogue, une sorte d'opium qui efface les contraintes et supprime les douleurs.

L'Etat est le grand bénéficiaire de l'hyper-inflation, car il est le premier banquier de France, à travers les grandes institutions de dépôts : Chèques postaux, Caisses d'épargne... Il gagne encore avec les impôts qui suivent les valeurs nominales, comme la T.V.A. Mais l'appareil étatique est un simple circuit de redistribution. Les vrais bénéficiaires sont ceux qui reçoivent de l'argent public.

Dans notre système néocorporatiste, l'Etat a besoin de ressources pour acheter la paix sociale. Mais il ne peut les demander aux catégories privilégiées, car il ferait apparaître dans le camp des payeurs les tensions qu'il adoucirait dans le camp des bénéficiaires. Ce sont les recettes occultes de l'inflation qui permettent de calmer les corporations les mieux organisées, sans prendre aux possédants les mieux défendus. Le prélèvement inflationniste profite donc aux grandes industries, aux entreprises nationalisées, aux agriculteurs, bref à tous ceux qui, directement ou indirectement, bénéficient des subventions de l'Etat : ceux qui reçoivent de l'argent ou ceux qui n'ont pas à en donner. Le système des corporations, avec ses droits acquis, ses rentes de situation, ses chasses gardées et son droit à l'improductivité, est financé par l'inflation.

La paix dans l'automobile

Le jeu inflationniste n'est pas limité à l'Etat, il se joue tout autant dans le secteur privé. Chaque fois qu'une corporation — patronat, syndicat, travailleurs indépendants, il n'importe — est solidement organisée, elle s'arrange pour répercuter sur d'autres les contraintes économiques qui devraient peser sur elle. L'inflation est, là encore, un merveilleux mécanisme de transfert.

Le scénario s'est déroulé en 1975 dans l'industrie de l'automobile. La crise pétrolière avait frappé de plein fouet, quoique temporairement, le marché ; les voitures ne se vendaient plus, la récession succédait à des années

d'expansion. La demande était aussi déprimée en France
qu'à l'étranger. Dans une telle conjoncture, l'économie
libérale laisse jouer un certain nombre de mécanismes
fort désagréables. Les profits diminuent, le patronat
refuse les augmentations de salaires et comprime ses
effectifs. Les travailleurs, craignant le licenciement, doivent accepter cette limitation, voire cette réduction, de
leur pouvoir d'achat. Ils peuvent déclencher des grèves,
mais elles n'ont guère d'efficacité, car les entreprises qui
croulent sous les stocks, supportent sans mal cette interruption de la production.

Pour gagner autant en vendant moins, il faudrait augmenter fortement les prix. Mais ce n'est pas possible,
puisque la réduction de la demande rend la concurrence
plus âpre, et pousse à la baisse. Tel est le scénario classique, qui fut joué à l'envers en 1975. La production
française de voitures particulières qui était de 3 millions de véhicules en 1974 ne fut que de 2,5 millions en
1975, mais les prix, eux, augmentèrent de 25 %. Que se
passa-t-il ?

Les corporations intéressées sont extrêmement puissantes. Le patronat d'abord, avec deux énormes groupes,
Renault d'un côté, Peugeot-Citroën de l'autre, qui font
pratiquement la loi sur le marché français ; les travailleurs ensuite, et notamment ceux de Renault, très fortement syndiqués et toujours en état de mener des actions
très dures. L'automobile enfin est un secteur pilote, tant
sur le plan économique sur le plan social. Un secteur
exemplaire. Des licenciements ou des grèves chez
Renault peuvent avoir un effet d'entraînement. C'est
pourquoi les pouvoirs publics veulent maintenir à tout
prix la paix sur le front de l'automobile. Le prix, en
l'occurrence, ce fut 25 % d'augmentation payée par le
consommateur.

Si les acheteurs avaient été aussi puissants que les
producteurs, ils auraient boycotté les automobiles françaises. Tel n'est pas le cas, c'est pourquoi ils ont payé
sans rechigner.

L'inflation entretient donc le système des corporations et l'on voit que patronat et travailleurs s'allient
chaque fois qu'ils le peuvent pour jouer ce jeu et trans-

férer les contraintes économiques. Il en va de même pour les commerçants qui, au pis, répercutent toute hausse sur les prix et, au mieux, maintiennent leurs pourcentages et augmentent ainsi leurs bénéfices. Dans tout le secteur tertiaire, où la concurrence joue peu et mal, on fait payer le consommateur pour traverser sans peine les mauvais moments.

En définitive, l'inflation permet de bloquer les mécanismes économiques chaque fois qu'ils menacent une catégorie solidement organisée. Que l'on joue sur l'aide de l'Etat, ou sur la hausse des prix, le résultat est toujours le même. Car tout se paie toujours en économie, et le coût de l'opération est supporté par les catégories les plus faibles lorsqu'il est payé par l'inflation. Le transfert est toléré parce qu'il est occulte et largement indolore. L'inflation est le complément nécessaire de ces tabous économiques qui servent surtout les forts.

Prisonnier des portes ouvertes

Dans un tel système, les contraintes économiques devraient s'effacer. Chaque catégorie arracherait des avantages considérables et les déséquilibres deviendraient rapidement catastrophiques. Il ne peut pas en aller tout à fait ainsi car la France est prisonnière... de ses portes ouvertes.

Nos exportations, qui représentaient environ 10 % de notre P.N.B. au début des années 60, ont atteint 15 %, et s'acheminent vers les 20 %. Nos importations suivent la même progression. Nous vivons désormais à frontières ouvertes. Ce libre-échangisme n'assure pas seulement une meilleure division du travail sur le plan international, il doit, en outre, exercer une censure économique.

Un marché libre-échangiste possède ses propres mécanismes d'autorégulation qui imposent une pression impitoyable aux agents économiques. Dès que l'un d'eux se trouve en position de faiblesse, il doit accepter une baisse de ses revenus, une perte de son entreprise ou de son emploi. Ici, les choses se font et ne se discutent

pas. Mais dans notre société d'Etat, les automatismes
tendent à disparaître. Les revenus devraient toujours
augmenter, les prix ne jamais baisser, le déficit ne
devrait plus entraîner la faillite, ni la disparition de
l'emploi le licenciement. L'Etat a pour mission d'amortir ces contraintes, de satisfaire les revendications des
salariés comme des employeurs, des commerçants
comme des fonctionnaires.

Mais le marché ignore les frontières, et le pouvoir
politique se trouve empêché d'intervenir dès que les
transactions deviennent internationales. Les lois sau-
vages de la concurrence que l'on domestique soigneusement dans le cadre national, en profitent pour resurgir
plus féroces que jamais. L'industrie textile asiatique est
prête à mettre en faillite toutes les entreprises françaises, l'aéronautique américaine à éliminer l'aéronautique européenne, la photo japonaise à tuer la photo
allemande. Ici, on ne fait ni sentiment ni quartier.

Cette interpénétration des économies oblige chacun à
s'aligner sur les plus compétitifs. Lorsque le Japon vend
des voitures en Allemagne et l'Allemagne au Japon, la
division internationale du travail ne s'en trouve pas
améliorée, mais chaque pays peut et doit invoquer la
compétition avec l'étranger pour serrer ses prix, augmenter sa productivité, tenir les rémunérations et les profits.

Les industriels demandent l'aide de l'Etat pour résister aux importations ou pour favoriser les exportations,
et cette aide est bien souvent accordée. Toutefois, l'intervention étatique est plus limitée ici que dans les affaires
purement nationales. Le laxisme patronal, compensé par
l'appel à la protection publique, devient difficile lorsque
les marchandises débarquent à pleins cargos dans nos
ports. Les partenaires ne peuvent plus conclure ces
coûteux armistices qui font passer à d'autres le montant
des factures impayées. On voit bien en Grande-Bretagne
les extrémistes demander un retour au protectionnisme,
mais chacun sait désormais que l'édification d'une bar-
rière douanière en fait lever une autre en face. Nul ne
croit sérieusement qu'on puisse résoudre ses difficultés
en les confinant à l'intérieur des frontières.

On voit donc les gouvernants et les patrons s'abriter

derrière les exigences de la concurrence internationale, pour s'excuser de jouer le jeu économique. A cause de ces Japonais qui travaillent pour rien, de ces Allemands qui ne savent pas faire grève, de ces Américains qui sont toujours les plus forts, à cause de tout le monde qui est méchant et en dépit de la légitimité des revendications... force est de les refuser. Si la France vivait en complète autarcie, si ce suprême argument ne pouvait plus être invoqué, l'Etat, directement ou à travers les entreprises, céderait sur toute la ligne et abolirait toutes les contraintes visibles.

Horrible et salutaire libre-échangisme ! C'est lui qui vient encore dire « Non » lorsque tout a cédé. S'il n'existait pas, nous aurions déjà dépassé 25 % d'inflation.

La tutelle internationale

L'expérience prouve que cette pression internationale ne suffit pas toujours. En période de crise, il faut accomplir un effort supplémentaire, mais lorsque la société est bloquée par ses tabous, elle n'y parvient pas et dérape dans l'hyper-inflation.

Ce mécanisme ne consiste pas seulement à prendre aux inorganisés pour donner aux puissants, mais également à consommer plus qu'on ne produit. Le glissement inflationniste se répercute inévitablement sur le plan international. La monnaie se déprécie par rapport à celle des pays « sages ». Les exportations en sont facilitées, mais ce ne sont que des braderies qui n'enrichissent guère le pays. En revanche, les importations, notamment celles de pétrole, deviennent plus chères. L'inflation s'en trouve accélérée. Il faut emprunter à l'extérieur, et ce recours au crédit permet de ne pas effectuer les redressements nécessaires. On franchit encore quelques palliers dans le déséquilibre. Bientôt, l'endettement devient tel que les banques privées ne prêtent plus ; le pays déficitaire doit se retourner vers les autres membres de la communauté internationale.

Mais ces partenaires, plus sages, donc plus riches, n'entendent point payer pour le pays prodigue. Ils assortissent de conditions sévères le nouveau prêt. Le pays passe sous tutelle internationale. Il lui faut appliquer la politique économique dictée de l'extérieur. Les gouvernements se retournent vers les citoyens en disant : « Nous n'y sommes pour rien, c'est le Fonds monétaire international qui nous oblige à vous imposer ces contraintes. »

Cet itinéraire, c'est celui qu'ont suivi la Grande-Bretagne, l'Italie et quelques autres pays, c'est celui sur lequel la France paraissait s'engager en 1976. La faiblesse de la croissance n'est pas en cause — l'Allemagne, par exemple, a connu des années de croissance nulle —, c'est l'incapacité de maintenir l'équilibre entre la production et les revenus, les exportations et les importations, l'investissement et la consommation, l'activité, les rémunérations et l'emploi, l'offre et la demande qui compromet l'indépendance. Un pays peut se choisir le point d'équilibre qu'il souhaite, il ne peut se dispenser de respecter les équilibres. Que son régime se dise libéral, socialiste ou communiste n'y change rien. Les Polonais se sont engagés sur la mauvaise pente, ils devront s'imposer une cure d'austérité et aucun recours idéologique ne les en dispensera.

L'intervention du gendarme international pour suppléer les carences nationales étouffe toute velléité de changement social véritable. Le volontarisme politique implique l'indépendance économique. Non pas l'autarcie de naguère, mais l'autonomie dynamique et ouverte des pays qui assure leurs équilibres. Pour préserver cette possibilité d'orienter l'évolution sociale, il est même prudent de limiter les échanges au strict nécessaire. Un très petit pays se trouve obligé d'importer une large part de sa consommation. Il n'en va pas de même pour une moyenne puissance comme la France. Nous pourrions fort bien produire nous-mêmes les aliments pour bétail, le bois, le papier, les poissons, les machines-outils, et nombre d'appareils que nous importons. Pour tous ces produits, la division internationale du travail ne joue aucun rôle, et l'imbrication de l'économie française dans le marché mondial rend plus difficiles les changements sociaux. Elle nous contraint à toujours regarder les autres, à nous aligner sur eux, à nous conformer aux lois de l'économie productiviste. En outre, cette trop large ouverture sur l'extérieur nous fait recevoir de plein fouet tous les déséquilibres et toutes les crises qui ébranlent le monde. La dépendance vis-à-vis des exportations est sans doute la grande faiblesse de l'Allemagne. Le gouvernement de Bonn parvient à maintenir les équilibres économiques, mais il ne peut aller au-delà. Tout projet social novateur risquerait de déséquilibrer son système d'échange, ce qui imposerait un brutal retour à l'ordre productiviste.

Hélas ! ces préoccupations ne sont pas encore celles de la France, car elle doit utiliser les pressions internationales pour maintenir ses équilibres, et non s'en affranchir pour conduire sa politique. De tous côtés, les corporations les moins dynamiques demandent une protection contre l'étranger ; si le gouvernement cédait à ces sollicitations, les pires tendances de notre économie s'en trouveraient accentuées. L'indépendance récompense les nations qui sont capables de réalisme et de rigueur. Aussi longtemps que nous aurons besoin de la volonté extérieure pour suppléer nos propres défaillances, nous n'aurons pas de politique.

La France dérape

De ce point de vue, l'itinéraire suivi par la France est inquiétant. Dans les décennies 50 et 60, la croissance productive mobilise toutes les énergies. Les Français sortent à peine de la pauvreté, ils découvrent le confort moderne, ils s'enrichissent, et les problèmes de justice sont relégués au second plan. Le projet national gaulliste mêle des idées fortes sur le plan politique, faibles sur le plan social. C'est le mariage du dynamisme et du conservatisme.

La grande secousse de Mai 68 offre une chance inespérée de s'engager dans une voie différente. Car s'il n'y avait rien de bien concret dans les rêveries de Nanterre et de la Sorbonne, le choc en lui-même pouvait être salutaire. Aux Français, ébranlés par l'événement, on pouvait proposer des perspectives nouvelles, faire accepter un effort de transformation sociale. L'occasion fut gâchée. Ce n'est pas l'ouverture d'esprit qui subsista, ce fut l'esprit de Grenelle.

Les Français ont alors le sentiment que le champ du possible est plus vaste qu'ils ne l'imaginaient, que la résistance de la société est plus faible qu'ils ne le craignaient. Cette découverte stimule les catégories. La consommation devient un droit acquis au moment même où se déclenche la crise mondiale qui en révélera la fragilité. Chacun rêve d'une existence, non pas vraiment différente mais plus agréable, et demande plus d'argent, plus d'avantages, moins de contraintes. C'est ainsi qu'on entend « changer la vie ».

Pour contenir ces revendications et les réorienter, il faut s'attaquer immédiatement aux privilèges de la fortune afin de restaurer la confiance. Beaucoup de choses sont possibles, car la bourgeoisie, encore saisie par l'événement, offre une moindre résistance. Rien de tel ne sera fait.

Les mécanismes de hiérarchisation se remettent en branle et répercutent du bas en haut les augmentations de Grenelle. Plutôt que de s'attaquer aux privilèges, le gouvernement tente de faire la paix avec les puissantes corporations de la fonction publique. C'est la politique contractuelle, fort avantageuse pour les intéressés, mais qui va tenir lieu de politique sociale. Entre 1970 et 1975, le revenu mensuel de l'ouvrier parisien n'augmente que de 10,5 % l'an, alors que celui des fonctionnaires parisiens s'accroît de 12,1 %. Et cela en pleine montée du chômage. On s'étonnera après que les deux tiers des Français souhaitent avoir un fils fonctionnaire !

Acheter la paix sociale sans en payer le prix coûte cher. On troque l'inflation à 3 % des sept années précédentes contre celle à 6 % dans les six suivantes. Ce n'est plus un doping économique, c'est une drogue sociale.

La crise pétrolière de 1973 frappe la France comme un coup de tonnerre par temps clair : l'opinion avait été troublée par les prévisions du Club de Rome, elle voit, bien à tort, dans l'embargo, puis le quadruplement du prix, la réalisation de ces sombres prophéties. L'avenir se bouche, l'angoisse serre les cœurs. Chacun se dit que rien ne sera plus comme avant, que les années de vaches grasses sont terminées, que de rudes épreuves vont s'abattre sur l'Occident. Une fois de plus, les conditions du changement sont réunies. Par chance, elles sont imposées de l'extérieur et peuvent s'exploiter aisément.

Les occasions manquées

Non seulement le pouvoir — tenu par un président malade il est vrai — ne dramatise pas la situation, mais il s'abstient de dire la vérité, s'efforçant au contraire de minimiser la crise. Quelques mois plus tard, le pétrole est revenu, son prix est oublié. Il n'est toujours pas question de s'attaquer au système social.

La campagne présidentielle qui s'engage peu après se déroule sous le signe du mensonge. Les candidats promettent, promettent, parlant d'une France et d'une époque qui n'existent plus — celle des années 60. D'énergie, il n'est guère question entre MM. Giscard d'Estaing, Mitterrand, Chaban Delmas et autres, d'austérité encore bien moins. On parle de lutter contre les inégalités, mais on n'évoque guère la lutte contre l'inflation et le déficit extérieur.

Ce n'est pas au lendemain d'une telle campagne que le nouvel élu peut « changer la vie » en commençant par s'attaquer aux privilèges de l'argent. Plus que jamais, il importe d'acheter la paix sociale avec quelques points d'inflation.

La France vit la crise à crédit. En 1974, elle accumule le déficit extérieur à raison de 7 à 8 milliards de dollars. Les Français reviennent de leurs frayeurs premières. Finalement, pensent-ils, la crise n'est pas si terrible. Quand, enfin, le gouvernement tente de reprendre la situation en main, c'est-à-dire de réduire une inflation qui avait atteint les 15 %, il n'ose tirer les Français de leurs illusions et fait payer les entreprises. Celles-ci procèdent à un déstockage massif qui appauvrit le pays de 40 milliards de francs environ ; elles stoppent tous les programmes d'investissement. On mange les semences pour ne pas réduire le menu. La production baisse mais la consommation augmente. La France réussit à vivre mieux tout en s'appauvrissant. D'un côté, elle perd 80 milliards de francs en passant de 3 % de croissance à 3 % de récession, elle en perd encore 25 en payant son pétrole au prix fort. De l'autre, elle consomme 40 milliards de plus.

La production est ralentie par le déstockage des entreprises qui vendent sans produire. Le nombre des chômeurs augmente brutalement ; en dix-huit mois, il passe de 400 000 au million. Le gouvernement fait pression sur les entreprises pour qu'elles conservent le personnel en surnombre. En 1975, au creux de la vague, l'industrie française produit 15 % de moins qu'en 1974, mais ses effectifs n'ont diminué que de 3 %. On cache les chômeurs derrière des feuilles de paie fictives. Nous avons vu, sur l'exemple de l'automobile, comment se finance une telle protection de l'emploi. C'est un palliatif utile pour éviter les épreuves du licenciement, cela ne résout rien.

En définitive, le gouvernement ne veut imposer aucune contrainte, ni celle de maladie ni celle des remèdes. Il faut donner aux Français l'illusion que la crise n'existe pas, maintenir l'emploi, la progression du pouvoir d'achat, et ne s'attaquer à aucun privilège.

Lorsque enfin Raymond Barre lance un plan de redressement économique et non social, qui frappe les Français de plein fouet, ceux-ci ne sont plus disposés à l'effort. Ils se sont trop bien habitués à l'illusion. Il faudrait sans doute des réformes sociales révolutionnaires pour provoquer le choc qui les mobiliserait de nouveau. M. Barre mise sur l'obstination, il lui eût été plus aisé de pouvoir, en temps opportun, s'appuyer sur l'événement pour s'attaquer au cœur du problème.

Prendre le pouvoir ou le garder

La gauche devrait être soucieuse de garder le pouvoir plus encore que de le prendre. Jouant sur l'espoir, comme la droite sur la crainte, elle peut toujours gagner une élection, mais ce succès risque d'être sans lendemain si les vainqueurs sont prisonniers des illusions qu'ils ont fait naître. Cette éventualité est, pour elle, comme pour l'actuelle majorité d'ailleurs, plus redoutable qu'une courte défaite électorale.

Quelque soit le gouvernement formé au lendemain des législatives, il sera confronté avec une situation difficile et devra imposer des mesures impopulaires. S'il tarde à le faire et, plus encore, s'il se lance dans des dépenses inconsidérées, l'austérité lui sera imposée par nos partenaires étrangers. La France a abordé la crise avec une situation financière saine. Il n'en est plus de même aujourd'hui. Nous avons 50 milliards de francs de dettes et nous ne pourrons plus vivre des années à crédit. Il faudra très rapidement freiner la consommation de la plupart des catégories, épauler nos industries, renforcer les économies d'énergie, etc. Si la gauche vient au pouvoir, ces efforts devront être accomplis dans la défiance de nombreux agents économiques et sans que l'argent prélevé sur les riches suffise à payer les promesses faites aux pauvres. Telle est la réalité à laquelle doit se préparer toute opposition à vocation majoritaire.

Le soutien populaire est indispensable pour conduire une telle action. Or c'est aujourd'hui, dans l'opposition qu'il doit se gagner. Malheureusement le discours dominant de la gauche ne prépare rien de tel. Certes les responsables connaissent les difficultés qui les attendent, ils les étudient dans des rapports et des colloques, il arrive même qu'ils les évoquent dans leurs discours, mais ils insistent bien davantage sur les promesses. Le Parti communiste français, par exemple, est le seul parti d'Europe qui rejette toute forme d'austérité. Or le public n'entend que ce qui l'arrange. Aujourd'hui, il retient que l'opposition peut résoudre la crise en faisant travailler moins et consommer plus.

Le gouvernement qui prendra le pouvoir sur de telles équivoques aura vite fait d'être débordé par la pression revendicative et d'aggraver les déséquilibres. Les Français se tourneront alors vers une opposition jouant la carte de la rigueur. Une fois de plus, la gauche aura pris le pouvoir pour quinze mois et l'aura perdu pour quinze ans. Tous ses leaders connaissent ce danger, pourtant ils n'osent préparer les Français aux efforts indispensables.

Depuis bientôt trois ans, et pour au moins un an
encore, les Français sont obsédés par leurs problèmes
intérieurs. Ils ne s'intéressent qu'au jeu politique hexago-
nal. A cause de ce nombrilisme, ils ne remarquent pas
ce qui se passe au-delà de leurs frontières. C'est bien
dommage, car c'est là, bien plus que dans nos états-
majors politiques, que se dessine notre avenir.

Deux pays devraient particulièrement retenir notre
attention : la Grande-Bretagne et l'Italie. Nous considé-
rions qu'ils s'étaient engagés dans un processus irréversible de progrès. Leur évolution récente prouve que rien
n'est définitivement gagné en ce domaine. Le Portugal
et l'Espagne, en leur temps, connurent des régressions
catastrophiques, cette menace pèse encore sur les plus
grandes nations industrielles.

Les pays industrialisés ont tous été frappés par le
renchérissement de l'énergie, mais à des titres différents.
Ceux qui avaient les plus grandes ressources nationales
étaient relativement protégés, les autres subissaient un
appauvrissement brutal. Quels étaient les pays les plus
vulnérables ? En tête, venait le Japon qui importait
90 % de son énergie. Puis l'Italie, guère moins dépen-
dante. Ensuite la France qui ne produisait que le quart
de sa consommation. L'Allemagne et la Grande-Bretagne
disposaient en 1973 de la moitié de leur énergie, l'Amérique des trois quarts. La Hollande, elle, était excédentaire. Trois ans plus tard, la diversité de ces situations
énergétiques devrait se traduire dans celle des résultats
économiques. Les pays pauvres en énergie devraient
avoir des balances commerciales lourdement déficitaires,
les pays riches des balances équilibrées ou excédentaires.
Voyons cela. En 1976, le Japon accumule 3 milliards de
dollars d'excédents commerciaux, tout en important au
prix fort la totalité de son énergie. Les gains de l'Allemagne sont si élevés qu'ils déséquilibrent les balances
de leurs partenaires européens. La Hollande n'est qu'en
équilibre, malgré le gaz de Groningue, les Etats-Unis
sont en déficit bien qu'ils disposent d'immenses ressources énergétiques. Quant à la Grande-Bretagne, elle
sombre dans les dettes, sans pouvoir être renflouée par
son charbon ou son pétrole.

Ce tour d'horizon prouve que, malgré le renchérissement des matières premières, les résultats économiques sont peu dépendants des ressources naturelles. Ils ne dépendent pas davantage du système politique. L'Italie démocrate-chrétienne, la Grande-Bretagne travailliste et la Pologne communiste sont également incapables de contrôler leurs équilibres extérieurs.

Seul, le bon fonctionnement du système social assure la santé économique et permet de résister à la crise. Que le régime soit libéral ou socialiste, il importe d'abord qu'il fonctionne. Le pire de tous les systèmes est toujours celui qui ne fonctionne pas.

L'immobilisme social de la démocratie chrétienne a bloqué la société italienne, le laxisme travailliste a conduit la société britannique au même point. D'un côté, on a laissé les tensions s'accumuler jusqu'au point de rupture, de l'autre, on a relâché la pression sans contrôler l'évolution. Le résultat est identique et la leçon claire : dans une société sous tension comme la France, le conservatisme social est aussi lourd de menaces qu'un progressisme non contrôlé.

L'opposition prévisible des privilégiés ne condamne pas toute réforme sociale. Elle peut être surmontée. Mais cette bataille entre Français, s'ajoutant à la grande bataille entre les nations, nous promet de rudes moments. Que l'effort suffisant ne soit pas fait, et la France s'engagera dans une régression de type italien, britannique... ou français. C'est dire que rien ne peut être fait sans rigueur et réalisme.

Pour gagner cette bataille-là et non celle, combien plus facile, des urnes, il faut tenir un langage churchillien, car notre pays est bien en danger mortel. Ce risque est indépendant des échéances électorales. Il existe dès aujourd'hui. Cette rigueur ne doit pas se retrouver dans les rapports et les études des économistes, elle doit surtout être entendue dans le discours des hommes politiques. Et cette exigence est d'autant plus grande que la volonté de changements sociaux est plus affirmée.

Avant de songer au monde que nous voulons construire, il faut penser au monde que nous voulons

éviter. Pensons à ces communistes italiens qui ne veulent pas prendre le pouvoir, car il n'y a plus de pouvoir
à prendre, l'Italie dépendant tout entière de ses créanciers. Son gouvernement n'a de politique que celle imposée par les pays qui la nourrissent. Que le pouvoir soit
détenu par des communistes ou des démocrates chrétiens n'y change rien. C'est bien pourquoi M. Berlinguer
n'a aucune envie de prendre en main cette intenable
situation.

En France même, beaucoup de promesses sociales
doivent être reportées à « l'après-redressement », et la
priorité doit être donnée de façon insistante au réta-
blissement des équilibres. Les stratèges politiciens lèvent
les bras au ciel quand on tient de tels propos. « Impossible de gagner les élections en parlant d'austérité »,
disent-ils.

Je n'ai, pour ma part, aucune compétence électorale,
je ne sais pas quel appât il faut lancer pour gagner des
voix, mais il me semble que la majorité comme l'opposition a plus à gagner qu'à perdre en jouant la rigueur.
A la fin de 1976, M. Barre n'était guère populaire, mais
il se pourrait que son crédit augmente considérablement
s'il parvient à imposer l'image d'un réalisme inflexible et
s'il ajoutait enfin à sa rigueur économique l'audace
sociale indispensable. Certes, les Français ont envie de
croire que les « super-profits des grands monopoles »
peuvent tout payer, qu'on peut vaincre le chômage en
travaillant moins et payer le pétrole en consommant
plus, mais, au fond d'eux-mêmes, ils ont peur. Ils savent
qu'on leur raconte des histoires, et ils seraient rassurés
par une vérité, si déplaisante soit-elle.

Ni les économistes classiques ni ceux de gauche
n'ignorent ces réalités, mais toute la classe politique
tremble devant les tabous des Français. Il ne faut plus
dire « les choses qui fâchent », il ne faut plus rappeler
l'existence des contraintes et la nécessité des efforts, il
faut gagner les suffrages par le sourire, quitte à entretenir toutes les équivoques. N'y a-t-il pas lieu d'être
inquiet en constatant que 68 % des Français pensent
que « ce n'est pas à des gens comme nous qu'il faut
demander des sacrifices pour lutter contre l'inflation »

et que 27 % seulement se déclarent prêts à de tels sacrifices (sondage S.O.F.R.E.S.-*L'Express* 1976).

Il n'est que trop facile de se faire applaudir en promettant de réduire les inégalités. Mais l'idée se répand que l'inflation provient des inégalités et que leur suppression entraînera sa disparition. Ajoutons à cela le mythe des « gros », et l'on voit quelles illusions peuvent être entretenues. La réduction de l'inflation ne concernerait que quelques très rares et très riches possédants. Qui ne serait d'accord avec un tel programme ? Malheureusement, l'inflation n'est pas provoquée par l'inégalité, la preuve en est que bien des sociétés fort inégalitaires ont pu vivre avec des prix stables et une monnaie forte. Le Portugal de Salazar fut un bon exemple. Est-ce à dire qu'il n'existe aucun rapport entre ces deux phénomènes ? Certainement pas, mais c'est un rapport indirect. La lutte contre l'hyperinflation, celle à deux chiffres, et le retour aux équilibres exigent des sacrifices énormes. Il faudrait, pour la France, réduire la consommation immédiate de plusieurs dizaines de milliards. C'est ce que doivent faire les Italiens, les Anglais, les Polonais ou les Yougoslaves, sous des régimes différents. Tous les chiffres montrent qu'un effort d'une telle ampleur ne peut reposer sur les seuls 100 000 Français les plus riches.

Dans une société démocratique, un tel effort suppose une large adhésion de l'opinion publique. Il ne suffit pas de décréter l'austérité, il faut la faire accepter. Or, cet accord ne peut s'obtenir qu'en luttant contre les injustices les plus criantes. Ainsi la réduction des inégalités ne remplace-t-elle pas la lutte contre l'inflation, elle la rend simplement possible. C'est ce que dit justement Edmond Maire en affirmant que « la lutte contre l'inflation passe par une réduction négociée des inégalités ».

Les factures de la crise

La France doit faire un double effort. L'un pour réparer le laxisme des dernières années, l'autre pour s'adapter aux nouvelles conditions économiques. D'une part, elle a accumulé les dettes dont certaines, comme le financement des centrales nucléaires, correspondent à des investissements productifs, alors que les autres sont dues à une simple sur-consommation. Il faudra bien réduire la consommation en proportion même de ce qui a été sur-consommé. D'autre part, il faut que la France se donne les moyens d'affronter la nouvelle situation économique. Cela représente un énorme effort d'investissement. Prenons un exemple simple : l'énergie. Pour notre seule consommation, il faut dépenser 65 milliards de francs par an. Mais il faut encore ajouter au moins 35 milliards d'investissement pour le nucléaire, le pétrole en mer, les énergies nouvelles et les économies. Que l'on ventile l'effort comme on veut, qu'on diminue la part du nucléaire et augmente celle des économies, cela ne changera rien à l'ardoise. Il faut prévoir 100 milliards par an pour le poste énergie. Par comparaison, notons que l'impôt sur le revenu rapporte 70 milliards à l'Etat.

Or, il ne s'agit là que d'une facture parmi beaucoup d'autres. Il faut encore compter un énorme effort pour redonner toute sa compétitivité à notre industrie. Car la concurrence internationale s'annonce plus dure que jamais avec une Amérique dont l'agressivité ne se relâche pas, un Japon et une Allemagne toujours aussi efficaces, des partenaires occidentaux en crise, un Tiers-Monde complètement ruiné, et des pays communistes qui cassent les prix. Les bases de nos exportations sont fragiles, nos besoins en importations beaucoup trop élevés, il faut développer certains secteurs industriels, en reconvertir d'autres, mettre sur pied des réseaux de ventes à l'étranger, ces investissements se chiffrent en dizaines de milliards. Il faudrait encore parler des équipements collectifs, de l'environnement, de l'aide au Tiers-Monde, des conditions de travail, etc.

Bref, les Français devront diminuer de plusieurs points la part du P.N.B. qu'ils consomment immédiatement. On peut effectuer ce report de la consommation à l'investissement par le canal privé ou par le canal public, c'est affaire de tactique, mais le fait, lui, demeure.

Or, tous les prévisionnistes nous annoncent une

conjoncture internationale très incertaine, avec l'accumulation des dettes entre les Etats, la montée du protectionnisme, la stratégie mondiale des multinationales.
Même une expansion modérée devra se gagner jour
après jour, et ne sera jamais acquise.

Face à de telles perspectives, il est vain de discourir
interminablement sur les objectifs à long terme. Que l'on
prenne ceux proposés dans le Programme commun ou
dans *Démocratie française*, on est assuré de recueillir
une très large approbation. Le problème n'est plus de
savoir ce que nous voulons, mais comment nous devons
le faire. Si nous nous trompons sur les moyens à mettre
en œuvre, le rythme des réformes ou la route à suivre,
nous risquons de tourner le dos à l'idéal que nous pré-
tendons poursuivre. De ce point de vue, le risque est
aussi grand de voir la droite trop tarder que la gauche
se précipiter.

Le discours politique, celui qui est entendu et retenu
par les Français, devrait tenir le plus grand compte des
avertissements lancés par des économistes sérieux
comme Serge-Christophe Kolm, homme de gauche, dans
son ouvrage *La Transition socialiste* [1]. Il montre bien
qu'une application hâtive du Programme commun « n'est
pas viable ». La même démonstration pourrait être faite
à partir d'un programme libéral. Il faut refuser également
l'économisme qui repousse les réformes sociales dans un
futur lointain et le socialisme qui négligerait les
contraintes économiques. Mais, aujourd'hui, le débat est
bloqué entre les perspectives maximalistes à long terme
et les contraintes paralysantes du court terme. Ces deux
positions sont également celles de l'irréalisme. L'une qui
se dérobe devant les obstacles, l'autre qui ignore les aspirations. Ainsi les Français, bien qu'ils n'aient jamais été
aussi prospères, se révèlent incapables de regarder la
réalité en face. Pourquoi ?

---

1. *La Transition socialiste*, Serge-Christophe Kolm. Edition du Cerf.

Un monde sans morale

Il n'est pas surprenant *a priori* que les riches défendent leur argent, les corporations leurs privilèges, et les travailleurs leur emploi. Ce l'est d'autant moins que le capitalisme mise précisément sur l'égoïsme individuel et la poursuite des intérêts particuliers. Si le Français ne cesse de répéter qu'il « faut se défendre », l'Américain, lui, vit toujours avec son « lawyer » à portée de téléphone. Pourtant les comportements de l'un et de l'autre sont profondément différents. Le premier se défend contre le système, l'autre se défend dans le système. Ici le capitalisme n'est qu'une foire d'empoigne sans morale et sans loi, là ce même capitalisme devient une sorte de sport codifié et moralisé, comme le rugby. C'est cette absence de valeurs, donc de cohérence, qui me semble expliquer, au niveau fondamental, la vivacité des tabous économiques en France.

Il suffit de regarder une carte pour que la différence saute aux yeux. Si nous marquons d'une même couleur les pays qui subissent plus ou moins l'influence communiste : Portugal, Espagne, France, Italie, Grèce, etc. nous voyons immédiatement que cette zone recoupe très précisément celle de la contre-Réforme. Seules les nations qui n'ont pas suivi Luther, qui sont restées tout entières sous l'influence de Rome, possèdent aujourd'hui des partis communistes puissants. C'est plus qu'une coïncidence.

Cette concordance historico-géographique entre capitalisme et protestantisme, communisme et catholicisme, me semble fondamentale. C'est à partir d'elle que l'on peut comprendre certaines constantes de la mentalité française, et en tirer les conséquences. Elle indique que les options morales sont déterminantes dans les comportements économiques et qu'on ne peut comprendre les unes qu'en étudiant les autres.

Le marxisme se présente comme une analyse scientifique, il fait appel à la raison. C'est un fait. C'en est un autre qu'il n'emporte guère la conviction des peuples protestants.

Dira-t-on que l'idéologie communiste n'a pu se développer librement dans l'Europe du Nord alors qu'elle eut cette faculté dans l'Europe du Sud ? C'est manifestement faux. L'Eglise catholique, toute-puissante dans les pays méditerranéens, n'a cessé de prêcher la croisade anticommuniste. Rien de semblable n'a existé en Suède par exemple. Dira-t-on que les peuples britanniques, américains ou scandinaves, n'ont pas des facultés intellectuelles égales aux nôtres et qu'ils n'ont pu suivre les raisonnements de Karl Marx ? Qui le soutiendrait ?

Le fait est pourtant qu'en pays de tradition catholique chacun se définit par rapport au communisme, pour l'approuver ou pour le contester, alors qu'en pays de tradition protestante cette idéologie est très largement ignorée. Pour l'Américain, le marxisme est le mal, mais un mal extérieur ; seule, la folie maccarthiste a pu faire croire à l'existence d'un communisme américain.

Le communisme se présente comme l'anticapitalisme, il se pose en choix alternatif au système libéral. Il ne peut donc s'implanter que si le besoin est ressenti d'une telle alternative, si le capitalisme ne semble pas être une forme acceptable de société. Autrement dit, la présence de partis communistes influents dans les pays de tradition catholiques prouve que le capitalisme n'a pu s'y enraciner au niveau des consciences, qu'il n'y a jamais trouvé de base morale. Dans les pays de tradition protestante, au contraire, le capitalisme intègre une morale et, de ce fait, n'est jamais menacé par une solution alternative.

Cette observation est capitale, car l'économie est toujours l'expression d'une morale. Elle traduit un système de valeurs. S'il existe un décalage entre ces deux niveaux, toute la machine se grippe. C'est précisément ce qui se passe en France.

La Révolution française

Que la France n'ait pas la morale de son économie, c'est un fait historique connu et qui, tout récemment, fut magistralement analysé par Alain Peyrefitte dans

son *Mal français*. Sans reprendre ces analyses, conten-
tons-nous d'en rappeler les conclusions, car il s'agit
véritablement d'une clé sans laquelle il est impossible de
comprendre la vie politique française.

Tout s'est donc joué au moment de la Réforme et de
la contre-Réforme. Auparavant, le monde occidental était
dominé par les valeurs catholiques : discipline, désintéressement, respect de l'autorité, de l'ordre établi, des
gens en place et des situations acquises. Méfiance, au
contraire, vis-à-vis de l'individu, de la raison, de l'ambition et de la richesse. La révolution puritaine inverse
ce système de valeurs, et privilégie l'individu au détriment de la société. L'homme doit faire preuve de sens
critique, d'esprit d'entreprise pour réaliser un salut qui
se gagne dans la compétition et se traduit dans l'ordre
matériel. La société cesse d'être un système d'intégration
pour devenir un lieu d'affrontement, elle n'est plus le
maître de ballet distribuant à chacun sa place et son
rôle, mais l'arbitre surveillant la mêlée pour faire respecter les règles du jeu. Ce n'est plus l'Etat-providence,
c'est l'Etat-proviseur.

Cette révolution morale change l'attitude vis-à-vis de
l'argent. La richesse était déconsidérée dans le système
précédent. Le noble était riche parce que noble et non,
noble parce que riche. Il ne devait pas travailler ou
commercer pour s'enrichir. Les saints étaient pauvres.
L'argent se trouve déculpabilisé par le puritanisme. Il
n'est pas seulement justifié, mais justifiant. Les riches
sont les meilleurs. Les fondateurs de sectes et grands
personnages religieux peuvent être fortunés. Il est même
préférable qu'ils le soient.

Mais cet argent ne se valorise qu'en se gagnant. L'enrichissement individuel devient une ardente obligation. Il
doit se réaliser dans la concurrence au prix du travail,
de l'effort, de l'entreprise ; en risquant l'échec, la faillite, la ruine ou le chômage. Le marché libre-échangiste
devient une instance de moralisation. Le modèle à reproduire n'est plus l'héritier d'une noble famille, mais le
parvenu qui a réussi par son seul mérite.

Ce retournement des valeurs morales et de l'attitude
face à l'argent transforme complètement le système

économique. La société catholique est statique et orga-
nique. C'est un réseau de relations extrêmement fortes
et stables entre groupes sociaux qui donne à chacun,
dès sa naissance, une place bien définie. Le corporatisme triomphe sécurisant autant qu'étouffant pour
l'individu. La société puritaine, au contraire, ne veut
connaître que des agents économiques libres et égaux.
Les groupements et les privilèges disparaissent, les positions acquises ne sont plus protégées. Tout doit se
gagner à chaque instant. L'insécurité remplace la stabi-
lité. Le capitalisme remplace le corporatisme.

Ce très bref rappel historique montre que la morale
catholique s'apparente au socialisme plus qu'au capitalisme et que les Français en sont encore imprégnés. En
optant pour la contre-Réforme, ils auraient dû s'engager
dans un système économique évoluant du colbertisme à
un socialisme corporatiste et petit-bourgeois. L'alliance
de l'Eglise et du pouvoir, des idéologies socialistes et de
l'athéisme ne permit pas cette évolution. L'autorité religieuse retint dans le capitalisme des fidèles qui, selon
son propre enseignement, auraient dû aller vers le
socialisme. C'est ainsi que les Français s'installèrent
dans ce système politico-économique hybride mêlant la
soif d'enrichissement au goût des privilèges. Capitalistes
honteux autant que socialistes refoulés, ils mêlent l'individualisme et le corporatisme, le besoin de sécurité et
l'amour de la liberté.

Les lois économiques n'ont aucune valeur morale pour
les Français. Elles ne peuvent ni valoriser ceux qu'elles
favorisent ni déconsidérer ceux qui les violent. La fraude
fiscale, les entorses à la concurrence, les rentes de situation, les ententes et les combines n'étant que des pratiques malhonnêtes dans un jeu malhonnête, échappent
à toute condamnation. Les agents économiques en position de force sont suspectés, ceux qui sont en position
de faiblesse sont plaints ; la place des uns et des autres
ne correspond à aucune morale et passe facilement pour
immorale. Le succès trop brillant, l'enrichissement trop
rapide suscitent la méfiance. Il leur manque la caution
du temps. Au contraire, la fortune constituée de longue
date et, si possible, couronnée d'un titre nobiliaire, ras-

sure. L'aristocrate est plus facilement élu que le nouveau riche. Bref, l'économie et la morale se trouvent complètement déphasées dans la conscience française.

Tout le monde triche avec le capitalisme, ce qui achève de lui retirer ses derniers fondements moraux. Chacun s'efforce de fermer à son avantage un jeu qui, de principe, doit rester ouvert. Les privilèges des uns doivent répondre au privilège des autres. La reconstitution des corporations répond au besoin général de sécurité. La société s'enkyste progressivement de droits acquis, de situations inamovibles, elle perd le dynamisme capitaliste sans acquérir la cohérence socialiste. Elle se bloque, se crispe, s'ankylose.

Les vertus communistes

Comment sortir d'une telle situation ? On peut choisir un véritable système communiste dans lequel le pouvoir politique pilote la machine, mais il en va du communisme comme du capitalisme, il ne peut fonctionner correctement que s'il s'appuie sur une morale correspondante. D'autres vertus seraient à promouvoir pour favoriser un tel régime : discipline collective, esprit communautaire, effacement des individualités, sens de la solidarité, dépassement des égoïsmes. Je vois mal les Français progresser rapidement dans cette voie car, pour n'être pas capitalistes, ils n'en sont pas moins profondément individualistes, « propriétaires », corporatistes, et allergiques à tout esprit communautaire.

Tout système collectivisé, on ne le soulignera jamais assez, ne représente qu'un transfert de contraintes par rapport au système capitaliste. Un communisme sans « soviétisme », comme le souhaitait un Dubcek, par exemple, comporterait encore de multiples sujétions. Les Français, séduits par la disparition des contraintes capitalistes, découvriraient celles du communisme. Si on pouvait en douter, l'exemple suédois — pourtant fort éloigné d'un communisme démocratique — serait là pour le rappeler. Sans aller jusqu'à parler d'un « nouveau totalitarisme [1] », on doit bien constater que les Suédois ont manifesté par leur vote de 1976 une certaine lassitude vis-à-vis de l'organisation collective. Il est pourtant évident qu'ils possèdent des traditions de discipline sociale et de sens communautaire plus développées que les Français.

Un système entièrement collectivisé est donc exclu en France, et les communistes français ont la sagesse et le réalisme de ne pas le proposer. Il faut tirer les conséquences d'une telle constatation. Elle implique qu'au terme d'un programme de nationalisations, si étendu soit-il, la majorité de notre économie : petites et moyennes entreprises, agriculture, commerce, services, restera capitaliste. Ce secteur libéral peut se diriger en fonction d'un plan, mais il doit d'abord fonctionner. En effet, le dirigisme sans dynamisme n'a pas plus de sens que la conduite d'une voiture arrêtée.

Quand les Français veulent corriger les défauts du système libéral, ils sont toujours tentés de le pervertir. L'entrave à la liberté d'entreprendre, le blocage des mécanismes du marché, la protection des situations acquises et la stricte réglementation de l'activité économique semblent être les remèdes naturels aux excès du capitalisme.

Cette injection de mauvais socialisme dans la machine capitaliste lui retire son dynamisme sans lui apporter beaucoup de justice. Le vrai défaut de notre économie libérale n'est pas son manque de socialisme, mais son manque de capitalisme. Voilà ce que nos inhibitions religieuses et morales nous empêchent de voir. Cette erreur de diagnostic nous interdit d'utiliser les vrais remèdes.

La règle d'or du capitalisme, celle qui fonde sa morale, c'est la compétition. Donc l'insécurité. Cela implique l'égalité entre les concurrents, la lutte permanente, le refus des situations acquises, des positions transmises. C'est une dure loi, et l'on imagine aisément toutes les conséquences qui en découlent.

L'écrasement du faible pour le fort. C'est vrai. Mais,

---

1. *Le Nouveau Totalitarisme*, Roland Muntford, Fayard.

également, l'obligation pour le riche de gagner à chaque instant et par lui-même sa richesse et son pouvoir. Ce schéma laisse deviner les perversions à craindre et les remèdes à apporter. A un instant donné, les puissants sont tentés de fermer le jeu pour consolider leurs positions jusqu'à les rendre définitives, bien qu'ils prétendent toujours justifier le sort des pauvres par la compétition.

Lorsque la société est incapable d'interdire aux riches de transformer en privilèges définitifs leurs avantages temporaires, elle ne peut empêcher les autres catégories de faire un droit acquis du moindre avantage. Dès lors que le système, d'essence individualiste, laisse la bourgeoisie capitaliste se regrouper en classe solidaire, il accepte également que n'importe quel groupe forme sa corporation. Comme enfin la corporation des riches utilise impunément sa puissance économique pour exercer tous les chantages et défendre tous ses privilèges, les autres corporations réagissent de même et utilisent tous les moyens de pression pour se tailler les meilleurs apanages.

La règle d'or du capitalisme devrait être de refaire à chaque génération l'Amérique des émigrants. C'est un objectif à viser, non une situation à réaliser, car on ne saurait pour chaque enfant remettre à zéro le compteur de la réussite sociale. Mais il s'agit d'une exigence fondamentale si l'on veut conserver à la libre entreprise ce dynamisme qui en fait la force et dont la France aura bien besoin dans l'avenir.

La grande erreur, et que commettent bien des gens de gauche, c'est de flatter les tendances corporatistes et d'y voir même une évolution progressiste. On sait pourtant qu'historiquement le corporatisme est le fourrier du fascisme et non du socialisme, qu'il représente un système rétrograde et paralysant. Le contraire même du progressisme.

Aucune société capitaliste n'a intégralement respecté sa propre morale, et toutes, à des degrés divers, connaissent de telles perversions. La bourgeoisie en place tend partout à se reproduire, et les enfants ne sont nulle part à égalité de chances. Mais la France a poussé plus loin que d'autres l'art de pervertir le capitalisme.

Puisque nous sommes et resterons dans une économie double avec un secteur capitaliste et un secteur nationalisé socialiste, il faut appliquer des remèdes différents à l'un et l'autre systèmes.

Régénérer le capitalisme

Dans l'économie libérale, il convient donc de régénérer le capitalisme et de l'imposer à ceux qui s'y engagent avec l'espoir de gains importants, comme à ceux qui y furent trop bien placés par leur naissance. Concrètement cela suppose une attitude entièrement nouvelle face à l'argent. Dans une société capitaliste, l'argent est connu et reconnu, son statut comporte des obligations, sous forme de risques concurrentiels et de prélèvements sociaux, lesquels entraînent à leur tour la reconnaissance de sa légitimité.

Lorsque les règles de l'enrichissement sont clairement posées et admises, les noms des enrichis sont hautement proclamés. Ainsi devraient être rendus publics l'état des fortunes et des revenus, la liste nominative des 20 000 plus gros contribuables, les rémunérations et avantages des cadres et dirigeants d'entreprises, des membres des professions libérales...

Seul, l'argent publié peut prétendre à la protection sociale ; l'argent clandestin, au contraire, supporte une présomption générale de fraude.

Cette fortune doit respecter strictement les obligations qui lui incombent en matière de solidarité nationale. Etant donné la situation actuelle de la France, il faudrait sans doute procéder en deux temps. D'une part, un court délai serait accordé pour déclarer à l'administration toute situation fiscale ou financière irrégulière. Ces déclarations secrètes feraient l'objet de régularisation en l'absence de toute poursuite ou sanction autre que le paiement des arriérés. D'autre part, une loi, entrant en vigueur passé ce délai, prévoirait la saisie automatique de la justice et des peines de prison ferme sans possibilité de sursis pour tout cas de fraude, d'évasion de capitaux ou de spéculation monétaire dépassant un certain montant. L'exemplarité peut seule venir à bout de ces maladies sociales, car s'il est vrai que la crainte de la guillotine ne dissuade pas les criminels, la peur de la prison, elle, ferait réfléchir les vrais fraudeurs.

La grande fraude étant ainsi criminalisée, il serait plus facile de justifier les poursuites contre la petite. En outre, notre justice deviendrait enfin égale pour tous. Aujourd'hui, le cambriolage, le vol conduisent en prison, la fraude fiscale ou l'évasion de capitaux n'entraînent guère que des amendes ou des peines d'emprisonnement avec sursis. Or, la première délinquance est celle des pauvres, l'autre est celle des riches. Les loulous de banlieue ne peuvent frauder un million au fisc, c'est donc une classe qui est punie de prison et l'autre d'amendes.

Dans cette même optique du libéralisme intégriste, la transmission des grosses fortunes et des entreprises est inadmissible. La fortune doit se gagner. Personnellement et à tout instant. En application de ce principe, l'impôt successoral actuel devrait être supprimé et remplacé par une imposition fortement progressive sur les successions supérieures au patrimoine moyen des Français. On arriverait ainsi à des prélèvements de 80 % sur les plus grosses successions, même en ligne directe. Les fils de riches bénéficient déjà d'avantages énormes dans la compétition, à cause de leur milieu et de leur éducation, il est tout à fait anormal qu'ils aient la richesse en prime. Cet impôt aurait encore l'avantage de faire radicalement la différence entre le patrimoine familial totalement exonéré, et la fortune largement récupérée par la collectivité.

Un impôt sur les fortunes privées est nécessaire pour que le capital soit obligé de se renouveler ou de disparaître. Etre riche, ce doit être un métier et non une sinécure ; il faut sans cesse entreprendre, investir, risquer son avoir pour le conserver. Ceux qui ne savent que le mettre à l'abri le verront fondre.

L'économie ne peut être dynamique que si l'argent s'investit dans les secteurs productifs et non dans les valeurs refuge que sont la pierre et l'or. On connaît bien aujourd'hui l'arsenal des mesures propres à briser la spéculation immobilière : municipalisation des sols, récupération de toute plus-value, limitation des profits. Leur application ferait de l'immobilier un secteur économique comme un autre n'offrant ni plus de sécurité ni plus d'espoirs de gains. Il en va de même pour l'or dont la possession passive et anonyme est contraire à l'esprit capitaliste. On peut autoriser les monnaies d'or pour conserver les petites économies. En revanche, le lingot nuit profondément au dynamisme de l'économie et sa possession privée pourrait être interdite en France, comme elle l'est dans certains pays capitalistes.

Il faut, à l'inverse, tout faire pour attirer l'argent dans les secteurs productifs, notamment dans ceux définis comme prioritaires par le plan. Cela implique qu'après avoir détruit les refuges spéculatifs ou improductifs, on favorise l'investissement. Des formules originales seraient à trouver pour permettre aux banques nationalisées d'aider la création d'entreprises. Les firmes ainsi créées par l'initiative privée avec l'argent public seraient le terrain d'expérimentation idéal pour les nouveaux modes de gestion sociale, comme la participation, la cogestion ou l'autogestion. Ne pourrait-on, de même, accorder aux patrons qui s'engagent à appliquer un nouveau statut de l'entreprise une garantie minimale contre les risques de faillite ? Ne pourrait-on créer des sociétés d'investissements pour petits porteurs qui offriraient une assurance contre les baisses brutales de la bourse ?

Les entreprises doivent être condamnées au profit. Pour obtenir ce résultat, il suffirait d'interdire tout salaire supérieur à 15 000 F par mois. Avantages et frais de fonction compris. La part de rémunération excédant cette somme ne pourrait être prélevée que sur les profits distribués. Quoi de plus naturel ? Si des managers et cadres supérieurs veulent gagner davantage, ils doivent prouver la qualité de leur gestion par l'excellence de leurs bilans. On verrait ainsi disparaître ces situations scandaleuses dans lesquelles le « club » des dirigeants se sert de royales rémunérations, tandis que l'entreprise est déclarée en déficit. Cette incitation, à elle seule, ferait sans doute réapparaître bien des profits et augmenterait largement les rentrées de l'impôt sur les sociétés. Les dirigeants des grandes sociétés devraient avoir l'obligation légale d'investir une part importante de leur patrimoine dans leurs actions afin de partager le sort de leurs petits actionnaires.

L'important est que, dans tous les cas, les mieux rémunérés soient les plus productifs, et que l'espoir de l'enrichissement aille toujours de pair avec les risques de perte.

J'évoquais dernièrement de telles mesures devant le dirigeant d'une grande entreprise. Il s'indigna en me disant que je voulais instaurer le collectivisme. C'est proprement aberrant, et cela prouve que les capitalistes français n'ont pas la moindre idée de ce que devrait être le capitalisme. L'Etat-gendarme de la société libérale n'a pas seulement pour rôle de traquer les brigands qui attaquent les marchands au coin des bois, il doit d'abord et avant tout faire respecter les règles de la libre concurrence. Toute forme de fraude, d'entente, de position dominante, de privilèges est condamnable sur un marché libéral. Tout doit se gagner régulièrement et à chaque instant. De ce point de vue, le fraudeur n'est pas moins anticapitaliste que le voleur, et le pouvoir politique doit également lutter contre l'un et l'autre.

Il est de fait qu'aucun pays capitaliste n'a poussé le système jusque dans ses plus extrêmes conséquences. Partout l'hypocrisie bourgeoise dissimule les plus graves entorses au libéralisme. C'est le cas notamment en Amérique. Mais là-bas ces perversions sont ressenties comme telles et cachées honteusement. En France, au contraire, l'instauration de privilèges, la pratique de combines, la recherche de refuges spéculatifs, sont avouées le plus naturellement du monde par les chantres du capitalisme. Il serait bon aujourd'hui de les faire déchanter.

Démanteler les bastilles

A côté de ce secteur libéral, existe et pourra encore se développer un large secteur socialisé. Cette dualité est

profondément saine, car elle offre à chacun une grande
diversité de choix. Mais, là aussi, le jeu est à jouer en
toute clarté. Des entreprises publiques doivent impérati-
vement être rentables. Ici, plus encore que dans le secteur privé, les salaires des cadres et dirigeants ne peuvent pas être dissociés des résultats. L'Etat doit payer les
services qu'il impose, mais il doit, en contrepartie, exiger
de toucher les impôts sur les bénéfices commerciaux.
Les avantages divers, notamment la sécurité de l'emploi,
pourraient figurer dans le calcul du salaire afin que
l'on ait un niveau de rémunération comparable et non
un chiffre fictif.

Dans le même esprit, le gouvernement aurait à démanteler les bastilles corporatistes bourgeoises, grands
corps, professions fermées, rentes de situation, positions
de quasi-monopole, intermédiaires obligés. Il y aurait
fort à faire pour chasser tous ceux que Giscard d'Estaing
appelle joliment « les brigands ». C'est sur de telles
actions que se gagnerait l'autorité nécessaire pour contenir la poussée des diverses corporations plus nombreuses
et moins privilégiées. Au terme de ce formidable jeu de
brise-tabous, il deviendrait possible de remplacer le droit
à la conservation de l'emploi par le droit au travail. Mais
il est clair qu'il faut opérer dans l'ordre et attaquer les
grands et scandaleux privilèges avant de contester celui,
si limité, du travailleur voulant protéger son emploi.
L'ordre inverse conduit à l'explosion sociale.

Ce retour aux sources du capitalisme n'est en rien
contraire à une planification libérale ou socialiste. Rendant au système sa souplesse, ses facultés d'adaptation,
il en facilite le pilotage. En revanche, les planificateurs
ont fort peu d'action sur l'économie actuelle tout entière
paralysée par ses tabous. Ceux qui prétendraient changer le mode de vie et, par conséquent, le mode de
consommation et de production, se heurteraient de tous
côtés à des corporations incrustées dans le système et
refusant tout changement. Croit-on que les vignerons
accepteront facilement de remplacer la vigne par le
soja ? Que les notaires céderont aisément leur monopole ? Que l'ordre des médecins s'adaptera aux exigences
d'une médecine sociale ? Que les travailleurs des usines

d'armement accepteront la reconversion ? Avant de changer une société, il faut lui redonner son aptitude au
changement.

Prenant acte du fait que la France est et restera
dans un avenir prévisible une société à dominante libérale, il faut se donner les moyens de finaliser un système
de nature exclusivement productiviste. Si l'on veut,
comme il est indispensable, dépasser le capitalisme, il
faut d'abord lui rendre sa vérité. Dans l'état actuel des
choses, notre système est inacceptable mais il est, en
outre, intransformable.

Une plus grande rigueur apportée au système libéral
permettrait de repenser la gestion du secteur nationalisé. Pour étendre l'économie socialisée, il faut faire
preuve d'exigences et non de complaisance, il ne faut
pas attribuer systématiquement toutes les défaillances
de gestion aux complots d'un gouvernement « capitaliste » ; pour relancer l'économie libérale, il faut dénoncer les comportements anticapitalistes de la bourgeoisie,
et non se plaindre éternellement du prétendu sabotage
syndical. Tant que les tenants du libéralisme couvriront
les pires fautes du capitalisme, les tenants du socialisme
les pires erreurs des entreprises nationalisées, que chacun défendra ses tabous, notre économie continuera à
dériver ; et les courants qui l'emportent ne la conduisent
certainement pas dans une direction souhaitable. Quand
la majorité libérale dénoncera la fuite des capitaux, et
l'opposition de gauche les aberrations du programme
Concorde, il y aura enfin quelque chose de changé au
royaume de France. Mais la multiplication des privilèges par laquelle on a prétendu corriger les injustices
du capitalisme est, au sens le plus profond, une attitude
réactionnaire qui ne fait en rien progresser la justice.

En soi, tous les tabous économiques ne sont pas mauvais. On pourrait même soutenir qu'en ce domaine nous
manquons de tabou. Il serait bon qu'un certain nombre
de principes, respect de la propriété collective, de la
libre concurrence, des obligations fiscales, condamnation des entreprises non rentables, des positions spécu-
latives soient sacrés. Mais c'est beaucoup attendre de la
mentalité française.

En revanche, tout tabou qui vise à protéger une situation acquise est mauvais. Par malheur, ceux qui prolifèrent chez nous sont bien de cette deuxième espèce. C'est pour cela qu'ils sont haïssables. Lorsque l'interdit portera sur la fermeture et non sur l'ouverture, qu'il interdira de construire des fortifications et non de les démanteler, alors l'économie française sera remise sur ses pieds. Il faudra encore rétablir entre les individus l'égalité de chance — un programme pour une génération ! —, corriger les coups du sort, soutenir les individus en difficulté, aider les uns et les autres à s'adapter et...

Faisons cela ; la nouvelle société nous sera donnée de surcroît. Faute de pouvoir commencer par changer les mentalités, commençons par changer les structures, peut-être que la nouvelle mentalité nous sera aussi donnée de surcroît.

Chapitre 8

LES PAYS DU TABOU

Dans la mentalité française, c'est banalité de le constater, l'abstrait précède et prime toujours le concret. Au début est le verbe porteur de l'idée. Les faits viennent après et doivent se plier à la théorie. Ils se révèlent, par malheur, rétifs à ce genre de traitement. Certains se refusent même obstinément à jouer le jeu. C'est alors que le tabou intervient pour protéger le discours de la réalité.

En politique, par exemple, il ne suffit pas de se fixer un certain nombre d'objectifs fort simples : libertés, justice, tolérance, respect de la personne, amélioration des conditions matérielles de vie, bref, de se fixer des valeurs morales et de juger une politique par la confrontation de ses résultats concrets avec cet idéal de référence. Non, il faut intégrer ces valeurs dans de vastes synthèses intellectuelles : des modèles de société.

En l'absence de toute application pratique, ces constructions théoriques ne sont guère que des utopies sans consistance. Il convient donc de les étayer sur des faits. Les Français utilisent un pays, généralement une société au début de son évolution, comme incarnation du modèle à la mode. Ce pays, chargé de cette valeur idéologique particulière, doit correspondre à l'idée que nous nous en faisons. Comme il advient que cette correspondance est loin d'être parfaite, les faits gênants sont systématiquement occultés par les mécanismes du tabou.

La France ayant beaucoup évolué sur le plan politique, et n'étant resté immuable que dans son besoin de division, ces pays tabous ont eux-mêmes changés dans le temps et n'ont jamais été idéalisés que par une partie de l'opinion.

Le pays élu est ordinairement tout, sauf exemplaire. Or le modèle doit être parfait, faute de quoi il perd cette force d'adhésion qui cautionne le discours. Pendant un temps, les Français parviennent à préserver l'image la plus flatteuse. Hélas, le mauvais profil finit toujours par apparaître. L'illusion se dissipe et le rêve va se reporter sur un autre pays qui ne mérite pas plus que le précédent cet excès d'honneur préludant à cet excès d'indignité. Voilà plus de deux siècles que, suivant les modèles et les modes, les Français posent le tabou sur la contrée qui porte, le temps d'une espérance, leurs spéculations et leurs chimères.

Le pays de la liberté

Au XVIIIe siècle, les philosophes des Lumières en lutte contre le despotisme de l'Ancien Régime construisent maints schémas de sociétés dans lesquelles les citoyens jouiraient d'une honnête liberté, face aux abus du pouvoir. C'est en Angleterre qu'ils trouvent leur modèle. Voltaire ne doute pas que nos voisins britanniques aient construit la société idéale. « L'amour de la liberté n'est-il pas devenu leur caractère dominant à mesure qu'ils ont été plus éclairés et plus puissants ? » C'est pourquoi « la nation anglaise est la seule de la terre qui soit parvenue à régler le pouvoir des rois ». « J'ose dire, conclut-il, que si on assemblait le genre humain pour faire des lois, c'est ainsi qu'on les ferait pour sa sûreté. »

Nos philosophes, ayant découvert la monarchie parlementaire dont ils rêvent, se gardèrent bien — comme on les comprend ! — d'aller regarder ce qui se passait dans le Lancashire ou le Yorkshire. Ils auraient découvert là une autre révolution, plus riche encore d'avenir que le parlementarisme : la révolution industrielle. Car, tandis que les philosophes des Lumières célèbrent l'avènement de l'ordre politique bourgeois, ils ne voient pas se mettre en place son complément économique et social. Pourtant, c'est bien le monde moderne qui est en train de naître dans les souffrances horribles d'un accouchement sans anesthésie.

Les paysans sont chassés de leurs terres par le système des « enclosures », les travailleurs indépendants et les petits artisans sont progressivement regroupés dans les premières manufactures lainières et cotonnières. Le capitalisme découvre l'usine et engendre le prolétariat ouvrier. Une population pauvre, mais libre de son travail, est embrigadée dans un système concentrationnaire. Une véritable conscription industrielle enrôle les familles entières : adultes, femmes, enfants, vieillards, dans un mode de production qui retire toute autonomie au travailleur, en fait le véritable serf du patron. Ainsi, la liberté disparaissait sur le plan social et économique alors même qu'elle triomphait sur le plan politique.

Mais le petit monde philosophique était parfaitement satisfait de l'image anglaise sur le plan politique et n'avait nul souci de la compléter sur le plan social. Il est vrai qu'il aurait fallu être fin observateur des faits sociaux pour interpréter les prémices de la prolétarisation dès 1760, il aurait été possible pourtant de constater que la liberté politique faisait suite au remplacement des valeurs traditionnelles, par une soif immodérée de l'enrichissement, et que cette société matérialiste préparait l'écrasement du pauvre par le riche.

Mais de telles interrogations ne pouvaient que ternir le modèle anglais. Il valait mieux s'en tenir à l'image première si commode pour appuyer les idées nouvelles. L'Angleterre était et ne pouvait être que tabou.

Au XIXᵉ siècle, quand le tabou britannique déclina, un nouveau mythe prit la relève : celui des Etats-Unis d'Amérique. C'est là-bas qu'Alexis de Tocqueville est allé chercher « une image de la démocratie elle-même », une image qui convient parfaitement à la bourgeoisie triomphante du XIXᵉ siècle.

Car il ne fait plus de doute que la liberté politique ne suffit pas à créer une société parfaite. Il faut y ajouter l'égalité pour éviter les trop grandes injustices et l'esprit d'entreprise pour répandre les fruits du progrès scientifique. Voilà précisément ce que l'on peut trouver dans le modèle américain. Le Nouveau Monde apparaît comme la terre des pionniers, autant dire la terre des égaux. Chaque immigrant débarque avec son maigre bagage dans lequel ne se trouvent ni privilèges ni passe-droits, rien que cette volonté farouche d'entreprendre et de réussir qui lui a fait traverser l'océan. Ainsi naît une république vierge qui ne porte pas les tares originelles de l'Ancien Régime. Elle donne à chacun les mêmes chances d'accéder à la fortune et fait de l'inégalité la sanction du mérite et non de la naissance. Michel Chevallier, grand prêtre saint-simonien, et grand économiste du Second Empire découvre, un siècle avant Jean-Jacques Servan-Schreiber, le défi américain : « Luttons contre les Etats-Unis, moins en dénonçant leurs péchés au monde, qu'en nous efforçant de nous approprier´ leurs vertus et leurs facultés... »

Les formidables inégalités qui sont en train de naître, l'esclavage des Noirs, justement dénoncé par Tocqueville, sont largement oubliés ; quant au drame des Indiens, il n'est évidemment jamais perçu. L'Europe a besoin d'une Amérique dynamique, démocratique et triomphante, elle ne peut voir l'envers du décor. Un tabou, cela s'admire, cela ne s'étudie pas.

Moscou comme Rome

Mais déjà une nouvelle espérance se lève, porteuse des plus grands mythes et des plus grands tabous : le socialisme. Il naît d'une révolte morale face à l'effroyable misère du monde ouvrier, à l'inébranlable égoïsme de la bourgeoisie. Il se constitue en synthèse cohérente et grandiose grâce au travail titanesque de Karl Marx. Pourtant, le socialisme — ou le communisme, qu'importent les étiquettes — reste un régime d'utopie, c'est-à-dire, au sens étymologique, de nulle part, car les capitalistes sont partout les maîtres. Les marxistes invoquent bien l'exemple d'un communisme primitif qu'auraient connu toutes les sociétés, mais les modèles d'un lointain passé emportent difficilement la conviction.

C'est en 1917 que le communisme peut enfin trouver sa référence dans le présent. La jeune Union des Républiques socialistes soviétiques devient la patrie du socialisme, le modèle donné en exemple à tous les travailleurs du monde. Ecrasante responsabilité pour une expérience qui commence dans le chaos, la misère et les convulsions ! Immense réconfort pour une idéologie qui risquait de s'user dans les discours, les discussions et les congrès. Pendant un demi-siècle, la gauche française va coller à son modèle, et le drame qui se noue ici reproduit très fidèlement celui que vécut le catholicisme durant des siècles : c'est l'usurpation du verbe et le détournement du tabou.

L'Eglise romaine s'est proclamée Eglise du Christ et de l'Evangile et, de cette appellation, elle a tiré une autorité sans pareille. Investie de ce titre, elle est protégée par le plus formidable de tous les tabous : le tabou divin. Sa politique aura beau être à l'opposé de tout enseignement évangélique, elle aura beau persécuter au lieu de libérer, corrompre au lieu de purifier, chérir la richesse et la puissance en place de la pauvreté et de l'humilité, pratiquer la violence plus que la douceur, elle restera pour des générations de fidèles l'Eglise du Christ. Ce titre suffira à masquer les évidences et paralyser la critique. Nul apôtre, revenant sur Terre au xv⁰ siècle, n'aurait reconnu la parole de Jésus dans la politique de Rome. L'idée ne lui serait pas venue que cette institution matérialiste, impérialiste et oppressive pouvait se dire chrétienne. Ayant vu ce qu'il y avait à voir, il aurait condamné ce qu'il y avait à condamner.

Mais les fidèles ne pouvaient ni voir ni condamner. L'Inquisition, la corruption, les bûchers, la collusion avec le pouvoir, tout ce qui est, au sens le plus profond, l'antéchrist, leur paraissait naturel puisque l'organisation qui s'en rendait coupable se proclamait Eglise catholique apostolique et romaine, continuatrice du Christ.

Par quelle raison encore mystérieuse Martin Luther

put-il tirer de ce piège hypnotique l'Europe du Nord et non l'Europe du Sud ? Pourquoi les peuples anglo-saxons, scandinaves et germaniques refusèrent-ils de se laisser plus longtemps abuser par cette usurpation alors que les peuples latins restaient prisonniers de l'appellation non contrôlée « Eglise du Christ » ? Il serait intéressant de le savoir, car cette coupure de l'Europe s'est fidèlement transférée dans l'ordre économique et politique.

La jeune République des Soviets s'approprie de même tous les mots de « communisme », « socialisme », « révolution », « peuple », « justice », « égalité » et, à travers eux, toutes les valeurs et tout l'espoir de ceux qui refusent la violence et l'injustice du capitalisme. Tout à la fois gardienne, caution et incarnation de l'espérance socialiste, elle ne peut qu'être parfaite. Désormais, les croyants devront se battre contre les faits pour préserver leur idéal si dangereusement aventuré dans cette autoproclamation.

Car le nouveau régime attire les sympathies des intellectuels autant que des travailleurs. Roger Martin du Gard, Romain Rolland, les surréalistes, André Malraux et même Céline saluent l'aube sanglante encore, mais annonciatrice d'un monde nouveau. « Et s'il fallait ma vie pour assurer le succès de l'U.R.S.S., je la donnerais aussitôt » écrit André Gide en 1932. De nombreux intellectuels français entreprennent alors le pèlerinage à Moscou, aussi peu révélateur qu'une croisière Paquet. Chacun y trouve ce qu'il y cherche. Aragon est enthousiasmé. André Gide est déçu et le dit. Les plus croyants puisent dans leur foi pour gommer les faits gênants, les plus réalistes flairent l'usurpation et se reprennent. Ceux qui croient au Ciel et ceux qui n'y croient pas, Moscou comme Rome séparent les hommes en deux espèces étrangères l'une à l'autre.

Mais c'est au lendemain de la guerre que le piège du tabou va se refermer complètement sur les fidèles. Dans le monde fou, violent, brutal des années 30, tout devenait explicable : procès de Moscou, dékoulakisation, grandes purges, etc. Voilà venu le temps de la paix.

Le communisme va enfin pouvoir se construire, l'U.R.S.S., est, plus que jamais, le modèle.

La réussite de l'expérience est, en quelque sorte, posée au départ, car son échec est rigoureusement inacceptable. En effet, l'adhésion au communisme passe par la condamnation radicale du capitalisme. Le seul monde acceptable devient alors celui dans lequel l'appropriation collective des biens de production a rendu impossible l'exploitation de l'homme par l'homme. Si un tel régime échouait, il n'y aurait plus d'espoir pour l'humanité.

Or cette formidable espérance, c'est Staline qui l'incarne. Parce que l'U.R.S.S. a socialisé la production, qu'elle se proclame patrie du communisme, elle est le communisme. Son échec réduirait au désespoir des millions d'hommes. Staline a piégé le destin de l'humanité tout comme la papauté avait su le faire en son temps. Il est protégé par un tabou qui peut résister à la terrible épreuve des faits.

Car des informations nombreuses et concordantes vont rapidement s'accumuler qui démentent l'image idyllique du communisme stalinien. Mais ni les récits d'Arthur Koestler, ni le témoignage de Margarete Buber-Neumann, ni le livre blanc de David Rousset, ni les grands procès, ni le flot des émigrés, rien ne peut ébranler la foi de ceux qui ont ainsi aventuré leur espérance.

Pour ces « premiers chrétiens » du communisme, le monde est divisé en deux, et toute trace de scepticisme, voire de réalisme, vous rejette dans le camp des exploiteurs. Le climat de tension créé par la guerre froide entretient les mécanismes du tabou. Une fois de plus, la présence de l'ennemi favorise l'interdit : on ne discute pas sur un champ de bataille. Le stalinisme est d'abord un communisme de guerre.

L'autocensure féroce, l'aveuglement systématique que s'imposent les militants lucides ne sont point ressentis comme des fautes, mais comme des vertus. C'est le prix à payer pour participer au seul devenir moral de l'humanité. Au reste, les faits gênants ne peuvent être que secondaires puisque l'expérience ne peut que réussir.

Une sorte de jubilation masochiste conduit les plus grandes intelligences à soutenir les pires âneries, à couvrir les pires monstruosités. Lyssenko, sous la plume d'Aragon, devient l'égal de Galilée, Picasso n'est plus qu'un artiste incapable de dessiner le visage de Staline et Jdanov est le guide qui tend aux artistes « une main secourable pour les sortir de leurs contradictions ».

Dans une telle situation, le mérite de croire est proportionnel aux raisons de douter. C'est à l'épreuve, lorsque des apparences contraires semblent remettre en cause les plus fondées certitudes, que se révèlent les vrais militants. Refuser de voir l'évidence, d'entendre le témoignage, de tirer les conséquences des faits et de rechercher les causes sous les effets n'est point affaire de mauvaise foi, mais de foi tout simplement. Cette autocensure de l'esprit, coupable dans un autre système, est ici valorisante. L'U.R.S.S., détournant à son profit les mécanismes religieux du tabou, enferme les communistes français dans une prison intérieure dont ils mettront un quart de siècle à se libérer.

Seule l'Eglise catholique — la comparaison ne cesse de s'imposer — avait si parfaitement maîtrisé le tabou. Et, de même qu'elle avait réussi à paralyser l'esprit des hommes les plus éminents, le communisme stalinien et son modèle soviétique réussiront-ils une sorte de chef-d'œuvre en ce domaine.

En outre, l'U.R.S.S. insuffle ses perversions dans les partis frères. Le P.C. français ne se contente pas de soutenir le stalinisme. Il le pratique. Certes, il ne peut recourir aux mêmes méthodes puisqu'il ne détient pas le pouvoir, mais il suit la même politique dans son fonctionnement interne. Les rivalités de clans, les oppositions de personnes sont réglées dans la plus pure tradition stalinienne. Les condamnations sont prononcées au terme de procédures inquisitoriales. Les luttes pour le pouvoir sont travesties en conflits idéologiques. De vieux militants au passé irréprochable sont soudain traités de flics ou d'indicateurs, et le culte de Maurice Thorez reproduit fidèlement celui de Staline. A la déification du P.C.U.S. répond la déification du P.C.F. Tout le système fonctionne du sommet vers la base, et jamais en sens inverse.

Lors d'un fameux débat télévisé en décembre 1976,

après la projection du film *L'Aveu,* qui retrace l'affaire Artur London, Jean Kanapa vint expliquer aux téléspectateurs que les dirigeants communistes français ignoraient tout des méthodes staliniennes jusqu'aux révélations faites par Khrouchtchev lors du XXe congrès du P.C.U.S. Etrange affirmation ! Il n'est que de revoir le déroulement des affaires Lecœur, Marty, Tillon, Casanova pour constater que le P.C.F. n'était pas seulement un complice du stalinisme, mais un pratiquant assidu. En regardant ce stalinien repenti, je ne pouvais m'empêcher de me demander : « S'il avait été au pouvoir en 1950, M. Kanapa n'aurait-il pas jeté ses adversaires en prison ? » Il est impossible de répondre à cette question, mais il est impossible de ne pas se la poser. Un tel tabou aurait pu mener fort loin ceux qui se disputaient le titre de meilleur stalinien de France.

Rien qu'un bouc émissaire

Mais tout cela appartient à l'Histoire. Nikita Khrouchtchev a déboulonné le personnage de Staline, Alexandre Soljenitsyne a ressuscité les morts du Goulag, et nul ne défend plus ce système maudit. Est-on pour autant sorti du tabou ? Je ne le crois pas.

Voyons les faits. Des millions d'hommes sont morts au Goulag. Staline a tué plus de Russes qu'Hitler. Le fait n'est plus contesté. Imaginez qu'il n'existe aucun tabou, le problème se serait aussitôt posé de connaître les responsables d'un tel massacre. Staline et Béria en tête, mais en tête seulement. Le Goulag n'était pas une prison mais un pays peuplé de millions de prisonniers que des millions de commissaires, de gardiens, de bourreaux organisaient, encadraient, surveillaient. Les crimes du stalinisme sont ceux de tout le P.C.U.S. de cette époque, dont les membres furent coupables ou complices. La dénonciation d'un tel crime doit entraîner la mise en accusation des suspects. C'est ce qui fut fait — bien insuffisamment à mon goût — après la révélation des camps nazis. Il n'est pas interdit de s'interroger sur les différents mécanismes qui aboutirent à

Dachau et Buchenwald, mais, avant de théoriser, il faut que la justice passe. Comment agissaient tous ces dignitaires soviétiques à l'époque de la terreur, alors qu'ils franchissaient un à un les échelons de la hiérarchie ? C'est la première question que la mise à mort du bouc émissaire Béria ne suffit pas à résoudre.

Excluons toute forme de purge sanglante ou de contre-terreur succédant à la terreur ; il n'empêche que la déstalinisation pour être tout à fait convaincante aurait dû entraîner la mise à l'écart des responsables ayant trempé de près ou de loin dans cette effroyable tragédie. Georges Marchais pose justement dans *Le Défi démocratique* cette question : « Quel autre mouvement, quel gouvernement, quel parti a d'ailleurs jamais fait dans l'Histoire la critique publique de ses propres fautes, comme l'ont fait le Parti communiste de l'Union soviétique et d'autres partis communistes ? » On pourrait certes évoquer Abraham Lincoln mettant fin aux horreurs de l'esclavage, mais enfin on peut donner acte à M. Marchais ; il n'en reste pas moins qu'on ne solde pas un passif de millions de morts en disant simplement : « Staline a eu tort. » Ceux qui aidèrent Staline, le laissèrent faire ou obéirent à ses ordres, étaient-ils encore dignes d'assumer le pouvoir ? Cette question ne pouvait être éludée qu'en faisant jouer le tabou.

En l'occurrence, il fonctionna parfaitement. Nul, pas même les Américains, n'avait intérêt à soulever un tel lièvre. Il est nécessaire pour l'équilibre et la paix du monde que les dirigeants de l'U.R.S.S. soient considérés comme d'honorables interlocuteurs. Si les Occidentaux ne sont pas fâchés de leur lancer *L'Archipel du Goulag* au visage, ils sont, en revanche, fort gênés lorsque Soljenitsyne parle au présent. Il se fit donc un accord tacite et général pour que le stalinisme, sitôt reconnu, bascule dans l'Histoire. Le seul problème qui se posa après le XXe Congrès fut de pure théorie. Il s'agissait de savoir si le stalinisme s'expliquait par Staline, par la Russie, par la guerre froide, par Lénine, par Marx ou par le communisme. Le débat était tout entier reporté dans le monde du passé et des idées, sans jamais s'attacher aux hommes, aux faits et au présent.

Cette impossibilité de regarder la réalité en face fut particulièrement flagrante, et compréhensible, pour les communistes français dans les années 60. Ecrasés qu'ils étaient par les titres de l'U.R.S.S., patrie du communisme, et de ses dirigeants, ils ne pouvaient accepter de telles questions. Le blocage était d'autant plus fort que le même problème se posait au sein du P.C.F. Là aussi, une véritable déstalinisation aurait entraîné la mise en cause des leaders. Comment pouvait-on véritablement condamner le culte de la personnalité en U.R.S.S. sans, aussitôt, interroger Maurice Thorez sur son propre culte ? Comment dénoncer les responsables des procès staliniens sans mettre en cause les organisateurs des purges de type stalinien au sein du Parti communiste français ? Bref, à Paris comme à Moscou, comment peut-on faire la déstalinisation dans les idées si on ne la fait pas dans les hommes ? Les communistes ne manquent pas de rappeler cette vérité quand les anciens franquistes prétendent organiser la démocratie en Espagne.

Les pays communistes et leurs dirigeants, ayant continué à bénéficier de l'autorité morale attachée à l'espérance socialiste, purent se refaire une virginité avec la seule dénonciation du stalinisme. Cette persistance du tabou n'a pas permis aux pays communistes de s'arracher au schéma stalinien. Sans doute sont-ils passés de la terreur ouverte à la terreur virtuelle, et du terrorisme paranoïaque à l'oppression bureaucratique, le résultat est moins horrible, mais guère plus réjouissant.

Un triste colosse en chapeau mou

Pourtant, le tabou s'est singulièrement affaibli. S'il gêne encore les communistes au moment d'interpréter les faits, il ne peut plus les empêcher de les voir. L'U.R.S.S., en particulier, a cessé de faire illusion. Aux sottes rodomontades de Khrouchtchev prédisant que les Soviétiques dépasseraient le niveau de vie occidental dès les années 70, s'oppose l'indéracinable médiocrité de l'économie soviétique avec le retard catastrophique de son agriculture, la persistance des pénuries, la mauvaise qualité des produits, l'accumulation des dettes extérieures, bref l'impossibilité de créer cette société de consommation que les dirigeants soviétiques s'étaient fixée comme idéal.

La situation est tout aussi désastreuse sur le plan des libertés, avec la répression contre les opposants, la surveillance policière sur tous les déplacements, la renaissance de l'antisémitisme, le contrôle absolu de l'information, et le culte de Brejnev succédant à celui de Staline. L'U.R.S.S. reste encore un désert culturel et intellectuel. Certes, le peuple lit énormément de « bons » auteurs classiques, et cette instruction fait honneur au communisme, mais toute créativité, toute recherche originale est tarie. N'est-il pas significatif que, même dans la recherche marxiste, les idées nouvelles jaillissent de l'étranger, alors qu'en U.R.S.S. la doctrine officielle se fossilise dans un dogmatisme figé ?

En politique étrangère, l'Union soviétique étale avec cynisme ses objectifs de grande puissance impérialiste. Tout est subordonné à ses intérêts égoïstes, rien n'est fait par élan de générosité, ni vers les pays pauvres ni vers les pays « frères ».

Toute l'ambition du régime paraît s'être reportée sur les armes. La presse occidentale commente avec frayeur et délectation la croissance prodigieuse de l'arsenal soviétique, et la patrie des travailleurs semble mettre un point d'honneur à s'illustrer dans l'organisation des parades militaires et la fabrication des bombes. Grâce au ciel — ce n'est pas une métaphore — l'astronautique lui a permis d'exprimer sa puissance dans un domaine plus digne des aspirations humaines.

Encore sommes-nous loin de connaître toute la réalité soviétique. Car l'U.R.S.S. reste un monde fermé à l'information. Les statistiques officielles sont invérifiables, l'état présent des camps de concentration reste inconnu, et l'absence de chômage et d'inflation s'obtiennent au prix de subterfuges (travailleurs en surnombres) ou d'autres maux (pénuries) qui dissimulent le mal sans en supprimer la réalité.

En définitive, les travailleurs français ne peuvent

mettre à l'actif du régime soviétique qu'un seul bien : la sécurité. Il est vrai que le citoyen docile, s'il ne jouit que d'une condition médiocre, ne craint pas les « coups durs », chômage, accidents de santé, etc. qui le menacent en régime capitaliste. Cette totale prise en compte par l'Etat-providence peut séduire des travailleurs occidentaux durement touchés par la crise. Pourtant, elle ne suffit pas à revaloriser l'image de l'U.R.S.S.

« Parmi les types de société quel est celui qui vous paraît le plus souhaitable pour la France ? » demandait-on à un échantillon de Français au cours d'un sondage *Figaro*-S.O.F.R.E.S. de novembre 1976. 70 % des personnes interrogées se prononcèrent pour la société française actuelle, ou ses variantes américaines ou allemandes de l'Ouest. 2 % pour une société communiste de type soviétique. 10 % seulement des électeurs communistes considèrent désormais que la société soviétique peut être un modèle pour la société française !

Lorsqu'on demande : « Si vous deviez quitter la France, et si vous aviez le choix entre ces trois pays pour vivre votre vie, lequel choisiriez-vous ? 54 % choisissent les Etats-Unis, 6 % l'U.R.S.S. et 4 % la Chine communiste (ce qui se comprend plus aisément en raison de la distance culturelle).

Ainsi, plus personne, pas même les communistes, ne reconnaît le champion de l'espérance socialiste dans ce triste colosse en chapeau mou bardé de cuirasses et embarrassé de bombes. Désormais, le P.C.F. traîne l'U.R.S.S. comme un boulet. Il lui faut chaque jour dénoncer une nouvelle violation des libertés. Ne serait-il pas le premier parti de France, si l'exemple soviétique ne venait constamment saboter son discours démocratique ? Il est bien des militants qui, en privé, donnent allégrement dans l'antisoviétisme.

Et si l'U.R.S.S. n'était pas socialiste

Car le P.C.F., après bien des hésitations et des déchirements, a pris le virage de la déstalinisation. Pour effacer le poids du passé, il insiste sur le respect des

libertés et multiplie promesses et garanties. Les anticommunistes ne manquent pas de crier à l'imposture.
Sans doute ont-ils tort. 69 % des membres du parti ont
moins de quarante ans. C'est dire que les deux tiers des
communistes n'ont pas vécu l'expérience stalinienne. Ils
n'en connaissent que l'image démystifiée et ils ne peuvent en conserver aucune nostalgie, en revanche, ils
savent désormais le prix des « libertés bourgeoises ».
Il y a donc toutes les raisons de supposer que les
communistes, militants autant que dirigeants, sont
aujourd'hui sincères dans leur foi démocratique. Ce fait
admis, il reste à savoir si une certaine conception du
communisme peut se marier avec la démocratie.

Nous avons désormais une douzaine d'expériences
communistes, expériences fort dissemblables par leurs
origines historiques, leur milieu culturel, etc. D'où vient
qu'elles aient toutes débouché sur des systèmes qui,
selon les exigences mêmes des communistes français,
sont antidémocratiques ?

Deux explications sont possibles. Ou bien le caractère
autoritaire de ces régimes tient au tempérament autoritaire des dirigeants, et il faut savoir pourquoi le système sélectionne toujours des autocrates, ou bien les
dirigeants sont des démocrates, mais ils sont poussés à
l'autocratie par la logique du système. Dans un cas
comme dans l'autre, la compatibilité de ces systèmes et
de la démocratie reste à prouver. Il n'est pas sérieux
de présenter l'absence des libertés comme une maladie
des pays communistes. La pathologie est, par définition,
l'exception. La couleur noire ne saurait être considérée
comme une maladie de la race noire, au même titre que
la dépigmentation des albinos. Si tous les pays communistes sont totalitaires, c'est que le système est totalitaire.

De cette constatation de bon sens, il découlera qu'on
ne peut tout à la fois prôner le respect des libertés
« bourgeoises » et se réclamer d'un système qui les
exclut. Application concrète de ce principe : les communistes français qui sont attachés à ces libertés n'ont
rien de commun avec l'U.R.S.S.

Cela devrait être vrai, mais ne l'est pas dans la

réalité. Certes, le P.C.F. insiste bien sur le fait qu'il veut « un communisme aux couleurs de la France », fort différent du communisme soviétique ou chinois. Pourtant, les dirigeants affirment hautement leur appartenance au camp communiste. S'ils dénoncent les violations visibles des libertés en U.R.S.S., ils s'efforcent également d'embellir l'image des pays communistes en insistant lourdement sur les bons côtés, et en glissant sur les mauvais. Ils ne peuvent franchir ce pas décisif : reconnaître que l'Union soviétique n'est, en rien, un pays socialiste.

Car tout le problème est là. Si l'on parlait aux pères fondateurs du socialisme d'un pays dans lequel les ouvriers n'ont pas le droit de grève, l'opposition est muselée, un pays qui entretient toujours un système concentrationnaire, un pays enfin dans lequel une caste bureaucratique s'attribue les privilèges et tend à recréer des inégalités exorbitantes, ceux-ci ne songeraient pas un instant à qualifier de « socialiste » ou de « communiste » cette société. Pourquoi faut-il donc que les communistes français continuent à se laisser impressionner par le titre de « communiste » que porte l'U.R.S.S. ? Hitler avait bien usurpé le mot de socialiste. Les Khmers rouges massacrent le peuple cambodgien au nom du communisme. Un mot n'a jamais rien prouvé.

Si les communistes français s'étaient libérés du tabou soviétique, ils proclameraient bien haut que l'U.R.S.S. usurpe l'espérance socialiste, qu'elle n'a aucun titre à se réclamer de cet idéal. Cette prise de position, loin de « désespérer Billancourt » en consacrant le naufrage de l'espoir socialiste, devrait le relancer. En effet si, véritablement, cet espoir s'incarne dans la douzaine de systèmes qui s'en réclament, alors il n'est qu'illusion, et cette évidence s'imposera à mesure que s'évanouira le tabou. Il ne restera que le désenchantement ou le désespoir. Affirmer, au contraire, que l'expérience socialiste reste à faire, que ses prétendues tentatives n'ont été que de grossières usurpations, c'est la régénérer, quitte à devoir se passer de références qui se sont révélées plus dangereuses qu'utiles.

Mais, précisément, le tabou soviétique n'a pas disparu,

car le P.C.F., tout comme le P.C.U.S., n'a pas encore effectué sa déstalinisation totale au niveau de ses cadres et de ses structures. Bien des dirigeants restent marqués par leur passé et reculent devant ce sacrilège. Ils hésitent devant le Rubicon, paralysés par la terrible formule : « Pas ça ou pas vous. » Quelques efforts qu'ils fassent pour se désolidariser des pays communistes, ils restent prisonniers de ce prétendu « camp socialiste ». Hors de l'Eglise point de salut.

Ces dirigeants, revenus de leurs erreurs passées, mais toujours marqués par elles, restent enfermés dans le piège des mots. Les pays communistes sont les pays qui se disent communistes. Ces pays étant communistes sont, par nature, bon et ne sauraient devenir mauvais que par accident.

Ce blocage place le Parti communiste dans une situation complètement fausse. D'un côté, il propose un programme beaucoup plus proche d'un socialisme à la suédoise que d'un socialisme à la soviétique, de l'autre, il se réclame du camp totalitaire et refuse le nom de socialiste aux régimes sociaux-démocrates. Il est pourtant évident qu'on ne peut fonder un projet démocratique sur une douzaine de références totalitaires. Que penserait-on d'un parti qui se dirait fasciste tout en affirmant qu'il condamne l'absence de démocratie dans les pays fascistes ? Sans doute lui ferait-on remarquer que le premier point serait de refuser la référence fasciste.

Tant que subsistera cette ambiguïté, les plus véhémentes protestations des communistes ne pourront emporter la conviction de leurs adversaires. Beaucoup de non-communistes les soupçonneront de duplicité et penseront que le communisme démocratique dont ils se réclament aujourd'hui n'est qu'une étape tactique vers le communisme totalitaire qui reste leur objectif final. Et cette conviction transforme le débat politique français en véritable guerre de religion.

Même l'abandon de la dictature du prolétariat ne peut emporter la conviction, tant que ce pas n'est pas franchi. Il faut bien savoir, en effet, s'il s'agit d'un abandon de principe ou de tactique. Dans le premier cas, les communistes estiment qu'en 1977 cette formule est inadaptée à la France et leur barre l'accès du pouvoir. Ils y renoncent donc pour raisons conjoncturelles, mais pourraient aussi bien la ressortir si, une fois au pouvoir, ils estimaient en avoir besoin. Dans l'autre, ils estiment que cette notion est radicalement incompatible avec le socialisme ou le communisme et doit, dans tous les cas, être enterrée. Si cette deuxième interprétation, combien plus rassurante, est la bonne, il s'ensuit que les régimes qui pratiquent la dictature du ou sur le prolétariat ne sont pas socialistes. Si, à l'inverse, les communistes maintiennent leur filiation avec les régimes totalitaires au moment où ils abandonnent cette notion, certains craindraient que l'abandon ne soit que de tactique.

Cette « dérussification » du P.C.F. reste donc fort incomplète. Le Parti en est au même point de son évolution que l'Eglise au XIXe siècle. Elle condamnait les « erreurs » qu'avaient été l'Inquisition, les dragonades et le reste, mais elle maintenait l'alliance avec le pouvoir temporel, l'intolérance, l'autoritarisme et toutes les perversions qui avaient rendu possibles de telles horreurs.

Pour se libérer définitivement du passé, il faudrait que les communistes brisent deux autres tabous : ceux du centralisme et du dogmatisme, ceux-là même qui permettent l'apparition du phénomène stalinien.

Un parti communiste se doit d'être fondé sur le fameux centralisme démocratique léniniste. L'expérience a prouvé que, dans cette organisation, c'est toujours le sommet qui commande à la base tant pour le choix des hommes que des idées ou de la stratégie. Il s'agit d'une structure politique qui est merveilleusement adaptée à la dictature. Tant qu'elle reste en place, nul ne peut affirmer qu'elle ne sera pas un jour utilisée à des fins totalitaires. Rompre avec le modèle léniniste du parti, c'est le deuxième tabou à briser.

Le troisième, c'est la « dédogmatisation ». Le marxisme se veut « scientifique », c'est dire qu'il prétend à la vérité scientifique. C'est une illusion que l'on pouvait entretenir au siècle du scientisme mais qui n'est plus tenable aujourd'hui. Tout nous indique que nous n'avons pas encore commencé le déchiffrement scientifique des sociétés humaines. Cet objet est beaucoup trop complexe pour être compris dans son ensemble. Nous devons nous contenter de différentes approches, plus ou moins contradictoires, qui comportent chacune « quelque chose de vrai », sans prétendre à la synthèse définitive, globale et universelle. Le marxisme est une de ces approches, il est précieux à ce titre, c'est l'accabler et non le servir qu'y voir la vérité scientifique du phénomène social.

Or cette foi inébranlable dans le marxisme conduit à plaquer sur toute société une même grille explicative simpliste, entraînant l'application de recettes politiques passe-partout. Du dogmatisme théorique, on passe au dogmatisme pratique. C'est ainsi que les Soviétiques ont imposé leur socialisme de sous-développés à un pays industrialisé comme la Tchécoslovaquie. Mais la réalité se rebiffe quand elle est ainsi maltraitée. Face à de telles difficultés, et pour peu que l'on dispose de l'outil terriblement efficace qu'est un parti léniniste, la tentation est grande de « normaliser » la société pour l'adapter aux schémas théoriques. Ceux qui ne suivent pas sont des traîtres à éliminer, toutes les défaillances du système sont imputées aux ennemis du peuple... aussi centralisme démocratique et dogmatisme sont-ils les fourriers du totalitarisme.

Il est vrai que, dans la pratique, les communistes français s'éloignent toujours davantage de ces redoutables modèles, mais ils ne peuvent se décider à rompre toutes les références théoriques. Ainsi leur position reste-t-elle largement ambiguë. On peut relever dans les discours de M. Marchais mille propositions concrètes qui rompent heureusement avec le marxisme intégriste, mais le mot de révisionniste résonne à ses oreilles telle une insulte. Dans ces conditions, bien des démocrates se demandent si ces propos rassurants ne sont pas de simples ruses tactiques.

Les communistes sont allés si loin dans leurs aberrations staliniennes qu'il leur faudrait aujourd'hui rompre de la façon la plus irrévocable et au niveau le plus fondamental avec les démons passés pour regagner la confiance totale des non-communistes. Faute de quoi, les décalages entre le discours pratique et les références doctrinales, la foi démocratique et l'organisation du Parti entretiendront une indestructible méfiance.

Et comment ne pas rêver au renouveau de la vie politique française qui suivrait la rupture de ces tabous ! Le Parti communiste constitue aujourd'hui une formidable fraternité d'hommes, c'est un capital unique de dévouement, d'engagement et de générosité. Pourquoi faut-il que l'exigence de justice qui pousse ses 500 000 militants soit ressentie comme une menace permanente par la plupart des autres Français, pourquoi faut-il qu'elle bloque la vie politique au lieu de la faire progresser ? Une telle situation se comprenait au temps du stalinisme, aujourd'hui elle est aberrante.

Entendons-nous bien, je ne fais pas d'angélisme. Il existe dans notre société des oppositions violentes d'intérêts qui doivent normalement donner lieu à d'âpres affrontements. C'est naturel autant qu'inévitable. Ce qui est intolérable c'est cette guerre de religion, ce sentiment d'un combat à mort qu'éprouvent de nombreux Français face au communisme, des Français qui ne sont en rien des capitalistes, qui ne luttent pas pour défendre une fortune, mais pour conjurer ce qu'ils ressentent comme une menace totalitaire. Il est trop commode de parler à ce sujet d'anticommunisme primaire et de propagande capitaliste. Le Parti communiste français, comme tous les partis communistes, a beaucoup à se faire pardonner, et ce n'est pas trop lui demander qu'attendre une rupture radicale et définitive des trois tabous qui en firent un complice, qui auraient pu en faire en d'autres circonstances un instrument du stalinisme.

Il me paraît assez probable qu'en tout état de cause le renouvellement progressif des équipes dirigeantes provoquera inévitablement une telle évolution. Le tabou soviétique a été frappé à mort. Il ne fait que se survivre dans la personne des cadres et dirigeants ; tôt ou tard, il finira par s'effacer et les autres tabous ne résisteraient pas beaucoup plus. En attendant, deux France camperont sur leurs positions, l'arme au pied.

Le châtiment de Mao

En dépit du tabou soviétique, vivace comme la mauvaise herbe, la gauche française se trouvait privée de modèle. Ses différentes tendances essayèrent bien d'utiliser qui la Suède, qui le castrisme, qui le Chili d'Allende, mais ces tentatives tournèrent court pour une raison ou une autre. C'est alors que la France découvrit la Chine. Je dis « la France », car, fort curieusement, le modèle chinois allait, pour peu de temps, s'imposer à la plupart des familles politiques. J'avais écrit une première version de ce qui suit au printemps 1976. Le tabou chinois était encore bien vivace, et je me faisais un plaisir de le démystifier. Hélas, M. Hua Kuo-feng a fait cela tellement mieux que toute la démonstration est à reprendre au passé. Désormais, l'imposture maologique est si évidente que même Philippe Solers s'interroge à son sujet.

Pour décrire ce qui s'est passé en Chine depuis la mort de Mao Tsé-toung, il faudrait prendre la plume de Victor Hugo écrivant *Les Châtiments*. Car le sacre de Hua n'est ni plus ni moins que le châtiment de Mao. Pendant vingt ans, le personnage immense du Grand Timonier a pu transfigurer les plus énormes erreurs, les plus sordides règlements de comptes, en disputes idéologico-transcendantales, et nos intellectuels théorisaient avec jubilation sur ce pur discours qu'était devenu l'histoire de la Chine contemporaine. Ah ! les subtiles distinctions entre contradictions antagonistes et non antagonistes, les secrets cheminements de la lutte des classes après la révolution, les acrobaties dialectiques qui renvoyaient l'extra-gauche dans l'ultra-gauche, la puissance théorique qui naissait de la ligne des masses. Que d'arabesques intellectuelles, que de cathédrales conceptuelles chevillées par les citations du président Mao comme les homélies de nos prélats par celles des Saintes Ecritures !

L'ineffable père Jean Cardonel, ayant découvert l'Evangile selon Mao, pouvait même annoncer dans *Le Monde*, en février 1976, ce que serait la succession de l'empereur vieillissant : « La méditation des écrits philosophiques à partir de leur expérience, de leur pratique, de quantités d'ouvriers, de paysans, de soldats de l'armée populaire de libération, cette pensée qui est, mais cette fois aux dimensions d'un peuple, celle d'Héraclite, me donne la certitude qu'après la mort de Chou En-lai, et même après la mort de Mao Tsé-toung, le problème fondamental ne peut plus se poser d'abord en termes de succession personnelle au pouvoir. Les dirigeants sont au service du peuple de plus en plus conscients de ce qu'implique l'exercice populaire du pouvoir avec les premiers pas vers le dépérissement de l'Etat. »

Hélas, je crains que le président Hua n'ait jamais lu les écrits des dominicains maoïstes, c'est pour cela sans doute qu'il n'a même pas respecté le délai de viduité avant d'arrêter l'impératrice douairière, laquelle, d'ailleurs, n'avait pas attendu que son défunt mari soit froid pour sortir le couteau.

En soi, l'indignité des héritiers n'ôte rien au génie des grands hommes. Cela est vrai. Mais la guerre de succession ne fut pas seulement indigne de la légende maoïste. Elle lui fut fatale. Car Hua ne s'est pas contenté d'éliminer Chien Ching et ses amis, il a reproduit fidèlement les scénarios maoïstes qui conduisirent à l'élimination de Liu Shao-shi, de Lin Piao et de tant d'autres. Il a fait du maoïsme sans Mao. Et ça a fort bien marché. L'appareil de l'Etat a répondu sans hésiter aux commandes de son nouveau pilote.

La propagande a pu instantanément mobiliser le peuple contre les vaincus. En l'espace de quelques jours, les « ouvriers de base » des « usines modèles » pouvaient réciter aux visiteurs étrangers la litanie des crimes reprochés à Mme Mao avec la même application qu'ils mettaient quelques semaines auparavant pour chanter les mérites de la Dame. Selon le bon scénario stalinien, les vaincus furent abattus en secret hors de tout débat public, le peuple fut informé après et n'eut le droit que d'applaudir, les perdants se virent chargés de tous les crimes, et les luttes pour le pouvoir furent travesties en conflits idéologiques.

Oui, tout était comme avant, mais, vu de l'extérieur,

cela ressemblait plus à une caricature qu'à une reproduction. Les accusations contre la veuve Mao devinrent rapidement si grotesques, que, malgré le peu de sympathie qu'inspire le personnage, elles déconsidérèrent les accusateurs. Les sauts périlleux idéologiques pour démontrer que le gauchisme du groupe de Shanghaï ne visait qu'à restaurer le capitalisme ne purent même pas convaincre les maoïstes français. Bref, tout cela semblait encore plus faux que les campagnes orchestrées par Mao de son vivant.

Or, l'évidente imposture qui consistait à travestir une dispute d'héritage en querelle idéologique ne gêna en rien le succès de l'entreprise. Tout se termina comme au bon vieux temps par le triomphe du vainqueur sur la place Tien An Men. Des Chinois, par centaines de milliers, bien alignés, bien encadrés, vinrent spontanément acclamer l'homme qu'ils aimaient le plus au monde : un technocrate dont ils ignoraient l'existence six mois auparavant, et qui accédait au pouvoir en sa qualité de premier flic du pays.

Peu après, les travailleurs de base des usines pilotes expliquaient à leurs hôtes étrangers que leur cœur débordait de reconnaissance pour le président Hua et que sa pensée, inspirant leur action et stimulant leur ardeur, avait fait doubler la production. La vénération très réelle que les Chinois portaient à leur libérateur pouvait faire illusion, mais l'amour de Hua Kuo-feng, cela ne passe pas. Force est d'admettre que le maoïsme n'est pas une idéologie transcendante, mais un formidable appareil d'Etat, que la pensée de Mao Tsé-toung est d'abord une énorme bureaucratie qui manipule les masses au gré de ses maîtres. Devant une telle démonstration, le tabou s'est lézardé. Hua Kuo-feng a démystifié Mao plus sûrement que Napoléon III, Napoléon Ier.

Le 22 octobre, Philippe Solers, l'une des vedettes du maoïsme parisien, écrivait dans *Le Monde* : « ... Ce qui apparaît de plus en plus en plein jour, c'est la sinistre réalité stalinienne d'une mécanique de pouvoir et d'information, mécanique à propos de laquelle on pouvait nourrir un certain nombre d'illusions qui me semblent de plus en plus impossibles... » Nourrir des illusions, voilà bien l'aveu du tabou qui interdit de regarder la réalité en face. Pourtant, cette réalité du maoïsme pouvait être subodorée depuis un certain temps déjà, à condition toutefois de chercher la vérité et non la confirmation de ses préjugés idéologiques.

Le gentil roi de la Chine

Ce tabou eut un curieux destin. Il ne se généralisa pas dans la gauche, à cause du conflit Moscou-Pékin qui obligea les communistes à une prudente réserve. En revanche, il se répandit largement dans les milieux conservateurs. Il est d'ailleurs plaisant de constater que les Français avaient cédé une première fois au mirage chinois. C'était au XVIIIe siècle, et déjà nos philosophes des Lumières étaient fascinés par cette réalité si lointaine, si différente et si mal connue qu'elle se prêtait complaisamment à toutes leurs spéculations.

« Nos missionnaires nous parlent du vaste empire de la Chine, comme d'un gouvernement admirable qui mêle ensemble dans son principe la crainte, l'honneur et la vertu... » Charles de Secondat, baron de Montesquieu n'était que trop heureux d'ajouter foi à ces récits admirables. Ne savait-on pas que les empereurs de Pékin étaient des philosophes et même des poètes ? Que le Céleste Empire ne connaissait aucune forme d'intolérance ? Que ses dignitaires ne devaient pas leurs charges à la naissance ou à la richesse, mais au seul mérite, en sorte qu'un pauvre fils de paysan pouvait accéder aux honneurs suprêmes ? Cela surtout paraissait admirable à Voltaire qui ne doutait point que « le gentil roi de la Chine » l'aurait fait ministre si le sort de la naissance l'avait fait naître dans cet empire de la sagesse, et non dans un royaume de privilèges. Bref, le Siècle des Lumières voyait déjà dans la Chine lointaine et millénaire un modèle à suivre pour l'Europe à peine sortie de l'obscurantisme.

Curieusement, les missionnaires n'étaient pas moins sinophiles que les philosophes athées. Ils avaient découvert dans le monde chinois une terre de mission particulièrement favorable. Nulle véritable religion ne contrariait leur entreprise. La morale confucéenne ne s'opposait point à celle de l'Eglise, bien au contraire. Elle ne comportait nulle trace d'idolâtrie, ou de paganisme, rien qu'une sorte de vide spirituel que le christianisme viendrait tout naturellement combler. Seul, le culte des ancêtres faisait problème. Les farouches dominicains y voyaient une dangereuse superstition qu'il convenait de combattre. Les jésuites, plus subtils, étaient partisans de récupérer cette piété filiale en créant un « rite chinois » qui l'intégrerait dans la religion chrétienne. Mais, en tout état de cause, la Chine, à la différence de l'Inde saisie par sa mythologie délirante, allait devenir l'un des plus beaux fleurons de la couronne romaine. Au reste, les missionnaires étaient fort bien reçus à la cour de Pékin et leur enseignement ne semblait rencontrer ni résistance ni hostilité.

Les philosophes athées, eux, voyaient dans la civilisation chinoise la preuve que l'homme peut fort bien se passer de spiritualité et de religion révélée. Nul ne pouvait contester la haute valeur morale de la culture et de la société chinoise et nul, en contrepartie, ne pouvait y trouver l'expression d'un message divin. Le modèle chinois prouvait que la vertu n'avait point besoin de la religion pour exister. « La Chine est le seul pays connu où la politique se trouve, par la constitution même, intimement liée avec la morale », constatait le baron d'Holbach, tout heureux de cette découverte qui justifiait pleinement son athéisme. Et Leibniz en venait à penser que la Chine serait bien inspirée d'envoyer des missionnaires pour civiliser l'Europe.

Le XVIIIᵉ siècle marque, en effet, l'apogée de la dynastie mandchoue, la dynastie des King. L'Empire chinois contrôle pratiquement tout le Sud-Est asiatique, la paix règne sur tout le continent, l'or de l'Europe — ou plus exactement de l'Amérique — enrichit l'Empire, les arts et les lettres fleurissent partout. Il est bien naturel que le père Matteo Ricci et quelques autres aient été éblouis par la culture, la prospérité et les splendeurs du Céleste Empire.

En fait, les Européens découvrent ce qui va disparaître. Alors même qu'ils se reconstruisent une Chine de rêve, le grand empire commence à se dissocier : gaspillage à la cour, corruption dans l'administration, révoltes dans les provinces lointaines marquent la fin du siècle. Mais, surtout, le peuple chinois vient d'être frappé par le mal le plus terrible, le plus pernicieux : la prolifération. Au XVIe siècle, le monde chinois et le monde européen sont à égalité de peuplement. Et soudain, à la faveur d'une longue période de paix et de prospérité, la courbe de la croissance démographique chinoise s'est dressée d'une façon prodigieuse. Nul évidemment ne le remarque. La terre de Chine se peuple à une vitesse sans précédent, et sera écrasée sous le poids de sa masse humaine. Le modèle oriental deviendra bientôt l' « homme malade », malade de bien des maux, et d'abord de la surpopulation. Pendant deux siècles, la pensée européenne oubliera ses chinoiseries.

« La Chinoise »

Puis, en 1968, les murs de Paris se couvrent d'un mot, surprenant, provocant : La Chinoise. Pendant quelques mois, on put distinguer les gens « dans le coup » des autres, à ceci près que les seconds croyaient que l'héroïne de Jean-Luc Godard avait les yeux bridés, alors que les premiers savaient qu'elle ne les avait pas. La jeunesse bourgeoise de Nanterre et de Vincennes — lieu d'étude, pas de naissance bien sûr — vient de découvrir la Chine maoïste. Le dernier recours après l'effondrement des modèles précédents. Entre les communistes qui n'osent plus se recommander de l'U.R.S.S. et les trotskystes, éternellement privés de modèles, la jeunesse révolutionnaire s'est trouvé une patrie mythique.

Les premiers épisodes du maoïsme exalté avec les Cent Fleurs et le Grand Bond en avant n'avaient guère stimulé les esprits occidentaux. La Chine n'était pas à la mode. La Révolution culturelle, en revanche, enflamme des imaginations douloureusement sevrées par l'effondrement du modèle soviétique. La révolution qui se cherchait un modèle, se trouva un mot. Il ne lui en fallait pas davantage.

En 1971, une brillante intelligence de la gauche italienne, député communiste de Naples en conflit avec son parti, publia *De la Chine*, relation de ses voyages organisés dans la Chine communiste et, surtout, des idées qu'elle en rapporta. Ce fut un petit événement dans l'intelligentsia parisienne. Maria-Antonietta Macciocchi devint rapidement une vedette. Il n'y eut pas que la presse de gauche à louer fort l'ouvrage et à lui consacrer d'abondantes analyses. Le Parti communiste, quant à lui, refusa de vendre ce livre subversif à la fête de l'Humanité, ce qui provoqua une grande tempête dans ce petit monde. L'auteur fut alors invité à venir enseigner les étudiants français à l'université de Vincennes. Le ministre de l'Intérieur joua les « public-relation » en lui infligeant quelques tracasseries administratives. Bref, le lancement fut parfaitement réussi, et *De la Chine* devint aux intellectuels ce que le livre d'Alain Peyrefitte deviendrait bientôt au grand public.

Il est plaisant de relire cet ouvrage après la prise de pouvoir par Hua Kuo-feng. Maria-Antonietta Macciocchi nous assure qu'elle a eu « les plus larges possibilités d'enquête, d'exploration, de contacts avec la base et les dirigeants, pour reconstituer les étapes et l'essence de la révolution culturelle ». Nous verrons tout à l'heure comment la Chine organise les voyages de ses hôtes étrangers, et nous pourrons juger l'incroyable naïveté de notre auteur. Mais il est vrai que Mme Macciocchi vint avec son stylo et son bloc, notant pieusement tout ce qu'on lui raconta. Leon Vandermeersh, professeur à l'université Paris-VII pourra remarquer qu' « on retrouvait dans le livre comme spontanément déclaré, comme la révélation de la visite, ce qui avait été exposé en long et en large dans *Le Drapeau rouge* (journal de Pékin) six mois auparavant ».

Il est vrai aussi que la perspicacité de l'enquêteuse est sans faille. Elle nous avertit : « Ne nous y trompons pas (mon Dieu, qu'il est des expressions malheureuses). Si l'on voit en Chine de nombreux portraits de Staline, côte à côte avec les grands marxistes, Mao a bel et bien

éliminé toute conception stalinienne du Parti. » Elle
précise ailleurs son très sûr diagnostic : « On ne peut pas
dire qu'en Chine » une classe se soit installée aux dépens
du « prolétariat ».

La voilà maintenant qui se dirige vers une « école de
rééducation ». Elle y ressent « une certaine excitation »,
car elle y voit « un point clé » de son voyage. Elle y vit
« une journée extraordinaire ». Tout est comme elle
l'espérait, elle rencontre des cadres, jadis coupés du
peuple, qui affirment leur joie de se faire rééduquer.
Même les femmes ne regrettent pas d'être séparées de
leurs enfants ; c'est certainement vrai, puisqu'elles le
disent. Mme Macciocchi ressent autour d'elle « cette
étrange fraternité, cette humanité inconnue... ». Elle y
décèle « un radical bouleversement des valeurs, mais
sans violence fondamentale ». Incidemment, elle nous
signale que cette « école du 7-Mai » dépend du ministère
de la Sécurité publique. Evidemment, des esprits petits-
bourgeois en déduiraient que... mais ceux-là ne comprendront jamais rien au maoïsme. Ils ne comprendront pas
que « la lutte entre Mao et Liu Shao-shi est une âpre
et définitive bataille sur le terrain idéologique, avant
tout ». L'idéologie. Tout est là ; et les maoïstes, eux, en
sont déjà à l'idéomanie.

Bécachine à Pékin

On pourrait ainsi pêcher des perles à chaque page,
mais il me semble préférable de s'en tenir au récit du
deuxième voyage de Maria-Antonietta Macciocchi à
Pékin, en 1972, après la chute de Lin Piao, le successeur
de Mao brutalement tombé en disgrâce, et mort, dit-on,
dans un accident d'avion en tentant de quitter la Chine.
Elle se sent « investie d'une sorte de " mission " consistant à comprendre et à expliquer politiquement la chute
de Lin Piao ». Le mot essentiel est ici « politiquement ».
Nul ne connaît encore aujourd'hui le déroulement des
événements. Quels faits ont été reprochés à Lin Piao,
comment se déroula sa mise en accusation, qu'advint-il
de lui et de ses complices, combien de personnes furent

éliminées, combien mises à mort, après quelles procédures ? Nul étranger ne possède aujourd'hui de réponses certaines à ces questions. Dans une telle situation, tout historien cherchera d'abord à établir les faits. L'interprétation politico-idéologique peut toujours suivre la reconstitution des faits, elle ne peut jamais la précéder. Avant de discourir sur la prise de la Bastille, il faut savoir ce qui s'est passé à Paris le 14 juillet 1789.

Mme Macciocchi est parfaitement rompue aux méthodes historiques modernes. Elle dédaignerait toute étude du passé non fondée sur des faits matériels indiscutables et, si possible, quantifiés. Mais la Chine étant son tabou, elle ne veut en discuter qu'au niveau des idées, et non des faits. Elle veut de l'idéologie, et ses interlocuteurs vont lui en servir tant et plus.

Elle apprend tout de suite que, dans cette affaire, « le problème des personnes passe au second plan ». On restera donc dans le pur discours, ce qui permettra à la maologiste de tout comprendre sans rien savoir. Idéologiquement donc, Lin Piao, l'homme du Petit Livre Rouge, incarnait pendant la Révolution culturelle la tendance de gauche, par opposition à Liu Shao-shi qui représentait la tendance de droite. Est-ce à dire que sa chute correspond à la défaite de la gauche ? Comme vous le savez, la topologie idéologique se situe dans un espace moralement orienté. La gauche est la direction du Bien, la droite celle du Mal. Faudrait-il en déduire que le « bon » gauchiste Lin Piao fut frappé par la coalition droitière Mao Tsé-toung-Chou En-lai ? Voilà bien ce que penseraient des bourgeois non initiés à la dialectique maoïste. La vérité idéologique est bien différente, car Lin Piao dirigeait en sous-main un groupe se déclarant de « gauche » mais étant en réalité « d'ultra-droite ». Je vous fais grâce des interminables explications permettant de comprendre que, plus Lin Piao épousait la pensée du président Mao en se situant à gauche, plus il déviait à droite... Tout cela est fort ennuyeux car, évidemment, les interlocuteurs ne citent aucun fait concret, ne fournissent aucune preuve. Discours, discours...

Pour saisir cette adorable dialectique, il suffit de se reporter aux explications qui accompagnèrent la chute du « groupe de Shanghaï ». Là aussi, vous découvrirez que le gauchisme forcené de Mme Mao et de ses amis visait à restaurer le capitalisme. En somme, Hua n'a eu qu'à prendre le double des réquisitoires prononcés contre Lin Piao. Et le jour où il tombera, ses adversaires ressortiront les accusations lancées contre Liu Shao-shi. Dans l'idéologie maoïste, on ne jette jamais les doubles, ils finissent toujours par resservir.

Bref, à l'issue de ces exposés, notre dame est aux anges, elle seule, de tous les étrangers, sait enfin tout sur la chute de Lin Piao. « Donc, le Trident qui vole au-dessus du territoire mongol, en direction de Moscou, m'apparaît au cours de cette discussion, comme une métaphore pour signifier que Lin Piao avait adopté une ligne contraire à celle de Mao... » L'auteur enchaîne superbement son paragraphe suivant par : « Mais tenons-nous-en aux faits... »

De faits, justement, Maria-Antonietta Macciocchi en est encore plus dépourvue qu'à son arrivée à Pékin puisqu'elle apprend que ce qu'elle croyait savoir sur la mort de Lin Piao est « métaphorique » ou comme je dirais plus grossièrement, « mensonger ». Elle devrait être cruellement déçue, se battre pour savoir ce qui s'est réellement passé. Mais elle s'en moque, comme l'ensemble de la presse occidentale d'ailleurs.

En fait, elle est comblée car les Chinois lui ont donné : « L'explication politiquement exhaustive de la ligne antagoniste... », elle sait maintenant pourquoi les vainqueurs du jour peuvent de façon « cohérente et rationnelle » expliquer « Lin Piao comme un autre Liu Shao-shi ».

Deux autres choses lui apparaissent avec évidence. La première, c'est que « la condamnation qui a été prononcée est venue d'en bas », la seconde que cette purge comme celles qui l'ont précédée sont « une loi de la lutte des classes ». Bref, c'est le peuple qui commande en Chine, les combats ne sont que d'idées et c'est toujours la gauche qui triomphe. Que le maoïsme est beau quand la Révolution chinoise m'est racontée par Bécachine !

C'est sans doute faire beaucoup d'honneur à ce monument de sotte candeur gauchiste que de lui consacrer tout ce passage, mais le succès rencontré par l'ouvrage montre qu'il traduit un certain état d'esprit. Au moins pourrait-on penser que le démenti de l'histoire a fait retomber le livre et son auteur dans un oubli charitable. Il n'en est rien. Notre université, toujours en retard d'un conformisme intellectuel, a célébré comme il se devait cette contribution à l'étude de la Chine contemporaine.

L'événement s'est déroulé le 17 février 1977 dans le grand amphithéâtre de la Sorbonne. Maria-Antonietta Macciocchi soutenait devant un aréopage de brillants intellectuels-professeurs de gauche un doctorat d'Etat sur l'ensemble de son œuvre, essentiellement *De la Chine* et *Pour Gramsci*. Etant malheureusement peu introduit dans ces milieux, je n'en fus pas informé et dus me contenter du compte rendu fort détaillé publié par *Le Monde*. Il a suffi, je dois dire, à faire mon bonheur. Notre maologiste a donc disputé longuement avec les chers professeurs sur les différents aspects théoriques de ses ouvrages, puis, nous dit Jean-Michel Palmier, le journaliste du *Monde* : « Maurice Duverger enfin, président du jury, faisant état d'un récent voyage en Chine, contestait la vision rapportée dans *De la Chine* et soulignait le caractère résolument non spontané, mais parfaitement organisé, de la plupart des manifestations chinoises ainsi que l'importance de la répression sexuelle en Chine, du formidable appareil d'Etat mis en place. »

Evidemment Maurice Duverger est un observateur trop perspicace de la réalité politique pour se laisser berner par les ruses grossières de la propagande officielle. Si je comprends bien, il dit que Mme Macciocchi s'est complètement laissé avoir et que son livre est faux puisque la thèse centrale est que là-bas tout est spontané, le peuple commande et qu'il n'existe pas d'appareil d'Etat totalitaire. Voilà donc notre postulante éconduite par ses examinateurs ? Vous n'y pensez pas ? Maria-Antonietta est encore à la mode dans l'université. Elle fut donc reçue docteur ès-sciences politiques, et le fait qu'elle ne sache pas distinguer un régime totalitaire d'un régime démocratique ne nuira pas à la qualité de son enseignement.

A partir de ce récit et de quelques autres du même genre, les Français se mirent à reconstruire la Chine, un peu comme Robert Charroux vous reconstruit une civilisation disparue à partir de trois vestiges encore mal expliqués.

Dans cette perspective, le modèle chinois ne s'explique jamais par des contingences vulgaires comme l'ambition des hommes, la pauvreté du pays, les imperfections du système, etc., mais par l'application de la géniale pensée de Mao Tsé-toung. L'absence de voitures dans les rues de Pékin ne prouve pas l'insuffisance de l'industrie automobile, mais le refus idéologique du véhicule individuel, la destruction des mouches à la main n'a pas été imposée par l'absence d'insecticides, mais par la condamnation écologique de ces produits, l'utilisation de l'engrais humain démontre le choix de l'agriculture biologique et non le retard des engrais chimiques, etc.

Le plus étonnant est que la bourgeoisie va rejoindre bientôt les gauchistes. Car la situation internationale évolue. La Chine communiste qui vivait dans un ailleurs indéfini rentre dans le concert des nations. Nixon est à Pékin et la Chine à l'ONU. Le général de Gaulle, on s'en souvient, fut le grand initiateur de ce mouvement. Tout naturellement des relations privilégiées s'établissent entre Paris et Pékin, se traduisant par des voyages touristico-diplomatiques à l'intention des hommes politiques français. Edgar Faure, André Malraux, Alain Peyrefitte, Jacques Chaban-Delmas et bien d'autres, partent en pèlerinage sur la Grande Muraille. Au retour, chacun fait son numéro, style « conférence Pleyel ». Le roi du genre fut évidemment Alain Peyrefitte dont l'ouvrage *Quand la Chine s'éveillera...* devint le champion toutes catégories des best-sellers.

Un homme de cette intelligence ne tombe pas dans les niaiseries d'une M.-A. Macciocchi. Son analyse est fine, subtile, toute en nuances. Il présente avec une sage prudence et de multiples réserves les vérités « officielles ». Mais il ne va pas jusqu'à s'attaquer directement aux mythes maoïstes, comme un Simon Leys. Tout au contraire, il ne peut retenir une profonde admiration pour le personnage de Mao, admiration qui risque d'assoupir l'esprit critique du lecteur, sinon de l'auteur lui-même. Enfin, Alain Peyrefitte insiste beaucoup sur la spécificité chinoise. Nous devons rester très prudents dans nos jugements, car la mentalité chinoise reste « hermétique », et la Chine un pays sous-développé. Entre cette admiration et ces mises en garde qui incitent à ne pas trop conclure, l'ouvrage entretenait le mythe, quand il ne le servait pas. Il renforçait largement l'idée que la Chine et les Chinois sont radicalement différents de nous, et qu'un certain nombre de faits, qui ont telle signification ici, peuvent en avoir une toute différente là-bas. Admirable système de défense pour refuser la réalité.

En définitive, c'est l'ensemble de la presse française qui se mit à reproduire, à quelques nuances près, cette vision de la Chine. Chaque journaliste avait son interprétation idéologique toute prête pour commenter maologiquement les informations en provenance de Pékin. Quant à la télévision, elle diffusait des émissions sur la Chine que n'auraient pas désavouées les services pékinois de la propagande officielle. Comme le constate Claude Cadart, un spécialiste de la Chine contemporaine, dans l'excellent ouvrage *Regards froids sur la Chine* [1] : « Je cherche en vain une revue, un journal, qui aient eu jusqu'ici le courage à Paris de commencer à dire la vérité sur ce qu'a été la Grande Révolution culturelle, sur ce qu'est le régime maoïste, en se plaçant, bien sûr, pour ce faire, à un autre point de vue que celui des gardiens de l'ordre capitaliste. »

Il précise même que « quand on propose à un éditeur un ouvrage peu amène pour « l'Immortel Mao », il vous répond : " C'est gênant, la critique va lui faire un mauvais accueil. " ». Mais longtemps le tabou fut si bien entretenu que les vrais sinologues furent seuls à le ressentir.

Ce tabou s'est encore manifesté en 1976, lors du terrible séisme qui ébranla la Chine. On sait que le gouver-

---

1. *Regards froids sur la Chine*, Inédits. Le Seuil.

nement de Pékin refusa toute forme d'aide internationale. Quelques mois plus tard, une information venue
de Hong Kong, et jamais démentie, fit état de 750 000 victimes. Chiffre colossal, peut-être « gonflé ». Mais en
l'absence d'informations véritables, on peut penser que
cette catastrophe fit plusieurs centaines de milliers de
victimes. C'est dire qu'après la secousse, un million
d'individus sans doute se trouvaient sous les décombres.
Aucun pays, pas même les Etats-Unis, ne possède les
moyens suffisants pour faire face à une telle situation.
Seule, l'intervention de toutes les équipes disponibles
dans le monde aurait permis de sauver le maximum de
survivants. En refusant ces secours, le gouvernement
maoïste a sans doute condamné à mort des milliers, des
dizaines de milliers, de malheureux. Je n'ai vu ce fait
relevé nulle part dans la presse.

En l'absence de preuves contraires, j'explique cette
attitude par la crainte qu'éprouve tout régime totalitaire vis-à-vis des étrangers. Si la Chine avait admis
les secours, elle aurait dû admettre que des sauveteurs
américains, ou soviétiques — parmi lesquels se seraient
inévitablement glissés quelques espions — puissent se
promener de façon relativement incontrôlée dans la zone
sinistrée, qu'ils aient des contacts non préparés avec la
population. Cela, ni Staline, ni Pinochet, ni Mao, ne peuvent l'admettre. Que périssent les blessés sous les décombres ! Il m'arriva d'attirer l'attention de certains collègues sur ce fait. Ils me répondirent que c'était un
comportement typiquement chinois, et qui n'avait rien
à voir avec le maoïsme. Les Chinois sont indifférents à
la mort de quelques milliers d'entre eux, et nous n'avons
pas à nous en soucier davantage.

La missionnaire et le prisonnier

J'ai fait personnellement l'expérience de ce tabou au
cours d'une interview d'Han Suyin au Journal télévisé.
Pour ceux qui n'auraient pas contribué à faire de son
dernier livre, *Le Premier Jour du monde*, un best-seller,
ou qui auraient pu éviter ses multiples prestations dans

la presse écrite ou audiovisuelle, je rappellerai simplement que cette romancière qui mêle dans son sang comme dans sa culture l'Europe et la Chine, est devenue une sorte de missionnaire maoïste en Occident. *Le Premier Jour du monde* retrace la lutte titanesque du bon président Mao Tsé-toung contre d'horribles démons appelés « opportunisme de droite », « aventurisme de gauche », « révisionnisme », « capitalisme », et autres monstres idéologiques. Récit épique, histoire édifiante, car le héros finit toujours par gagner sans jamais recourir à la violence, grâce à la justesse de sa pensée et à l'appui du peuple. Bref, son livre provient du même tonneau que celui de M.-A. Macciocchi.

Il n'était pas besoin d'être sinologue pour voir que son témoignage était partiel, partial et partisan. *Le Premier Jour du monde* expliquait, entre autres qu'en Chine maoïste les opposants étaient traités avec le plus grand respect et la plus grande humanité. Cet angélisme me paraissait d'autant plus suspect que j'avais lu peu auparavant *Prisonnier de Mao*, le récit de Jean Pasqualini. Ce rarissime rescapé des camps chinois — il doit sa libération au fait que son père français lui a donné notre nationalité — décrivait un véritable « goulag jaune », moins sanguinaire, mais tout aussi horrible que le goulag rouge.

Sont-ils aujourd'hui même un million ou dix millions à vivre dans cet enfer, nul ne le sait en Occident. Mais, le pouvoir étant toujours suspect à mes yeux quand il refuse d'informer, j'ai tendance à imaginer le pire tout en espérant découvrir le meilleur.

Ce même jour, Han Suyin fut interviewée à Radio-France par Jean-Pierre Elkabach. Elle chanta les louanges de la Chine maoïste, et Elkabach, en bon journaliste, lui rappela le témoignage de Pasqualini. Elle répliqua que Pasqualini était un espion, procédé stalinien classique qui consiste à récuser le témoin pour n'avoir pas à réfuter les faits.

Pour bien apprécier la suite de l'histoire, il convient d'abord de présenter l'autre invité de ce journal, M. Philippe Malaud. Député, ancien ministre, c'est moins un conservateur ou un centriste qu'un homme de droite.

Un des rares à s'afficher comme tel. Alors qu'il était ministre de l'Information, il n'hésitait pas à traiter Jacques Sallebert, directeur de la Radio, de sympathisant communiste. L'intéressé, candidat de la majorité en période électorale, n'en est pas encore revenu. Malaud, lui, revenait de Chine. Le petit voyage touristico-parlementaire de quinze jours qui vous en apprend autant sur ce continent qu'un week-end à Monaco sur la vie en Irlande du Nord.

C'est alors qu'Han Suyin, se payant d'audace, prit Malaud à témoin de ses dires. N'était-il pas vrai que le régime communiste chinois traitait ses adversaires avec la plus extrême douceur et la plus scrupuleuse humanité ? Et notre ailier droit de reprendre la balle au bond ! Le voilà qui décerne son brevet de libéralisme à Mao et chante les louanges du système de rééducation. Des camps de concentration en Chine ? Il n'y en a pas, M. Malaud l'a dit, et lui, il revient, de Chine, et il est de droite ! J'étais abasourdi.

Le soir même, au cours du Journal télévisé, j'interrogeai Han Suyin sur le témoignage de Pasqualini, celle-ci glapit que « ce n'était même pas un point de vue ! » Et en appela aux témoignages de M. Malaud pour me disqualifier. Autant pour moi ! A quoi pensais-je aussi de m'attaquer à ce tabou ?

Ainsi, la dame patronnesse de Mao, toute confite en dévotion, put-elle se promener d'émission en interview sans rencontrer nulle contradiction véritable. Le terrain était si bien préparé que le prédicateur était sûr de son succès.

Mao comme de Gaulle

Ce respect de l'expérience chinoise en ce qu'elle a de plus contestable — car il ne s'agit pas d'en contester les aspects positifs —, cette vénération qui entoure le rôle de Mao dans les années 1955-1975, tout cela est fort surprenant venant de bons bourgeois si sévères à l'égard des autres régimes communistes. Comment expliquer le tabou qui fait ici respecter ce qui est ailleurs

condamné ? A la réflexion, ce n'est pas si difficile !
Cette Chine grandiose et mystérieuse offre aux conservateurs un brevet de progressisme. Voyez M. Malaud :
il n'a plus à rougir d'être un homme de droite en
France, puisqu'il est un homme de gauche en Chine.
Un authentique révolutionnaire... pour la société chinoise, s'entend. Et cette exceptionnelle ouverture d'esprit
prouve sa parfaite lucidité lorsqu'il s'oppose aux réformes, en France même. L'habile homme qu'est M. Alain
Peyrefitte, ne commence-t-il pas son ouvrage en évoquant
les jeunes maoïstes d'Europe, pour le terminer en rap-
pelant que l'expérience chinoise est intransposable ?

On ne risque rien à vanter les mérites de la Chine,
lorsque celle-ci est présentée comme une autre planète.
Ce n'est guère plus dangereux que de célébrer l'instinct
social des abeilles. Il serait évidemment beaucoup plus
dangereux de s'attarder sur les aspects positifs des
expériences tchécoslovaques ou hongroises. Le lecteur
pourrait se lancer dans des comparaisons hasardeuses.
Mais il ne risque guère de se comparer à un Chinois.

J'avoue pourtant qu'il ne me déplairait pas de voir les
étudiants consacrer quelque temps aux travaux manuels
et pénibles, ou de voir réduire les inégalités entre ceux
qui organisent le travail et ceux qui l'exécutent. Sur de
tels points, les Chinois pourraient nous donner des idées,
sinon des leçons. Des idées gênantes, donc salutaires.

Le maoïsme séduit encore les tenants de l'ordre moral
par sa pruderie. Quelque distance qu'ils éprouvent vis-à-
vis du communisme chinois, ils voient dans la Chine une
société saine, alors qu'ils ne trouvent que décadence
dans la nôtre. De fait, le cinéma porno, le mouvement
homosexuel et les cheveux longs ne font guère recette à
Pékin où l'on est pur et dur. Et certains regrettent que
le Pape ne sache plus, comme Mao, retirer aux jeunes
l'envie de forniquer.

Et puis, ces Chinois ont trouvé l'art d'être pauvres.
De cela surtout nous devons leur être reconnaissants.
Alors que tant de peuples misérables attendent de l'aide
internationale, c'est-à-dire de nous, leur survie, ils ont
décidé, eux, de ne compter que sur leurs propres forces.
850 millions de pauvres qui se débrouillent tout seuls,

qui ne demandent rien à personne, quel soulagement !
Alors que nous avons déjà tout le sous-continent indien
qui crie famine et gêne notre conscience, que serait-ce
si la Chine se mettait de la partie ? Mais non, les
communistes chinois refusent notre aide. C'est très digne
à eux et cela ne nous vexe pas du tout. Si le Tiers-Monde
se faisait maoïste, le problème du sous-développement ne
disparaîtrait-il pas de notre conscience ? Hélas ! il n'y
a que la Chine. Du moins y a-t-il la Chine. Désormais, on
peut mourir de faim sur les bords du Fleuve Jaune,
cela ne nous regarde plus. Merci, président Mao !

Les gaullistes, assurément, sont encore très sensibles
au nationalisme chinois. A l'idée d'indépendance
nationale répond la volonté maoïste de ne « compter que
sur ses propres forces ». L'émancipation chinoise du
giron soviétique semble correspondre à l'émancipation
française du giron atlantique, et le président Mao n'est
pas moins soucieux de la grandeur de la Chine que le
général de Gaulle de la grandeur de la France. De Gaulle-
Mao, le parallèle s'est imposé aux gaullistes toujours
fascinés par l'homme exceptionnel et providentiel. Oui,
vraiment, les gaullistes ne pouvaient que donner dans
les panneaux du maoïsme.

Le voyage en Chine

Toutes ces illusions furent largement entretenues par
le mythe du voyageur. Il paraît naturel qu'on ne puisse
parler d'un pays qu'après l'avoir visité. Cette idée est
pourtant déjà dangereuse, car visiter n'est pas étudier.
Elle devient complètement fausse dans le cas de la
Chine communiste que nul étranger n'a pu véritablement
étudier sur place depuis 1949. Certes, les Chinois ont
promené de nombreuses délégations et groupes touris-
tiques depuis vingt-cinq ans, mais ils n'ont jamais présenté qu'une vitrine destinée à masquer la réalité et non
à la faire découvrir. Ce n'est d'ailleurs pas mon opinion qui, en l'occurrence, n'aurait aucune valeur, mais
celle des sinologues les plus sérieux.

« Les autorités maoïstes, note par exemple Simon

Leys dans ses fameuses *Ombres chinoises*, ont réussi un étrange prodige : à l'usage des étrangers, elles ont réussi à réduire la Chine... aux dimensions étriquées et routinières d'un même petit circuit invariable. Sur les centaines de villes, il n'en est guère plus d'une douzaine qui soient ordinairement ouvertes aux étrangers ; dans chacune de ces villes, tous les étrangers se retrouvent immanquablement parqués dans le même hôtel... Inutile de dire que le public local n'a pas accès à ces établissements... De cette façon, les contacts qu'ont les voyageurs avec les différents villes qu'ils « visitent » se résument finalement à quelques brèves traversées en voiture, à vive allure, le long des boulevards, en route pour les classiques visites d'usines et d'hôpitaux. »

« En Chine, rapporte le sinologue Lucien Bianco, on ne glane que des impressions, par nature subjectives et discutables. On n'apprend rien, on n'ajoute rien qui ne fût déjà connu et répertorié : tous voient à peu près les mêmes choses et le répètent à satiété. »

Alain Peyrefitte, qui a parsemé son témoignage de multiples « clauses de réserve » fait justement remarquer : « Une énorme part de ce qui se passe et se pense en Chine reste caché. Notre groupe a parcouru, non pas vraiment trois communes populaires, mais trois « brigades », en fait trois villages, appartenant à des communes populaires, elles-mêmes aussi grandes qu'un arrondissement français. L'ensemble des Occidentaux qui vivent à Pékin, ou qui ont voyagé en Chine au cours de ces dernières années, ont seulement visité à eux tous, quelques dizaines de brigades différentes — car ce sont souvent les mêmes qu'on montre aux étrangers. Mais il existe en Chine 750 000 brigades. »

Ainsi, la Chine ne veut pas se faire réellement connaître des étrangers. N'oublions pas que, dans le système maoïste, la notion d'information n'a pas le même sens qu'en Occident. Une information n'existe pas, c'est-à-dire qu'elle n'est pas diffusable, du seul fait qu'elle traduit la réalité. « Le critère de l'information, note Alain Peyrefitte, n'est pas la réalité, mais l'utilité. Et ce n'est pas au lecteur ou à l'auditeur d'en être juge, mais à ceux qui détiennent les moyens d'information. » Les maîtres de Pékin n'éprouvent donc nulle gêne à passer sous silence un événement comme l'arrivée de l'homme sur la Lune. A plus forte raison, s'estiment-ils en droit de choisir dans la réalité chinoise ce qui peut être matière à information et ce qui ne peut pas l'être.

Il paraît incroyable à des Français que des voyages ne puissent rien révéler sur la vie d'un pays. C'est que, fort heureusement pour eux, ils n'ont aucune expérience directe de l'emprise qu'un système totalitaire peut exercer sur une population. Pour se faire une idée des méthodes utilisées, il est toujours possible de se reporter aux savoureuses *Ombres chinoises* de Simon Leys, et, pour apprécier les résultats, il suffit de se poser la question suivante : dans les années 50, qui disait la vérité sur la Russie stalinienne, Aragon qui s'y promenait de réception en réception, et chantait la gloire du régime, ou David Rousset qui n'y mettait pas les pieds mais réunissait les preuves sur le système concentrationnaire soviétique ?

Rien n'est plus facile que de berner un visiteur en pays totalitaire. Ainsi, nombre d'étrangers ont pu admirer l'humanisation du système pénitentiaire chinois en visitant la « Prison n° 1 » de Pékin. Ils ignoraient — ce que Pasqualini nous a révélé depuis — que la véritable prison, horrible celle-là, se trouvait à un kilomètre en retrait de cet établissement-vitrine destiné aux étrangers. On pourrait multiplier les exemples de ce type.

Il faut donc poser en règle que les témoignages des visites organisées — et il n'en est pas d'autres — n'ont pratiquement aucune valeur. Il faut même préciser que les récits des voyageurs ayant effectué plusieurs séjours sont hautement suspects, car les autorités de Pékin refusent le visa à ceux qui ont fait preuve d'un trop grand esprit critique après leur première visite. Le retour en Chine est donc une certaine preuve de complaisance et retire toute crédibilité aux récits des voyages antérieurs.

Une méthode historique

Faut-il pour autant considérer que la Chine contemporaine est définitivement *terra incognita* ? Certainement pas. Il s'agit simplement d'une réalité inaccessible à l'observation directe. Il en est ainsi pour les civilisations ou les époques passées, par exemple. Il convient d'appliquer ici la méthode historique. Elle consiste à accumuler tous les faits disponibles : témoignages de réfugiés, récits de voyageurs, articles de presse, données statistiques véritables, etc. ; et de se livrer à une rigoureuse évaluation critique de ces documents bruts dont aucun n'est entièrement sûr. Cette masse d'informations, importante en quantité, mais pauvre en qualité, est alors traitée pour effectuer les relations et les recoupements significatifs. Au terme de ce « raffinage » — véritable travail de bénédictin — on peut obtenir des informations, toujours fragmentaires, et à peu près fiables.

Ce travail ne se fait pas dans les voyages organisés, mais dans des centres de recherche. Ainsi, la Chine ne se révèle pas — pour autant qu'elle se révèle — sur place, mais en laboratoire. Penser le contraire, c'est croire que la connaissance du XVIIᵉ siècle est donnée au touriste qui visite le château de Versailles et non à l'historien qui passe sa vie dans les bibliothèques.

Tout cela peut paraître théorique, il vaut donc mieux prendre une preuve concrète. A la mort de Chou En-lai, le monde entier s'interrogea sur le nom de son successeur. Les pékinologues-touristiques avancèrent quelques noms qui se révélèrent tous faux. Le seul journaliste qui, à ma connaissance, avança le nom de Hua Kuo-feng, fut le correspondant du *New York Time* à Hong Kong. Il avait discuté de ce problème avec des experts américains qui, de Hong Kong, suivent minutieusement la carrière de tous les dirigeants chinois. Cette analyse les portait à conclure que Hua était celui dont la trajectoire conduisait normalement à la succession de Chou. L'information était donc à Hong Kong et non à Pékin, où tous les tuyaux sont crevés ou bouchés.

Ainsi, il existe en France et dans le monde un certain

nombre d'experts qui, certes, ne savent pas tout ce qui se passe en Chine, mais qui peuvent donner une idée assez juste de ce qui est vrai et de ce qui ne semble pas l'être. Pour le grand public, qui ne lit pas les études de nos sinologues, les ouvrages de Simon Leys, de Pasqualini, ou plus récemment d'Emile Guikovaty et de quelques autres, permettent d'apprécier plus justement les nouvelles en provenance de Pékin. N'oublions pas, enfin, ce reste de bon sens ou de sens critique, qui permet de ne pas avaler tout cru les pires extravagances, sous prétexte qu'en Chine ce n'est pas comme en France.

La différence chinoise

La réalité de l'expérience communiste chinoise, c'est tout d'abord un immense et incontestable progrès de la condition populaire. Ce propos doit évidemment être nuancé. Durant la première moitié du siècle, la Chine a connu un état de véritable décomposition mêlant tous les défauts du féodalisme, du capitalisme et du colonialisme. De tous ces systèmes, les Chinois subirent le pire sans connaître le moins mauvais. En prenant le pouvoir, les communistes avaient donc un formidable repoussoir. Ils étaient pratiquement sûrs de faire mieux, en tout cas ils ne pouvaient faire pis. Le fait est que, pour ce qui concerne les masses chinoises, ils firent beaucoup mieux.

Les progrès réalisés, autant dans l'organisation sociale que dans l'agriculture, l'enseignement, l'éducation, l'hygiène ou la technique, s'ils n'ont rien de miraculeux comme le prétendent les maolâtres, sont fort estimables. Aujourd'hui, contrairement à ce qui se passait il y a quarante ans, les pauvres de Chine sont moins misérables que ceux du Bengale. Le régime communiste a fait passer le cinquième de l'humanité de la misère à la pauvreté, et ce n'est pas lui rendre un mince hommage que le créditer de ce fait.

Cela posé, ces progrès ont coûté cher. Les Chinois ont dû subir une dictature totalitaire, vivre dans une société étouffante ayant banni toute expression personnelle, conformer en tout point leurs comportements aux normes collectives ; bref, faire le sacrifice de leur liberté. Je n'aurais garde de prétendre qu'on peut nourrir 850 millions de Chinois en respectant toutes les règles du parlementarisme britannique, il me paraît raisonnable de laisser la question en suspens. En revanche, je ne puis admettre la logique maoïste qui compte en positif ces servitudes, ni l'indifférence occidentale qui les compte pour rien ou pour si peu, en arguant du fait que « les Chinois ne sont pas comme nous ». Ces deux attitudes ont bien contribué à conforter le mythe.

Les récits des maolâtres, Macciocchi, Han Suyin et consorts, transforment l'oppression bureaucratique en une véritable ascèse religieuse. A les en croire, les Chinois se plieraient à cette rigoureuse discipline comme des moines s'infligeant des pénitences pour poursuivre une quête spirituelle et ontologique. Ainsi, la réalité de la liberté peut-elle n'être pas incompatible avec la disparition de toutes ses manifestations ordinaires. De même que le trappiste, en se pliant aux épreuves d'une vie ascétique, en se soumettant aux règles sévères de son ordre, « meurt au monde » pour devenir un homme nouveau connaissant un bonheur supérieur, de même le Chinois, tout entier conformé au modèle maoïste, ayant aboli sa personnalité dans le système collectif, deviendrait cet homme nouveau, mû par une conscience révolutionnaire, qui rejette les vanités de nos libertés bourgeoises pour découvrir la réalité d'une liberté prolétarienne. Bref, le peuple chinois est devenu Autre grâce au maoïsme, et ce qui nous semble pénible dans sa condition est, en réalité, vécu comme une aventure exaltante et heureuse.

Les pékinologues « bourgeois » ne vont pas jusque-là. Lorsque Edgar Faure affirme qu'il « serait maoïste s'il était chinois », il ne pense sans doute pas à l'illumination de la « conscience révolutionnaire ». Le problème ici est celui de « l'altérité ». Le Chinois est Autre. Il ne ressent pas le besoin occidental de la liberté individuelle, il n'a jamais fait l'expérience de la démocratie, par conséquent, il ne souffre pas de l'oppression comme nous en souffririons. Gardons-nous donc de juger ce système selon nos critères. Le Chinois serait un homme qui est resté un peu plus proche de la fourmi que l'Européen. Inutile d'insister sur la pointe de racisme qui pimente cette rhétorique.

En fait, il est aussi dangereux de nier l'altérité que de l'exagérer. Il est raciste d'ignorer que des peuplades primitives sont culturellement fort éloignées de nous et de leur imposer nos critères. Le refus du racisme passe ici par une reconnaissance de la différence. A l'inverse, il est raciste de prétendre, parlant de peuples Arabes, Indiens ou Chinois, que « ces gens » ne ressentent pas les choses comme nous, « qu'ils n'ont pas les mêmes besoins que nous », que « nous en souffririons, mais qu'eux n'en souffrent pas ».

Le prix du maoïsme

La vérité semble beaucoup plus simple. Les Chinois, comme tous les peuples de haute civilisation, aspirent à jouir de ces biens précieux que sont la liberté, le respect de la personne humaine, etc. Tout autant que nous, ils ressentent l'oppression. Au reste, ce ne sont pas les Européens qui le disent, mais les Chinois eux-mêmes. Lorsqu'en 1956, Mao les invita à s'exprimer à travers la fameuse formule « Que cent fleurs s'épanouissent, que cent écoles se confrontent », ils se répandirent en plaintes et récriminations contre l'oppression bureaucratique. La protestation fut si violente que Mao dut bien vite faire machine arrière, en profitant d'ailleurs de l'occasion pour réprimer les « réactionnaires » qui s'étaient ainsi démasqués.

La plupart des réformes, qui, de fait, se révélèrent bénéfiques au peuple, comme la réforme agraire, l'égalité des sexes, l'alphabétisation, l'apprentissage de l'hygiène, l'enseignement de meilleures techniques agricoles, ont dû être imposées par voie autoritaire. Il n'appartient certainement pas à des bourgeois occidentaux de dire si d'autres méthodes étaient utilisables, du moins doivent-ils reconnaître la vraie nature de celles qui furent utilisées et les facturer en passif.

Le maoïsme est particulièrement irritant dans sa prétention démocratique. Les dirigeants de Pékin et leurs propagandistes n'ont de cesse de nous persuader que c'est le peuple qui commande en Chine, que toutes les mesures sont décidées par la base. Or, et l'ascension de Hua Kuo-feng l'a bien montré, il n'est rien de plus faux. Tout a toujours été décidé au sommet, au sein d'une caste dirigeante coupée de la population et frappée progressivement de gérontocratie. C'est après, parfois avec beaucoup de retard, que le peuple apprend les décisions prises au sommet ou les changements intervenus. En fait, aucun débat ne peut s'instaurer dans les structures institutionnelles, aucun conflit ne peut se résoudre dans le cadre des procédures constitutionnelles. Les luttes pour le pouvoir, les divergences politiques ont donné lieu à des affrontements occultes dont le déroulement, aujourd'hui encore, échappe à l'historien. On peut vanter l'efficacité du système économique et social. Certainement pas celle du système politique qui s'est constamment révélé incapable de remplir sa fonction. Cela, tout observateur tant soit peu informé peut le constater.

L'Inde dans l'indifférence

Au vu de ces réalités évidentes pour tous, le tabou apparaît dans toute sa splendeur. Comment nos idéologues ont-ils pu théoriser à perte de vue sur une vérité officielle que les faits démentaient avec tant d'obstination ? Comment ont-ils pu délirer sur un « modèle » qui était à l'opposé de ce qu'il prétendait être ? Il est significatif, à cet égard, de comparer l'attitude de l'intelligentsia française vis-à-vis de la Chine et vis-à-vis de l'Inde. Longtemps, Mme Indira Ghandi s'efforça de respecter les règles de la démocratie parlementaire. Nos penseurs ne lui en furent pas le moins du monde reconnaissants. On ne voyait que les échecs — trop évidents, hélas ! — de l'Inde, jamais le succès que représentait le maintien de la démocratie dans un pays sous-développé de 650 millions d'individus.

Puis, Mme Gandhi imposa à son régime un style dicta-
torial. La presse occidentale jugea fort sévèrement ces
atteintes aux libertés, ce qui est tout à fait naturel.
L'abandon de la démocratie doit être mis au passif de
Mme Indira Gandhi. Cette dernière justifia son coup
d'Etat par la nécessité de combattre la corruption,
d'améliorer la production et de lutter contre la pauvreté.
Les tristes mobiles que voilà ! Nos intellectuels ne
peuvent absolument pas théoriser sur un discours aussi
pauvre. Nul conseiller n'a donc expliqué à Mme Gandhi
qu'avant de supprimer les libertés, il faut développer de
subtiles théories sur le socialisme, la révolution, le rôle
des masses, les contradictions et contrôler mieux qu'elle
ne fit l'information. Lutter contre la paresse et la corruption constitue un objectif inavouable en termes idéologiques.

Sous la dictature de Mme Gandhi, l'Inde connut un
redressement économique spectaculaire. L'inflation fut
réduite, le commerce extérieur rééquilibré et les récoltes
excellentes. Ces résultats furent à peine signalés par la
presse occidentale. Seuls les abus de pouvoir évidents du
chef d'Etat étaient rapportés et commentés. Puis, au
début de 1977, Indira Gandhi décida d'organiser des
élections libres. Elle fut désavouée par les électeurs et se
retira. Aucun des commentateurs qui, depuis des années,
dissertaient sur la démocratie à la chinoise ne célébra ce
retour à la démocratie et la dignité de ce départ. Il a
manqué et manquera toujours à Indira Gandhi le prétexte idéologique que sut si bien utiliser Mao.

Mausolée pour un empereur

Reste le tabou des tabous, l'idole suprême : Mao lui-
même. Gauchistes et gaullistes tremblent de respect
devant ce colosse. Comme si le mot de génie était trop
petit pour lui, ses adorateurs ont lancé la « pensée Mao
Tsé-toung » formidable système intellectuel et politique
capable de résoudre tous les problèmes de la pauvre
humanité. A l'heure des bilans et des mausolées, que
reste-t-il de celui qui se fit dieu vivant, celui qui, plus

qu'aucun autre, sut faire jouer en sa faveur tous les ressorts du tabou ?

Sur cet « être hors série par sa démesure et sa diversité », comme dit Jean Guillermaz, on ne saurait porter un jugement simple et définitif. Ni pour louer ni pour condamner. En Mao, coexistent de nombreux personnages : le jeune révolutionnaire, le chef de guerre, le doctrinaire, le poète, l'homme de pouvoir ; sur un destin aussi riche, on peut porter de nombreux éclairages et tous ne révèlent pas la même image. Mao n'est pas le même selon qu'on juge l'homme qui a restauré la puissance chinoise, l'organisateur d'un nouvel ordre social, l'autocrate jaloux de son pouvoir, le chef d'un Etat sous-développé. Emile Guikovaty, dans son magistral *Mao, réalité d'une légende* [1], a bien montré les contradictions du personnage, selon l'époque ou l'angle que l'on choisit. Il n'est évidemment pas possible de résumer un tel portrait en quelques pages, mais, là encore, on peut dégager les grands traits du personnage, traits qui pouvaient apparaître spontanément à qui ne voulait pas se laisser aveugler par le mythe.

Mao Tsé-toung n'est pas un homme politique, c'est un personnage historique. La différence est d'importance. L'homme politique est essentiellement un réaliste, il gère un pays en s'adaptant aux circonstances. Le personnage historique est d'abord un irréaliste. Il change le destin de son pays en refusant une fatalité dont l'acceptation apparaît, aux hommes politiques, comme une preuve de réalisme. Clemenceau, Lénine, Churchill, Tito, de Gaulle, Gandhi furent des personnages historiques, de ceux qui disent « non » et font « autrement ».

L'homme politique peut s'adapter à la plupart des situations. Il ne porte pas en lui une véritable politique, mais seulement une technique. Il doit pouvoir comprendre tous les problèmes et, dans tous les cas, trouver une solution. Le personnage historique est, en quelque sorte, spécialisé. Il est porteur d'une idée-force qui limite son champ visuel et focalise son énergie. Au lieu de se plier aux faits, il leur applique sa

1. *Mao, réalités d'une légende.* Robert Laffont. L'Express.

détermination pour les faire plier. S'il se trouve être au rendez-vous de l'Histoire, si l'événement lui donne un point d'appui, alors son formidable levier fait basculer le monde.

Mais les situations évoluent sans cesse. Le personnage historique évolue peu. Il poursuit obstinément son idée alors que la réalité part dans une autre direction et ne lui obéit plus. Alors, sa « chance » disparaît, il perd son emprise sur les événements et paraît tout à coup anachronique. Ceux qui laissent la meilleure image dans l'Histoire sont ceux qui ont la chance de mourir à temps. Alexandre, Lénine, Gandhi. Mais la plus redoutable épreuve pour le personnage historique, c'est de survivre à l'époque où il commandait aux événements. Alors, il finit au mieux comme Clemenceau ou Churchill, au pis comme Napoléon ou Hitler.

Il me semble que ce schéma classique nous donne la clé qui permet de porter un jugement très sommaire sur le personnage de Mao. Le personnage historique au rendez-vous de l'Histoire, c'est le révolutionnaire paysan, le libérateur de la Chine. Il réalise l'impossible en évaluant justement les situations, en sachant mobiliser les hommes, en imaginant des réponses nouvelles aux défis qui lui sont opposés. La Chine s'est libérée — car la fin de l'occupation japonaise, puis du régime en décomposition de Tchang Kaï-chek, fut, en soi, une libération — grâce à Mao. Nul ne peut affirmer que, sans lui, la Chine serait aujourd'hui communiste. Jusqu'en 1949, son rôle historique est indiscutable et son génie éclatant.

Mais au lendemain de la prise du pouvoir, Mao se trouve confronté à une situation et à des problèmes entièrement nouveaux. Il ne s'agit plus de mener la guerre révolutionnaire, de faire se battre des hommes contre d'autres hommes, il faut réussir à développer un continent arriéré, se battre contre des faits et des réalités. Il est bien vrai qu'avec un chef de valeur et des troupes décidées, on peut gagner à un contre dix. Il n'est pas vrai que l'enthousiasme suffise à décupler la production de la terre ou organiser la production d'un pays. Le révolutionnarisme inspiré de Mao, qui a fait merveille dans la première période, qui a permis de réaliser l'impossible, va se révéler de plus en plus catastrophique en cette deuxième période.

Les communistes chinois, qui manquent totalement d'expérience au moment d'affronter leurs nouvelles tâches, s'en remettent tout naturellement aux Soviétiques. Ceux-ci engagent le pays dans la voie lente, lourde, bureaucratique et sans génie qu'ils suivent eux-mêmes. Une voie dont nous voyons aujourd'hui en U.R.S.S. qu'elle conduit à un type de société qui n'a vraiment pas de quoi exalter les révolutionnaires. Le choc de la déstalinisation agit sur Mao comme un révélateur. L'abandon d'un communisme pur et dur de combat, la dénonciation du culte de la personnalité, l'avènement d'une bureaucratie toute-puissante, c'est autant de menaces pour lui-même. Car, s'il entretient et développe soigneusement son culte dans les masses, il lui manque désormais la base essentielle du pouvoir : la compétence.

Paysan, doctrinaire, poète, chef de guerre, agitateur révolutionnaire, il est tout cela. Economiste, agronome, industriel, manager et technocrate, il n'est rien de cela. Son incompétence en ces domaines est proprement vertigineuse. Je n'en retiendrai qu'un exemple. Il ne me paraît pas discutable, puisqu'il s'agit d'une de ses phrases rapportées par son ami Edgard Snow et relatées à son tour par son adoratrice Han Suyin. Dans la mesure où cette phrase lui est défavorable, on ne peut guère douter de son authenticité. Mao aurait reconnu qu'à l'époque du Grand Bond en avant, il avait réellement cru que, grâce à ses méthodes révolutionnaires, la production de céréales pourrait atteindre 525 millions de tonnes en l'espace de deux ans. A l'époque, la Chine devait produire 200 millions de tonnes. Mao a donc pu croire qu'il existait une méthode permettant d'augmenter de 250 % en deux ans la production agricole d'un continent ! Quel chef d'Etat, en dehors, peut-être, du maréchal Amine Dada, serait prêt à croire une telle énormité ? Pourtant, il ne s'agit pas d'électronique ou de techniques nouvelles, il s'agit de l'agriculture qu'il connaît bien. Imagine-t-on ce que pouvait être sa méconnaissance des problèmes dès qu'il s'agissait de questions plus éloignées de ses expériences ?

A partir des années 50, alors qu'il est encore dans la force de l'âge, Mao cesse d'être l'homme de la situation. Les bureaucrates le repousseraient bien dans un honorariat glorieux et impuissant, mais Mao Tsé-toung est d'abord un animal politique, il ne vit que du pouvoir. Puisque la voie bureaucratique, réaliste et technicienne, tend à l'écarter, il engagera la Chine dans une autre voie, plus conforme à son génie et qui lui permettra de rester aux commandes. La Chine va entrer dans l'ère des convulsions.

Il lance la contestation des Cent Fleurs pour abaisser la bureaucratie, mais doit bientôt faire machine arrière, car la contestation risque de devenir aussi violente à Pékin qu'à Budapest. Il lance ensuite l'économie inspirée du Grand Bond en avant. En donnant le primat aux forces idéologiques sur les forces techniciennes, en changeant l'homme avant de changer la nature, la Chine va trouver un raccourci pour sortir du sous-développement dans des délais très brefs. Une fois de plus, cette politique repose sur le contact direct et charismatique entre Mao et le peuple, et le restitue dans la plénitude de son pouvoir. En deux ans, l'expérience tourne au désastre. L'économie chinoise est en plein chaos, l'agriculture à l'abandon et la folie de cette époque est payée par des années de disette au début des années 60.

L'échec est trop grave, Mao se trouve écarté du pouvoir et doit laisser la présidence de la république à Liu Shao-shi. Commence sa traversée du désert. Les bureaucrates reprennent en main le pays, remettent en honneur les méthodes classiques d'organisation et de production, revalorisent la compétence, réhabilitent les stimulants matériels...

Mais, peu à peu, à partir de 1962, Mao reconquiert le terrain perdu. Il prépare sa revanche, elle éclate au début de 1966. S'appuyant sur la jeunesse et sur l'armée que contrôle son ami Lin Piao, il lance la Révolution culturelle. Pour le pays, commence une nouvelle période de chaos et de convulsions. Toute l'économie chinoise est désorganisée, l'appareil de production bouleversé, mais, une fois de plus, Mao retrouve son pouvoir et élimine ses rivaux. Liu Shao-shi d'abord, qui l'avait supplanté, Lin Piao ensuite, qui l'avait « refait roi » et qui risquait de le lui rappeler. Une fois de plus, il faut que les bureaucrates détestés remettent le pays sur ses pieds, mais, cette fois, Mao ne se laisse plus éliminer. Symbole de ce retour de balancier, Ten Tsiao-ding revient au gouvernement en 1973, après avoir été condamné pendant la Révolution culturelle, pour être à nouveau éliminé avant d'être une fois de plus réhabilité.

Aux côtés de l'empereur vieillissant, s'agite désormais toute une coterie dirigée par Mme Mao, qui tente de s'approprier le pouvoir et de se mettre en état de le conserver après la mort du président. Ils font de l'ultra-maoïsme, puisqu'aussi bien ils savent que, venus dans le sillage de la Révolution culturelle, ils seront toujours des ennemis mortels pour les hommes du Parti. Sitôt que l'empereur est mort, on règle les comptes.

Cette histoire aussi grossièrement simplifiée, chacun pouvait la reconstituer depuis des années en se reportant aux « bons auteurs », c'est-à-dire à ceux dont la presse ne parlait guère. Elle montre à l'évidence que, si la Chine s'est libérée grâce à Mao, elle s'est développée, malgré Mao. Il n'est que de regarder les courbes économiques — les plus vraisemblables, celles qui sont établies par les sinologues — pour constater que chacune des grandes initiatives de Mao se traduit peu après par une chute de la production. Le seul secteur préservé, celui des armements, de l'atome et de l'espace, fut toujours de façon très explicite mis à l'écart de la « pensée Mao Tsé-toung » et de ses redoutables inventions, comme la Révolution culturelle et le Grand Bond en avant.

Il est évidemment trop tôt pour prétendre détenir la vérité absolue sur la Chine maoïste. Toutefois les travaux des sinologues, c'est-à-dire de ceux qui s'intéressent aux faits et non aux idéologies, dessinent une vision cohérente et qui correspond bien aux faits connus. Lorsqu'on se place d'un tel point de vue, toute la pensée de Mao Tsé-toung est d'abord et avant tout la justification d'un système permettant à son auteur de conserver le pouvoir. Mao a su comme personne « idéologiser » ses ambitions. Ses plus grandes théories justifient toujours l'élimination de ceux qui le gênent ou le menacent et confortent son pouvoir. Autocrate rusé, connaissant toutes les ressources de l'intrigue, toutes les défenses du pouvoir, il avait le génie d'utiliser le verbe pour conduire les hommes. Lorsque, dans quelques années, des sinologues porteront « un regard froid » sur ses œuvres et son *Petit Livre Rouge*, je doute fort qu'ils y trouvent matière à de puissantes synthèses. On attend de voir à l'œuvre une pensée de Mao qui n'aurait plus pour but de servir l'ambition de Mao. Les premières indications à ce sujet semblent indiquer que les successeurs garderont l'étiquette et videront le flacon, rendant au pur discours une pensée qui pourrait bien cesser d'être en cessant de servir.

Mais que vont-ils faire, maintenant, nos intellectuels ? Vont-ils se retourner vers l'Albanie d'Enver Hodja ou la Corée du Nord du maréchal Kim Il-soung ? Sur quel pays lointain et peu connu vont-ils jeter leur dévolu ? La Chine a beau les trahir, ils n'en resteront pas là. Il est encore bien des pays dans le monde qui peuvent s'offrir comme tremplins pour se détacher de la réalité et partir dans l'univers parfait du discours.

Chapitre 9

LA DROGUE POUR TOUS

Les Français ont longtemps joui d'une enviable réputation d'amoureux. Mêlant galanterie et gauloiserie, ils avaient l'art et la manière de parler aux femmes et des femmes. De cette image flatteuse, il ne reste plus grand-chose aujourd'hui. D'autres peuples, si peu doués pour « parler d'amour », ont brisé les tabous millénaires qui régissent ces matières. Les Français, eux, ont suivi le mouvement avec bien du retard et bien des difficultés. Cette trop fameuse « libération sexuelle » a fait tomber le masque et révélé la force des interdits que masquait bien mal une liberté de façade.

En fait, l'attitude française ne visait pas à traiter ces problèmes, mais à les éviter. Toute la mythologie des histoires grivoises, des petites femmes de Paris et des chauds lapins, dissimulait le refoulement sexuel d'un peuple incapable d'étudier sereinement les vraies questions : sexualité des adolescents, contraception, éducation sexuelle, avortement, homosexualité, etc. Sous la pression de l'environnement international, les Français ont dû parler vraiment de « ces choses-là », et faire évoluer leur comportement. Est-ce la mort des tabous sexuels ? Je me garderai bien de l'affirmer. Mais on parle tellement de sexe depuis quelque temps, que le découragement me saisit. A quoi bon ajouter au trop-plein des thèmes à la mode ? Le temps est venu de vivre et non plus de dire, et mieux vaut se reporter à son partenaire favori plutôt qu'à son journal ou à son auteur habituel. Non, je ne parlerai pas de ces tabous sexuels dans lesquels on a trop souvent voulu voir les seuls interdits de notre société. Mais comme il est significatif ce camouflage du discours si longtemps entretenu sur le silence de la réalité !

Car, dans nos sociétés de libre parole, un tel silence est toujours révélateur. Il traduit ordinairement l'échec et l'impuissance. Un sujet qui ne se discute pas est un sujet qu'on ne sait pas discuter. Toute lacune du colloque social trahit une défaillance de la collectivité. Ce fut vrai pour le sexe et ce l'est toujours pour l'alcoolisme.

Les rois des buveurs

Au cours de vacances passées en Bretagne, je fus témoins d'une bagarre à l'issue d'un Fez Nos. Les protagonistes étaient pris de boisson. Je lus le lendemain dans la presse locale que l'un d'eux avait succombé à ses blessures. Le journal titrait « Bagarre mortelle à l'issue d'un Fez Nos ». De l'ivresse des combattants, il n'était pas question. Si l'un des jeunes avait tué sous l'empire du L.S.D., le titre eût été « Drame de la drogue : un mort », mais, en France l'alcool ne se mentionne même pas, et surtout pas en tant que drogue. Ne provoque-t-il pas le quart des accidents du travail, 40 % des accidents de la route, et des homicides ? La lecture de la presse deviendrait lassante, si ce détail était à chaque fois rappelé. Au reste, les journalistes qui ignorent l'alcoolisme ne font que se conformer à une règle générale.

Tous les pays respectent la nomenclature de l'Organisation mondiale de la Santé qui classe l'alcool parmi les drogues. La France seule refuse d'utiliser cette classification. Grâce à ce misérable artifice, elle peut ignorer qu'elle est le pays le plus drogué du monde. Il est vrai que les Français ne se droguent pas : ils boivent. Nuance.

Car pour boire, ils boivent, et de l'alcool avant toute chose. Chaque Français adulte absorbe, sous une forme ou sous une autre, l'équivalent de 30 litres d'alcool pur par an. C'est deux fois plus que l'Allemand, trois fois plus que l'Anglais ou l'Américain, quatre fois plus que le Suédois ou le Danois. Aucun autre peuple ne s'alcoolise autant que nous. Allez France !

L'O.M.S. a établi un graphique représentant le taux de mortalité par alcoolisme dans les différents pays. Les experts avaient choisi une graduation relativement lente pour bien distinguer les pays ayant des taux voisins. Ils ont alors constaté que la France avait un taux si élevé qu'elle sortait du graphique. Il a fallu interrompre la graduation et la reprendre à une puissance supérieure pour nous réintégrer dans l'épure.

Les conséquences de cette alcoolomanie sont si graves que le problème est aujourd'hui le plus urgent qu'ait à traiter un gouvernement français. Mais on imagine la moue surprise et incrédule des téléspectateurs si Giscard d'Estaing leur disait la chose tout crûment. Ils penseraient que le président dramatise.

Nous voyons là une défense classique du tabou : la minoration des problèmes. Pour les adversaires de l'avortement, cette affaire ne concernait qu'une infime minorité de femmes ; ils soutenaient qu'il n'y avait guère plus de 30 000 avortements par an. C'était donc un problème secondaire. Il en va de même pour l'alcoolisme.

Il est vrai que les maladies cardio-vasculaires et le cancer sont les deux premières causes de mortalité. Mais cette priorité est partout reconnue, il s'agit seulement de la maintenir, pas de la faire admettre.

Il en va de même pour le chômage, la sécurité routière, la montée de la violence ou l'inflation qui font quotidiennement la une des journaux. L'alcoolisme est un drame d'une égale ampleur, mais il n'est pas reconnu, c'est précisément ce qui en fait l'extrême urgence.

Il constitue pourtant la troisième cause de mortalité en France. Si l'on ne retient que les causes directes, cirrhoses alcooliques par exemple, on arrive déjà à 30 000 morts par an. Mais si l'on tient compte de tous les décès précipités ou rendus inévitables par l'alcool, il faut sans doute doubler ce chiffre. Or, cette hécatombe, pour terrifiante qu'elle soit, est loin de représenter le bilan de l'alcoolisme. Il faut aussi prendre en compte les conséquences indirectes pour avoir une idée juste de ce désastre national. Il suffira alors de mettre en regard l'incroyable démission de la société pour mesurer toute l'étendue du tabou.

L'alcoolisme des uns, le malheur des autres

Sur le plan individuel, il existe des drogues plus terribles que l'alcool, c'est vrai ; sur le plan collectif, en revanche, c'est bien la plus désastreuse. Dans notre société, l'héroïnomane est généralement un individu jeune. Il est seul dans son suicide car il n'a pas charge d'âmes. L'alcoolique est le plus souvent un adulte, chef de famille nombreuse. Il entraîne trois, quatre, dix personnes dans son naufrage.

La femme d'alcoolique, c'est, comme la prostituée, une image d'Epinal du misérabilisme, un cliché usé que les gens intelligents n'utilisent plus. Il y a beaucoup à discourir sur la condition ouvrière, fort peu sur celle du conjoint d'alcoolique. C'est pourquoi les philosophes qui repensent notre monde ne parlent guère des enfants battus, des allocations familiales bues, des tares régulièrement transmises, etc.

Les spécialistes discutent à perte de vue pour savoir si les troubles des enfants d'alcooliques sont dus au géniteur ou à « l'éducateur ». Qu'importe ! Ils existent, cela seul compte. Le professeur Lamache, qui exerça trente ans dans cette éponge éthylique que constitue l'ouest de la France, a étudié 3 500 enfants d'alcooliques. Dans 40 % des cas, l'alcool était responsable des anomalies physiques ou psychiques. D'autres statistiques montrent que la moitié des enfants examinés dans les services de neuropsychiatrie ont des parents qui boivent. Quelle ruse de l'inconscient collectif a pu tourner en dérision le fameux slogan « les parents boivent, les enfants trinquent ». Il en va des slogans comme des chansons, nous ne retenons jamais que les plus bêtes.

Combien y a-t-il d'alcooliques en France ? C'est difficile à dire car l'alcoolisme, à la différence de l'héroïnomanie, est affaire de degrés. Les autorités médicales fixent à dix décilitres d'alcool pur par jour (un litre de vin rouge à dix degrés) la dose admissible pour des travailleurs de force. A la moitié pour les autres. A partir de là, on passe progressivement de l'intempérance à l'intoxication. Les statistiques sont donc d'un maniement délicat et ne donnent jamais que des ordres de grandeur.

Selon le modèle fort complexe établi par Georges Malignac, de l'INSEE, le nombre des consommateurs excessifs dépasserait 6 millions, soit 18 % de la population majeure. Un homme sur quatre, une femme sur douze. Si l'on considère les véritables intoxiqués qui consomment plus de deux décilitres d'alcool pur par jour, on atteint encore le chiffre de 1 600 000 personnes dont 300 000 à 400 000 femmes. A comparer au million de chômeurs. Lorsque l'on prend en compte toute la population indirectement touchée par le fléau, conjoints, enfants, parents, accidentés de la route, c'est probablement 20 % de la population qui est concernée. Est-ce suffisant pour parler de priorité nationale ?

Pour ceux qui, comme moi, ont la chance de n'avoir jamais été au contact de l'alcoolisme, ces chiffres paraissent incroyables, et c'est pourquoi ils ne sont pas crus. Pourtant, toutes les études se recoupent parfaitement. Le Dr Pierre-Marie Le Go a étudié les 55 000 employés de la S.N.C.F. Il a trouvé 13 % de véritables alcooliques. On sait également que 3 millions de buveurs consommaient à eux seuls 21 millions d'hectolitres de vin, lequel vin ne représente que 70 % de l'alcool absorbé.

La consommation n'est pas douteuse, ses conséquences non plus. La moitié des automobilistes impliqués dans un accident de la route ont un taux d'alcoolémie trop élevé. Dans les centres hospitaliers de Nantes et Saint-Nazaire, on a constaté que la moitié des patients hospitalisés à la suite d'un accident avaient un taux d'alcool excessif dans le sang.

Les conséquences sur la mortalité ne sont pas moins évidentes. La différence de morbidité entre hommes et femmes a spectaculairement diminué aux deux seules époques où les Français ont moins bu : lors de la crise du phylloxéra et sous l'Occupation. C'est bien la surconsommation d'alcool qui crée la surmortalité masculine.

Des milliards dans la bouteille

Mais, avant de mourir, ces alcooliques sont malades, donc à la charge de la population sobre, et cette charge est proprement gigantesque. Les statistiques établies par le Dr Haas de l'hôpital de Saint-Cloud montrent que les travailleurs alcooliques demandent quatre fois plus d'arrêt de travail et quinze fois plus de congés d'une durée supérieure à trois semaines.

Les maladies multiples qu'entraîne l'imprégnation éthylique conduisent les buveurs à l'hôpital. Selon une étude du Dr Lereboullet, l'hospitalisation d'un malade alcoolique revient deux fois et demie plus chère que celle d'un malade sobre. Ce médecin, dans une population de 5 000 malades hospitalisés à l'hospice de Bicêtre, trouva 47,7 % d'alcooliques. Précisons qu'il avait exclu de sa statistique les malades qui entraient en cure de désintoxication. Pour la tranche d'âge comprise entre cinquante et soixante-quatre ans, la proportion d'hospitalisés alcooliques peut atteindre 70 % dans certains établissements de l'Ouest. Au total, selon l'étude du Dr Lereboullet, l'alcoolisme absorberait 42 % du budget de l'hospitalisation publique en médecine générale dans la région parisienne qui, pourtant, n'est pas la plus atteinte de France.

Lorsqu'il était ministre de la Santé, M. Michel Poniatowsky avait estimé que le coût de l'alcoolisme correspondait au déficit de l'assurance maladie, soit entre 7 et 10 milliards de francs. De fait, les charges de l'alcoolisme sont évaluées à 8 milliards de francs en 1976. On fit remarquer que les taxes sur l'alcool rapportent à l'Etat 3,5 milliards de francs environ, qui ne rentreraient plus dans les caisses si l'on ne buvait plus d'alcool. Le raisonnement paraît spécieux, car si l'ivrognerie disparaissait, la soif, elle, ne disparaîtrait pas, et l'Etat saurait bien se rattraper — ce qu'il fait déjà — sur les boissons non alcoolisées. C'est donc une image qu'on peut retenir, si même la statistique est contestable, le coût de l'alcoolisme est égal au déficit de l'assurance-maladie.

Précisément ce déficit ne cesse de s'aggraver et il posera des difficultés insolubles dans les années à venir. Le problème a resurgi à la fin de 1976 lorsqu'on a découvert ce trou de 10 milliards de francs que ni l'Etat, ni les entreprises, ni les salariés ne veulent combler. La presse s'est alors penchée sur ce gouffre, elle a longuement exposé les raisons de cette inflation médicale : surconsommation pharmaceutique, mauvaise gestion des hôpitaux, abus des congés-maladie, tout défilait, mais le mot alcoolisme n'était jamais écrit.

Depuis quinze ans, le gouvernement s'est penché à plusieurs reprises sur les problèmes du haschich et de l'héroïne, récemment il a fort courageusement entrepris de lutter contre le tabagisme. Mais il n'a jamais délibéré sur l'alcoolisme. Le dossier est définitivement enterré. La presse, la télévision ont multiplié les reportages à sensation sur « la drogue », très rarement sur l'alcoolisme. Pourtant, les drogués se comptent en France par dizaines de milliers et les alcooliques par millions.

Le gouvernement ne parle pas de l'alcool, l'opposition pas davantage. Vous ne trouverez pas le mot alcoolisme dans le Programme commun. Il n'en a pas été question dans la campagne présidentielle de 1974. L'alcoologie ne figure pas parmi les disciplines médicales faisant l'objet d'études sérieuses ou même d'un enseignement. Ne reste que la propagande anti-alcoolique inspirée par des gens de bonne volonté, mais qui, en l'absence d'une détermination politique, s'apparente au folklore et n'a que peu d'efficacité.

Lorsque éclatent les grandes crises viticoles, nul n'a le courage de dire que le vrai problème est d'arracher le tiers du vignoble français, ce qui est pourtant évident puisque les ivrognes boivent 21 millions d'hectolitres sur une production de 65 millions d'hectolitres et que ce vin est rigoureusement invendable à l'étranger. Mais non, le problème paraît toujours venir de ce que les

Français sont de mauvais citoyens qui se dérobent au devoir national de boire le produit de leurs vignes.

Vive le vin

Si l'alcoolisme n'est pas attaqué en France, il est, en revanche, remarquablement bien installé. Il dispose de ce fabuleux réseau de 200 000 bistrots, un pour 250 habitants, sans compter les restaurants et buvettes occasionnelles. Grâce à cette institution nationale sans équivalent dans le monde, on est assuré en France d'avoir toujours un verre à portée de la main, et, dans ce verre, on a toutes les raisons de verser de l'alcool. Outre que la vente en est libre en tout lieu et à toute heure, la boisson alcoolisée se trouve toujours être la moins chère. Le verre de vin rouge ordinaire coûte couramment deux ou trois fois moins que le soda, le Coca-Cola ou le jus de fruits... ou l'eau dite minérale. Le gouvernement maintient le poison à la portée de toutes les bourses en taxant l'eau plus lourdement que le vin. Sur vingt ans, le prix du pain en France a augmenté plus vite que celui du vin.

N'est-ce pas une véritable histoire de fou ? Essayez d'expliquer sur une base rationnelle ce décalage entre le drame national d'une part et cette démission de la société de l'autre. Seul le tabou permet de telles anomalies.

Cette censure ne prend pas les formes traditionnelles de la répression. Il existe, par exemple, peu d'organes de presse colonisés par les pinardiers. Mais l'information sur l'alcoolisme ennuie tout le monde en France. La presse prend acte de ce refus et n'en parle guère. En fait, le tabou sur l'alcoolisme est protégé par de très solides défenses.

La première, la plus efficace, est culturelle. En France, tout le monde est contre l'alcoolisme, cela va sans dire et, de fait, ne doit pas se dire. En revanche, tout le monde est pour l'alcool et cela doit se dire. Ah ! la sordide imbécillité de notre éthyloculture ! Le joyeux ivrogne et le triste buveur d'eau, la chaude amitié des beuveries « Boire un petit coup... » « Je vous remets ça... » « Ça ne se refuse pas... » « Trinquons ensemble... ».

Pour noyer son chagrin ou fêter une bonne nouvelle, pour meubler sa solitude ou célébrer des retrouvailles, pour se donner du cœur à l'ouvrage ou se remettre de l'effort, il faut boire.

Car le Français, loin d'être accablé par cette tare nationale, en ressent une grande fierté. Notre chauvinisme borné a vite fait de transformer ce désastre en complexe de supériorité. Le Français « sait boire », « tient le coup » et méprise l'étranger moins endurant.

De même que les privilèges de la fortune se masquent derrière la défense du patrimoine familial, la réalité de l'alcoolisme est cachée par le culte du grand vin. C'est un procédé grossier. Il n'y a aucun rapport entre le fait de savourer un grand cru et celui d'ingurgiter des litres de rouge ordinaire. Il y a même incompatibilité entre les deux. Car s'il est vrai que les Français produisent les meilleurs vins du monde, il est non moins vrai qu'ils boivent l'un des plus mauvais. Ces buveurs étrangers si grossiers ne voudraient pas notre rouge national.

Mais rien n'y fait, le mythe est enraciné au plus profond de notre culture, et tous les profiteurs de l'alcoolisme savent à merveille entretenir la mystification pour protéger leurs intérêts. France, terre du bon vin, Français, grands amateurs de bonnes bouteilles — Roland Barthes, que Georges Malignac cite dans son excellente synthèse *L'Alcoolisme* [1], a merveilleusement analysé cette « mythologie » de notre pays : « Le vin est senti par la nation française comme un bien qui lui est propre, au même titre que ses trois cent soixante espèces de fromage et sa culture. C'est une boisson-totem... Croire au vin est un acte collectif contraignant ; le Français qui prendrait quelque distance à l'égard du mythe s'exposerait à des problèmes menus mais précis d'intégration, dont le premier serait justement d'avoir à s'expliquer. Le principe d'universalité joue ici à plein, en ce sens que la société nomme malade, infirme ou vicieux,

---

1. *L'Alcoolisme*, Georges Malignac. " Que sais-je ? " P.U.F.

quiconque ne croit pas au vin ; elle ne le comprend pas (aux deux sens, intellectuel et spatial, du terme). A l'opposé, un diplôme de bonne intégration est décerné à qui pratique le vin : savoir boire est une technique nationale qui sert à qualifier le Français, à prouver à la fois son pouvoir de performance, son contrôle et sa sociabilité...

« Le vin est socialisé parce qu'il fonde non seulement une morale, mais aussi un décor ; il orne les cérémoniaux les plus menus de la vie quotidienne française, du casse-croûte (le gros rouge, le camembert) au festin, de la conversation de bistrot au discours de banquet. Il exalte les climats, quels qu'ils soient, s'associe dans le froid à tous les mythes du réchauffement et, dans la canicule, à toutes les images de l'ombre, du frais, du piquant. Pas une situation de contrainte physique (température, faim, ennui, servitude, dépaysement) qui ne donne à rêver le vin. Combiné comme substance de base à d'autres figures alimentaires, il peut couvrir tous les espaces et tous les temps du Français... »

Quelle formidable défense culturelle pour l'alcoolisme ! Infiniment plus efficace que le culte de la mère et de la vierge pour lutter contre l'avortement, ou la solidarité ouvrière pour défendre le régime stalinien.

Le « suicide » de Mendès France

Dans notre société de division, le vin est une valeur unanime. Son culte enjambe les frontières internes, se joue des antagonismes politiques ou sociaux. Champagne, bordeaux ou bourgogne sont les eaux baptismales du chauvinisme français qui réconcilient tous les opposants.

Pour ceux qui — sans défendre l'alcoolisme cela va de soi — veulent paralyser la politique anti-alcoolique, cette culture du vin constitue un merveilleux alibi. L'amalgame, autre ressort classique du tabou, est si facile entre la lutte contre l'alcoolisme et le blasphème contre le vin.

Il ne fut guère difficile aux bouilleurs de cru et autres

pinardiers de présenter Pierre Mendès-France et son verre de lait comme un mauvais Français. Notre Poujade national (Pierre, bien sûr, et non Robert) pouvait en 1955 invectiver ainsi P.M.-F. : « Nos pères qui allaient au bistrot ont su gagner Verdun, et Mendès-France, lui, n'y était pas ! Si vous aviez une goutte de sang gaulois dans les veines, vous n'auriez jamais osé, vous, représentant de notre France, producteur mondial de vin et de champagne, vous faire servir un verre de lait dans une réception internationale. C'est une gifle, monsieur Mendès, que tout Français a reçue ce jour-là, même s'il n'est pas ivrogne. »

Notre Démosthène du comptoir fait sourire. Pourtant, la politique anti-alcoolique de Mendès-France fut bien un suicide politique. Plus jamais les Français ne lui accordèrent un véritable siège au Parlement. Car il fut seul de la classe politique à défier le tabou.

Oui, il faut avoir le parlementarisme bien chevillé au corps pour le défendre encore lorsqu'on regarde l'histoire de l'alcoolisme en France. Mais quand on tient à la démocratie, c'est pour elle-même et non pour les prétendus démocrates. Car la leçon de l'histoire est accablante : depuis cent cinquante ans, le Parlement a toujours entravé la politique anti-alcoolique. Les seules mesures prises l'ont été dans des circonstances exceptionnelles, alors qu'il était possible de violer le Parlement, de l'abaisser ou de l'ignorer.

C'est Napoléon, le démagogue par excellence, qui instaure en 1808 le catastrophique « privilège des bouilleurs de cru ». D'un seul coup, il grossit le lobby de l'alcool de trois millions de personnes. S'ajoutant aux 400 000 bistrots et lieux de boissons, aux 1 500 000 viticulteurs et 150 000 betteraviers, il créait une armée de 5 millions d'électeurs bien résolus à ne tolérer aucune politique anti-alcoolique. Sur un corps électoral qui, jusqu'à la fin de la guerre, ne compta que les hommes, les lobbies de l'alcool avaient pratiquement la majorité, soit directement, soit par leur influence. C'est tout de même une excuse à la lâcheté des parlementaires.

L'alcool au Parlement

Tout au long de la Troisième République, le lobby alcoolique paralysa le Parlement. Il avait été surpris en 1873 par le vote d'un ensemble de mesures destinées à prévenir et réprimer l'ivresse. Sans doute le système de pression n'était-il pas encore organisé. Il ne resta pas longtemps dans cet état. Les lois ne furent pas appliquées, les limitations apportées au privilège des bouilleurs de cru ou à l'ouverture des débits de boissons furent rapportées. Charles Péguy pouvait s'écrier : « A la Chambre, l'empoisonnement alcoolique n'a jamais été mis en débat ; il y a cause gagnée, victoire sans bataille.

« Fait inouï et vraiment nouveau, à la Chambre c'étaient les empoisonneurs qui se battaient entre eux pour savoir qui empoisonnerait le plus avantageusement, qui recevrait de l'Etat français le privilège d'empoisonner la France... » C'était en 1903. Aujourd'hui le tabou est encore plus puissant, car il est parvenu à empêcher tout débat.

Il faudra la guerre de 1914-1918, et les circonstances dramatiques qui mirent la France en danger, pour que le gouvernement obtienne le vote de nouvelles lois anti-alcooliques, notamment l'interdiction de l'absinthe et l'augmentation des taxes. Sitôt la paix revenue, le Parlement reprend son rôle traditionnel pour la défense de l'éthylocratie. Le privilège des bouilleurs de cru, supprimé par extinction en 1916, était rétabli entre 1919 et 1923. L'absinthe interdite, on autorisa des liqueurs similaires titrant 40". On organisa un « Comité de propagande en faveur du vin », subventionné par les fonds publics et on favorisa l'ouverture de nouveaux débits de boissons. Le Parlement avait bien fonctionné.

On n'ose dire « par bonheur », il ne put fonctionner entre 1940 et 1944, et c'est alors que le gouvernement de Vichy va prendre toute une série de mesures anti-alcooliques. A cela du moins ce triste régime aura été utile, et ce fait prouve bien que la lutte contre l'alcoolisme n'est le privilège ni de la droite ni de la gauche, mais ignore les divisions politiques.

Sous l'influence du professeur Robert Debré, un des rares héros de la lutte contre l'alcoolisme, les organismes issus de la Résistance avaient décidé de maintenir et même de renforcer ces mesures. C'est ce qu'elles firent... jusqu'à l'élection d'une assemblée. Cette Assemblée nationale constituante n'eut rien de plus pressé — comme l'on sait, la France n'avait pas de problèmes bien urgents à résoudre en 1946 — que de supprimer les ordonnances anti-alcooliques du gouvernement provisoire. Le lobby alcoolique se remettait en place, le parlementarisme effréné de la IVᵉ République allait lui offrir son époque d'or. Les assemblées successives ne sont guère que des comités pour la propagation de l'alcoolisme. Betteraviers, vignerons, pinardiers et limonadiers font les élections, invectivent les élus jusque dans l'hémicycle, achètent les votes, paralysent l'opposition. Entre la bouteille-carotte et la bouteille-bâton, le troupeau veule des parlementaires file doux. L'anti-alcoolisme de Vichy ne suffit certainement pas à réhabiliter ce régime, mais la complaisance alcoolique de la IVᵉ suffit certainement à interdire toute réhabilitation de ce système. Les votes déshonorants pour la démocratie parlementaire se suivent. Tous dans le même sens. Les droits sur l'alcool sont abaissés, les boissons interdites par Vichy sont, de nouveau, autorisées, la publicité pour les boissons alcoolisées aussi ; toutes les attaques contre « le privilège » sont repoussées : le tabou triomphe.

Il faut garder présent à l'esprit la toute-puissance du lobby de l'alcool pour mesurer à sa juste valeur l'exceptionnel courage de Pierre Mendès-France. En novembre 1954, il crée un Haut Comité d'étude et d'information sur l'alcoolisme, et ne se contentant pas de faire prendre des mesures anti-alcooliques de façon plus ou moins clandestines, il s'engage personnellement dans la bataille. Il devient « l'homme au verre de lait ». Après une homérique bataille parlementaire sur « le privilège », ses adversaires finissent par avoir sa peau... sur un autre problème évidemment. Il s'est suicidé politiquement. Plus jamais il ne retrouvera sa popularité. L'influence qu'il put avoir sur toute la génération de technocrates et d'hommes politiques qui vont prendre la relève, ne l'empêchera pas de rater complètement sa carrière politique. Le tabou a triomphé.

Le lobby reste vigilant

La V⁰ République fera un peu mieux grâce à l'abaissement du Parlement. Les nouvelles dispositions sur la conduite en état d'ivresse sont votées après avoir attendu pendant dix ans. Mais, pour le reste, il faudra purement et simplement se passer des assemblées. Face à l'hostilité parlementaire — ou, plus exactement, à sa lâcheté —, le gouvernement se fait donner les pouvoirs de légiférer par ordonnances. C'est à ce prix seulement qu'il peut organiser la disparition, très progressive, du privilège napoléonien, et prendre quelques timides mesures.

Aujourd'hui, il est vrai, le Parlement n'a plus guère l'occasion de manifester son ardente sympathie pour le lobby de l'alcool puisque la question n'est plus posée. Cela pourrait donner à croire que nos parlementaires ont rompu avec leurs vieilles traditions, qu'ils ont enfin pris conscience du problème et que, faute d'avoir le courage de décider, ils laissent le gouvernement agir. Il s'agit encore d'une illusion. Les pouvoirs publics ne faisant rien, le Parlement ne s'oppose pas à leur action. Mais le lobby reste vigilant et se manifeste dès que des velléités de lutte anti-alcoolique semblent se manifester. Je n'en prendrai qu'un exemple récent.

En 1973, le Conseil de l'Europe, qui réunit des parlementaires des principaux pays européens au sein de son Assemblée, a délibéré sur le problème de l'alcoolisme. Un rapport visait à « la réglementation de la publicité concernant le tabac et l'alcool, et aux mesures propres à freiner la consommation de ces produits ». Au cours du débat, des amendements ont été proposés. Et quels furent ceux de M. de Montesquiou, parlementaire français bien connu dans les milieux de l'alcool ?

Premier amendement : supprimer l'aliéna invitant les gouvernements à « subventionner les organismes de lutte contre la consommation abusive de l'alcool et du tabac ».

Second amendement : dans le paragraphe 8 d, remplacer les mots « à interdire toute publicité » (pour l'alcool et le tabac) par « à réglementer la publicité ».

Troisième amendement : supprimer l'alinéa e prévoyant : d' « entreprendre, compte tenu des larges recettes fiscales provenant de ces produits (l'alcool et le tabac), une campagne d'information énergique sur les risques de leur consommation ».

Quatrième amendement : supprimer l'alinéa k prévoyant : « d'augmenter les taxes sur les produits particulièrement nocifs contenant du tabac et de l'alcool ».

Par bonheur, les parlementaires français sont minoritaires dans cette assemblée, les amendements furent donc, pour l'essentiel, repoussés ; par malheur, ces recommandations ne s'imposent pas aux gouvernements et resteront lettre morte en France.

Pas de remèdes miracles

Je ne prétends pas détenir la recette miracle qui liquidera l'alcoolisme en France. Les racines du mal sont si profondes que l'on ne peut progresser rapidement en ce domaine. Raison de plus pour se mettre à l'ouvrage sans tarder. Les premières mesures à prendre sont évidentes, bien que leur efficacité ne soit pas assurée. Il faut inverser tout le système fiscal pour que les boissons alcoolisées coûtent désormais plus cher que les autres. Est-il utopique de penser que l'eau et le jus de raisin puissent coûter moins cher que le verre de vin ? Ne pourrait-on réglementer la consommation publique d'alcool en diminuant le nombre des bistrots, en n'autorisant la vente qu'à certaines heures, en fermant les établissements notoirement connus comme lieux d'ivresse publique ? Ne devrait-on pas décupler l'effort de recherche en matière de désintoxication et d'information au niveau scolaire ? Le président de la République et le gouvernement ne devraient-ils pas engager leur autorité, conjointement avec celle de l'opposition si possible, pour éclairer et mobiliser l'opinion ?

Présentement le Français est, de toute part, encouragé à boire. Il faut véritablement être allergique à l'alcool pour ne pas s'enivrer dans ce pays. On ignore donc absolument ce que seraient les réactions de la population dans un environnement différent. Ne ramènerait-on pas rapidement l'alcoolisme à un niveau, disons tolérable, si les gens ne vivaient plus avec un verre d'alcool sous le nez ? L'expérience vaut d'être tentée. Mais qui osera ? Car si l'on ne peut préjuger des résultats sur les consommateurs, en revanche, on n'a pas à s'interroger sur les réactions des producteurs. Celles-là sont parfaitement connues. L'offensive se déchaînera à tous les niveaux. Les vignerons déterreront la hache de guerre, les bouilleurs de cru feront exploser les organisations paysannes, les débitants de boissons relanceront l'agitation parmi les petits commerçants et artisans, tandis que les gros pinardiers recommenceront à s'agiter dans les coulisses du Palais-Bourbon, tendant ici une enveloppe et brandissant là une menace. Dans la conjoncture présente, on n'imagine pas qu'un gouvernement, ou une opposition, puisse prendre un tel risque politique. Seul un accord majorité-opposition permettrait de soutenir et promouvoir un tel programme. Mais cela reste complètement utopique en France.

Le prix de la sobriété

Tous les intérêts en cause, il faut le souligner, ne sont pas méprisables ou même négligeables. S'il ne me semble pas que l'on doive s'apitoyer outre mesure sur le sort des bouilleurs de cru dépossédés de leur privilège, en revanche, il est impossible de ne pas considérer les répercussions d'une telle politique sur les viticulteurs et les débitants de boissons.

Si la consommation de vin, de vin courant s'entend, venait à diminuer notablement, il en résulterait une très grave crise, notamment dans le Midi viticole. La production ne trouverait plus preneur, les cours s'effondreraient, des milliers d'exploitants seraient acculés à la ruine et au désespoir. Une telle situation serait injuste

sur le plan individuel, désastreuse sur le plan économique, dangereuse sur le plan politique. Le fait est pourtant que notre production viticole est largement excédentaire par rapport à une consommation nationale
normale et aux capacités d'absorption du marché étranger. Il serait absurde de masquer cette situation en
développant encore la politique de distillation.

Mais la recherche agronomique a fait bien des progrès.
Une étude bien conduite permettrait de déterminer les
meilleures cultures possible sur les terres à vigne. La
collectivité devrait alors faire un effort considérable
pour garantir leurs revenus aux viticulteurs qui se lance-
raient dans la délicate aventure de la reconversion.
Ceux qui s'y refuseraient absolument subiraient les lois
économiques. Mais il ne faut pas se faire trop d'illusions. Quel que soit l'effort de solidarité nationale,
la reconversion resterait profondément traumatisante
pour les viticulteurs. Il faudrait donc affronter la colère
du Midi... les fusils peut-être.

De même n'y a-t-il aucune raison de déposséder brutalement et sans compensation des commerçants, souvent modestes, qui possèdent des débits de boissons
excédentaires. Les fermetures nécessaires pour combattre l'inflation des bistrots devraient s'accompagner là
encore d'un gros effort de solidarité. Mais les intéressés,
quelque avantage qu'on leur offre, ne fermeront pas
boutique de gaieté de cœur. En France, le tonneau de
vin est aussi un tonneau de poudre, et les plus grands
experts en désamorçage des conflits sociaux ne sont pas
sûrs d'éviter l'explosion s'ils osent s'en approcher.

Ainsi, la société française est totalement impuissante.
Le système politique est irrémédiablement paralysé.
Quant à notre merveilleuse intelligentsia fortement politisée, elle n'a rien à dire sur le sujet. En effet, elle
limite son discours à quelques thèmes à la mode qui
se prêtent à de brillants réquisitoires débouchant sur
un autre modèle, généralement utopique, de société.

Mais que voulez-vous dire de l'alcoolisme ? Je vois
bien la médiocrité intellectuelle des pages qui précèdent.
Aucune synthèse originale, aucune analyse subtile,

aucune réflexion paradoxale, rien que des faits lourds et encombrants. J'aimerais bien démontrer que l'alcoolisme est délibérément organisé et entretenu par quelques trusts capitalistes et que leur nationalisation fera disparaître ce fléau, que notre société industrielle de profit pousse les hommes à boire et qu'ils perdraient le goût de la bouteille dans une société « conviviale »; malheureusement, je sais trop bien que tout cela est faux. Certes, il existe quelques « gros » dans le lobby de l'alcool, mais ils ne seraient guère dangereux s'ils étaient isolés. Les gouvernements ont bien plus peur des millions de petits viticulteurs, bouilleurs de cru, ou patrons de bistrot qui sont tout sauf de grands capitalistes. Il ne suffit pas ici d'accuser les « grands monopoles », et l'avènement d'un gouvernement socialo-communiste ne changerait rien. Cela, chacun le sent, mais plutôt que de le reconnaître, plutôt que d'admettre cette défaillance du discours, chacun préfère aussi se réfugier dans un pudique silence.

« Ne parlez pas de l'alcoolisme, c'est toujours la même chose et cela n'intéresse personne. » Voilà ce qu'on ne vous dit jamais, mais que pourtant vous ne pouvez ignorer. Un instant je m'interroge : combien de lecteurs, abordant ce chapitre, auront un mouvement de recul en se disant : « On va *encore* nous parler de l'alcoolisme ! » Je crois entendre cet « encore ».

Sans doute est-ce d'ailleurs une réflexion que je me fais moi-même quand, par exception, je rencontre ce sujet. Alors que, tous les jours, j'entends parler du chômage ou de l'inflation, que je vois défiler tant de documents consacrés à ces sujets, et que, pourtant, je ne dis pas « encore » ; un simple article, une malheureuse émission sur l'alcoolisme provoquent en moi cette réaction. Comme si l'on parlait trop d'un sujet quand on n'en parle pas.

Le paradoxe n'est qu'apparent. Dans la mesure où le silence est celui de l'immobilisme, où l'oubli est celui de l'impuissance, tout rappel devient désespérant. A quoi bon rouvrir ce dossier fossilisé comme des couches géologiques, s'interroger sur ce drame sans espoir comme la fatalité antique ! Rien ne peut être dit quand rien ne peut être fait. Ainsi va l'alcoolisme en France : un drame trop grand pour une société trop fragile, une misère secrète et chérie que l'on recouvre comme un secret de famille d'un grand tabou protecteur.

Chapitre 10

UN SILENCE DE MORT

L'homme meurt depuis cinquante mille ans, depuis que, cessant de crever comme un animal, sans le savoir, il regarde la mort en face. En effet, les préhistoriens ont découvert que nos ancêtres néanderthaliens respectaient déjà certains rites funéraires. Certains d'entre eux pensent même que le pithécanthrope, il y a plusieurs centaines de milliers d'années, prenait soin de ses morts. Vivre face à la mort, c'est le premier fondement de la condition humaine.

Dans cette opposition, le vainqueur est connu d'avance, mais le vaincu n'a jamais désespéré et jamais il n'opposa si longue résistance. Thanatos doit désormais attendre plus de soixante-dix ans une victoire qu'autrefois il arrachait en vingt ans. Mais quelque bataille que gagne la médecine, la guerre, elle, est perdue d'avance. Toute civilisation doit assumer cette impuissance ultime, c'est-à-dire, tout à la fois, nier la mort et la regarder en face, la refuser dans sa réalité biologique pour l'accepter dans sa signification humaine. Aucune ne peut faire l'économie d'un discours sur la mort.

La société industrielle, elle, ne s'embarrasse pas de discours : elle agit. L'homme de la thérapeutique a remplacé l'homme du rituel pour exorciser la grande tueuse. Plus de symboles, des médicaments. Une pratique chassant l'autre, notre société a remplacé l'art de mourir par l'art de ne pas mourir. Hélas ! Vivre plus longtemps ne nous dispense pas de savoir mourir un jour.

Tout se passe pourtant comme si cette puissance nouvelle de l'homme le laissait encore plus impuissant dans l'ultime assaut ; comme si, après avoir vécu en immortels pendant près d'un siècle, nous ne sachions même plus mourir comme meurent les hommes depuis cinquante mille ans.

Mais ne doit-on pas faire un choix exclusif entre la vie et la mort ? Et n'est-il pas logique de préférer quarante ans de vie à un instant de mort ? Celui de la société industrielle paraîtrait logique si l'homme pouvait vivre dans l'ignorance totale de sa mort, et si celle-ci s'imposait à lui avec la toute-puissance du *fatum* antique, sans qu'il ait aucune part dans cet événement. Mais quelques efforts que nous fassions pour vivre en immortels, nous ne pouvons chasser la sourde angoisse qu'entretient en nous la certitude de notre fin. Aucune greffe de cerveau, aucune victoire sur la leucémie n'effacera cette ombre qui, tout au long de ma vie, marche et marchera à mon côté.

Qui plus est, les victoires de la médecine rendent ce désintéressement chaque jour plus impossible. A tant lutter contre la mort, nous avons fini par nous la mettre sur les bras. Elle n'est plus cet éclair fulgurant qui tombe du ciel, sans que l'on puisse ni le prévoir, ni le prévenir, ni s'en protéger. Elle est prisonnière de nos appareils, de nos drogues, de nos pouvoirs. Elle se domestique, se contrôle, se ralentit ou s'accélère à volonté. Et cette volonté, c'est celle des hommes et non plus du destin. La mort fatale est condamnée à devenir une mort d'exception par opposition à la mort artificielle, voulue et contrôlée qui deviendra la règle. Cette évolution fait surgir une nouvelle et terrible question : qui doit décider de la mort ? On peut apporter trois réponses : la société, le médecin ou le mourant. C'est un choix redoutable, mais inéluctable. La mort n'appartient plus à l'ordre naturel mais à l'ordre humain.

La société industrielle a donc besoin d'un art de mourir qui ne saurait être celui des sociétés traditionnelles. Or elle se révèle totalement incapable de créer cette éthique et cette pratique. Cette incapacité donne à notre civilisation un caractère « inachevé » en dépit de ses plus grands succès.

Une fois de plus, l'impuissance se réfugie derrière le tabou. La société n'ayant rien à dire sur le sujet l'élimine du champ de socialisation. C'est un phénomène annexe, en marge, un événement toujours refoulé à l'horizon de la conscience collective.

Les beaux enterrements

Aujourd'hui, le Français ne supporte pas qu'on lui parle de la mort en général et de sa mort en particulier. Aborder un tel sujet constitue une inconvenance. Presque une agression. Cet effacement est perceptible dans les mœurs et la pratique sociale plus encore que dans le verbe, il s'est imposé comme une règle essentielle du savoir-vivre : un tabou dont la transgression semblerait violer un ordre naturel.

De nombreux historiens, notamment Philippe Aries, ont montré que cette prétendue norme des sociétés humaines, loin d'être la règle constitue l'exception. Presque une monstruosité. La mort est traditionnellement au centre de la vie sociale. Ne parlons pas seulement de l'Egypte pharaonique tout entière tournée vers les rites funéraires, la vie post-mortem et le culte des morts, mais, plus proche de nous, de l'Ancienne France. La mort y est permanente, familière et omniprésente.

D'abord elle est beaucoup plus fréquente qu'aujourd'hui. Les gens meurent jeunes ; la mortalité est effroyable, naissances et décès se succèdent à un rythme très élevé, en sorte qu'il ne se passe guère de temps sans qu'on n'enterre un parent ou un voisin. Le décès est un acte éminemment social. Le mourant s'y est préparé de longue date, à travers ses pratiques religieuses et la fréquentation assidue de la mort. Il connaît son rôle, il sait ce qu'on attend de lui et entend se comporter avec un maximum de dignité. Il va célébrer sa mort, en rédigeant son testament, en faisant son ultime confession, en bénissant ses enfants et petits-enfants, en présidant la prière des agonisants, en donnant à ses descendants ses dernières recommandations, ses dernières volontés, ses dernières bénédictions, avant de rendre l'âme. L'idée ne viendrait pas que l'on puisse cacher à l'agonisant son état, et pas davantage que l'on puisse le laisser seul, sans soutien, dans ses derniers instants. Il ne peut être exclu de cet événement, puisqu'il s'agit d'un fait collectif dans lequel il devra jouer un rôle actif.

Sitôt après le trépas, commencent les rites funèbres : pendules arrêtées, glaces recouvertes, toilette du corps, glas sonnant à l'église, puis prières collectives à la veillée. Les parents, les familiers, les amis, les voisins participent aux cérémonies. L'événement dépasse largement le cadre étroit de la famille parentale.

L'enterrement sera encore un acte social qui retiendra un temps la vie de la communauté. Cloches, cortège, cérémonies diverses, au domicile, à l'église, au cimetière, tout est fait pour que l'événement reçoive un maximum de publicité, que chacun soit alerté et puisse avoir au moins une pensée pour le compagnon qui s'en va. La dernière demeure n'est pas bien loin ; son emplacement naturel, c'est le terrain qui entoure l'église du village. Ainsi chaque jour les pas des vivants traversent le royaume des morts. Cheminer parmi les tombes est aussi naturel que baguenauder sur le champ de foire. Car la mort, pour tragique qu'elle soit, n'est jamais désespérée. L'espoir d'une résurrection est inhérent à la tristesse des funérailles, en sorte que la mort ramène toujours à la vie et *vice versa*. Au retour du cimetière, tout le cortège se retrouve pour le grand repas, et la journée, commencée dans les pleurs, pourra finir dans les rires sans que, pourtant, l'essentiel ait jamais été escamoté, ou même oublié.

Partir discrètement

Ainsi nos pères, totalement désarmés face à la mort, l'avaient placée au centre de la vie et de la cité. Pour la conjurer, pour la dominer, pour nier sa victoire. Ce culte de la mort n'était en rien morbide, il traduisait, au contraire, une volonté de vie. Tout refus de regarder la mort en face, de lui reconnaître sa place, ne fait que lui rendre sa nue réalité, son horreur et sa violence. Seule une longue familiarité, un compagnonnage de tous les jours, permet de surmonter, ou du moins de maîtriser, les frayeurs qu'elle inspire. En invitant la mort, nos ancêtres se démontraient à eux-mêmes qu'elle est tout à la fois redoutable et surmontable, en l'évitant, nous ne faisons que souligner son caractère implacable et terrifiant.

Quelle différence entre cette mort de l'ancien temps et celle d'aujourd'hui ! Désormais le décès est désocialisé. Dans trois cas sur quatre, il se produit à l'hôpital ou à l'hospice, à l'écart de la vie quotidienne. Le mourant sait à peine ce qui lui arrive car chacun lui joue la tragédie du mensonge. Sitôt le décès constaté, on s'empresse d'escamoter le cadavre, aussi discrètement que possible en le portant à la morgue.

Le décès ne concerne que la famille très proche et quelques intimes. Il est annoncé par de discrets faire-part bordés de gris et non plus de noir. La maison du défunt qui, dans ma jeunesse, se drapait encore de tentures noires, ne prend plus le deuil ; la famille non plus. Le crêpe noir porté au revers du veston a disparu à son tour. Dans le voisinage ou dans l'entreprise, le décès d'un proche tend à passer inaperçu.

Quant à l'enterrement, il gagne chaque année en discrétion. « Les lents et douloureux cortèges », chantés par Léo Ferré, sont généralement interdits, car ils entravent la circulation. Le corbillard est remplacé par une voiture qui se banalise de plus en plus. La cérémonie se concentre en un seul lieu : l'église ou le cimetière. Les veillées funèbres d'antan ne sont plus que des souvenirs. La minute de silence devant un cercueil fermé suffira bientôt.

Les morts sont disparus

Le cadavre lui-même est embarrassant, on ne lui trouve plus de place. Les cimetières urbains hérités du passé sont surpeuplés et leur présence fait baisser le prix des terrains alentour. On cherche de nouveaux emplacements à l'extérieur, loin des villes. Comme pour les usines polluantes ou les aérodromes bruyants. Nous ne voyons plus les morts, nous ne voyons plus les enterrements, nous ne verrons bientôt plus les tombes.

Chaque fois qu'on le peut, on efface les mots qui choquent, les traditions qui gênent. Sur les plus récents calendriers, on ne marque plus « jour des morts », mais simplement « défunts ». On parle plus volontiers des « disparus » que des « morts », et le changement de mot traduit bien un changement de mentalité.

Pourtant, la mort est toujours là, avec ses agonisants dont il faut bien s'occuper, ses cadavres qu'il faut bien habiller, mettre en bière, faire semblant d'honorer avant de les faire disparaître. Comment s'en débarrasser ? La société industrielle applique ici les méthodes qui permirent de résoudre les problèmes d'approvisionnement, de maintenance et d'évacuation : elle crée des réseaux fonctionnels et professionnels aussi discrets et souterrains que possible. Jadis, tout ce que l'homme consommait, tous les déchets qu'il rejetait, étaient apportés ou évacués au grand jour. Le combustible, l'éclairage, les détritus, les excréments, tout passait par la rue, au vu et au su de tous. Désormais, les transports se font plus discrètement, plus efficacement. Les canalisations livrent à domicile, de manière invisible, l'eau, le combustible, l'éclairage, emportent les excréments et les eaux usées. Certes, l'enlèvement des ordures se fait de façon moins discrète, mais demain, peut-être, un réseau de canalisation les avalera automatiquement. Les besoins fondamentaux des citadins seront assurés sans que l'on remarque les moyens propres à les satisfaire. C'est la même logique qui s'applique à « ce sous-produit de l'expérience humaine » qu'est le cadavre.

« Mourez, nous ferons le reste. » Le slogan publicitaire devient chaque jour davantage une réalité. Les entreprises de pompes funèbres se chargent de tout. Elles prennent le corps à la morgue de l'hôpital ou de l'hospice, le préparent, l'habillent, éventuellement même l'embaument. Le trépassé, qui a eu l'obligeance de ne pas mourir chez lui, ne reviendra pas à son domicile. De plus en plus, les marchands de funérailles offrent l'hospitalité de maisons funéraires baptisées athanées ou funeraria. Ces établissements discrets, anonymes, dont rien en général ne symbolise la fonction, vous proposent selon vos goûts et vos moyens financiers, un salon Louis-Philippe, une chambre de style moderne ou un décor rustique pour célébrer le cher disparu. Dans les locaux de service, le corps a été préparé par les spécialistes, des cosmétologues l'ont maquillé pour qu'il fasse bonne figure, puis il est mis en place pour sa dernière représentation. Lorsque la famille vient saluer la dépouille, la mort est déjà tenue à distance par cette procédure d'éloignement qui ne vise pas à la reconnaître, mais à la travestir.

Pan ! Pan ! T'es mort

Le tabou gagne chaque jour du terrain, poursuivant son objectif ultime : chasser la mort de notre société. Aujourd'hui, malgré la prise en compte totale du cadavre par les entreprises spécialisées, les proches se doivent d'assister le mourant dans son agonie. Certes, cette obligation se réduit souvent à peu de choses, mais elle pèse encore. Un agonisant est un spectacle détestable pour l'homme moderne et qu'il convient de lui épargner. L'habitude se prend de ne plus faire que de rapides visites. Demain, le personnel hospitalier présidera seul aux derniers instants. A moins que...

En Californie se créent des sociétés commerciales qui vous offrent les services d'un « compagnon de mort ». Moyennant une souscription à faire en temps utile, l'entreprise s'engage à vous fournir pendant votre agonie un spécialiste de la communication avec les mourants qui viendra s'entretenir avec vous, vous tenir la main et vous réconforter. Il paraît que l'affaire est extrêmement rentable.

Au Japon, les malades fortunés paient de jeunes femmes, les « Tsukisoi », pour venir à leur chevet apporter la douceur et le réconfort. Il ne s'agit pas encore, comme en Amérique, de professionnelles commercialement organisées, mais cela ne saurait tarder, tant cette professionalisation de l'aide aux agonisants est dans la ligne de l'évolution actuelle.

Pourtant, le spectacle de la mort est présent dans la vie moderne. « Le deuil disparaît, note André Malraux dans *Lazare*, mais, à la télévision, un jour sans meurtre serait un jour sans pain. » Tous les enfants, stimulés par les images de violence jouent à « Pan, pan, t'es mort ». L'attitude infantile des adultes reproduit assez fidèlement ces jeux. Après le « Pan, pan, t'es mort », vient toujours le « Maintenant, t'es plus mort ». Chacun se paie un grand frisson de peur en voyant le héros se faire abattre, puis on va se coucher en sachant que, lui aussi, dort ce soir dans son lit. On a joué à la mort. Comme les enfants.

Quand, d'aventure, la télévision montre des morts réelles au cours de reportages sur des guerres ou de grandes catastrophes, il s'agit toujours d'une mort tenue à bonne distance. Elle rôde à des milliers de kilomètres, frappe dans des conditions tout à fait exceptionnelles, des gens différents de nous. Ce spectacle n'a pas plus lieu d'effrayer que celui d'un lion en cage dans un zoo. Quand on montre la mort, elle est tenue en laisse.

Vivre en immortels

Mais, dès qu'il s'agit de notre mort, la télévision se fait étonnamment discrète. Les télévisions anglaises ou allemandes, plus audacieuses que la nôtre, ont donné la parole à des agonisants. Mais il est évident qu'aujourd'hui, le public français ne supporterait pas un tel spectacle.

Le terme logique de cette évolution serait de bannir des esprits la pensée même de la mort, de faire vivre les hommes dans une attitude d'immortels. Et, sans rien leur dire, le jour venu, de les faire basculer dans le repos éternel avec les drogues appropriées. Tel serait notre ultime défi à la mort : sa négation totale. L'homme retrouverait alors, par certains aspects, la mort prénéanderthalienne, celle de l'animal qui, à la différence de l'homme, ne sait pas qu'il meurt, ainsi que le soulignait déjà Blaise Pascal.

Mais on assiste depuis peu à une double évolution : une inconscience grandissante dans le public, une conscience croissante chez les spécialistes. Le mouvement, qui s'est manifesté aux Etats-Unis, et en Grande-Bretagne, avant d'apparaître en France, est né dans le monde médical à la fin des années 60. Le développement des techniques de réanimation, les nouveaux « miracles » de la chirurgie, les perspectives ouvertes par les greffes d'organes ont confronté les médecins avec des problèmes nouveaux, des responsabilités écrasantes, auxquelles ils étaient mal préparés. Dans les congrès, dans des ouvrages, de « grands patrons » ont posé le problème du « droit à la mort », de la « reconnaissance de la mort », faisant surgir d'insolites questions : « Faut-il prolonger la vie à tout prix ? « Ne doit-on pas, dans certains cas, laisser la mort remplir son office ? » « A partir de quel moment l'acharnement thérapeutique devient-il condamnable ? »

En 1975, le Dr Escoffier-Lambiotte publiait dans *Le Monde* une remarquable série, « Le médecin devant la mort ». En 1976, une bonne douzaine de livres étaient consacrés à la question, ils n'eurent, comme on pouvait le prévoir, pas grand succès auprès du public. C'est significatif. Bref, médecins et spécialistes s'interrogent de plus en plus, car la politique de l'autruche débouche sur une impasse.

L'espoir de vivre et de mourir sans connaître la mort est parfaitement illusoire. L'agonie existe, et n'a sans doute jamais autant existé que depuis ces temps si proches où l'on a entrepris de la médicaliser au lieu de la ritualiser. Il faut abandonner l'espoir futile d'une vie passée sans que jamais l'idée de la mort ne s'impose à notre esprit. « Selon les enquêtes effectuées, les trois quarts des malades qui vont mourir seraient conscients de leur fin prochaine, mais seul un petit nombre le manifeste, note le cancérologue Jacques Bréhant . » Ils en prennent conscience, en dépit de tous les mensonges, par d'imper-

1. *Thanatos*, Jacques Bréhant. Robert Laffont.

ceptibles détails qu'ils observent dans leur entourage. C'est la mine crispée du parent avec qui on fait des projets d'avenir, la phrase imprudente d'un soignant sur l'évolution du mal, le désintéressement progressif du médecin, etc. C'est peut-être aussi une sourde intuition de l'être sentant qu'il touche au terme.

L'agonie existe

Ainsi le problème de la vérité aux malades ne se résume pas dans l'alternative : dire ou ne pas dire. Pour un mourant qui se laissera illusionner par le mensonge, bien d'autres feront semblant de ne pas savoir et ne pourront plus établir de véritable communication avec leur entourage.

Mais, pour établir ce terrible dialogue, il faut qu'aux qualités du médecin répondent celles du mourant. Et la défaillance de l'un n'est pas moins grande que celle de autre l'autre.

Cette fameuse « vérité aux malades » n'est pas une règle que l'on peut poser indépendamment de la société. Elle en est une expression essentielle, c'est, au sens le plus fort, une institution sociale. Le médecin qui, aujourd'hui, en France, déciderait de mettre systématiquement les malades en présence de leur destin, provoquerait d'effroyables traumatismes. Car rien ne prépare ces derniers à supporter une telle épreuve. Cet ultime instant est l'aboutissement de toute une vie. Dans la France catholique chacun savait qu'à son heure dernière le prêtre viendrait donner l'Extrême-Onction. Le sacrement était annonce de mort et geste de réconfort. Cacher l'agonie était inconcevable car c'eût été interdire le secours de la religion, mais, à l'inverse, le mourant avait été préparé depuis son enfance à cette épreuve. Il est donc absurde de réduire ce problème de la vérité aux derniers instants. On parle de la mort tout au long de la vie ou jamais.

Je peux bien me prononcer pour la vérité, il n'en reste pas moins que je ne serai sans doute pas capable de la supporter, car j'ai vécu, comme tous les Français, dans

la fuite de la mort et ce n'est pas ainsi qu'on se prépare à un tel rendez-vous. La vérité ne pourra être dite
aux mourants, aussi longtemps que la société vivra dans
le mensonge.

Or ces mourants, que l'on traite en malades et qui, au
fond d'eux-mêmes, se savent agonisants, auraient besoin
des autres. Pour Bréhant : « La situation de ces derniers
est particulièrement pathétique car ils ne sont pas sans
remarquer, tout au moins au début, le vide qui se crée
autour d'eux lorsque leur état s'aggrave. Tous ceux qui
ont pu être interrogés disent qu'ils ont la sensation,
lorsque approche le terme, qu'on les met à l'écart... Ils
réagissent alors en se calfeutrant dans le mutisme qui va
ruiner davantage encore les possibilités de relation...
Derrière ce mur, il y a la peur d'être seul, la grande
peur d'être abandonné. » Or c'est à cet instant que les
agonisants éprouvent le plus pressant besoin d'être toujours pris pour des êtres dignes de considération,
d'estime et d'amour...

« Mais comprendre un mourant est chose plus facile
à dire qu'à faire. Il est rare, disais-je, que leurs appels
soient spontanés, il faut toujours les solliciter. Et même
à ce prix, il est exceptionnel qu'il se manifeste clairement... Faute de pouvoir s'exprimer lucidement à cette
heure, ils utilisent presque toujours un langage symbolique qu'il faut apprendre à décrypter comme on le
ferait d'idéogrammes ou d'une langue inconnue... » Et le
cancérologue conclut : « ... Plus encore que d'être médi-
camentés, c'est sans doute d'être compris que tous les
mourants éprouvent le plus pressant besoin. »

Ce témoignage, un parmi beaucoup d'autres, prouve
cette vérité essentielle et désagréable que l'agonie existe,
et qu'elle est autre chose que la phase ultime de la
maladie. C'est un état particulier nécessitant une approche spécifique.

Une science de la mort

Or, jusqu'à l'instant ultime, l'agonie est tout entière
sous contrôle médical. Non pas seulement sous surveil-

lance, mais bien sous contrôle. C'est-à-dire que le praticien peut, en puisant dans le formidable arsenal de la thérapeutique moderne, faire évoluer le processus inexorable selon des voies extrêmement différentes. Il peut tenter une dernière intervention ou bien y renoncer, utiliser telles ou telles drogues, donner la priorité à la lutte contre la maladie ou à la lutte contre la souffrance, etc. Bref notre agonie a cessé d'être un processus naturel imposé par un destin tout-puissant pour devenir un acte volontaire choisi par le pouvoir médical.

Puisque l'humanité possède ce pouvoir de choisir, de contrôler, la marche à la mort, elle se doit à l'exercer. Cela suppose qu'elle étudie spécifiquement l'agonie en tant que cheminement vers la mort, et non en tant qu'échec de la thérapeutique, qu'elle tire de ces connaissances un maximum de pouvoirs afin de venir en aide au mourant, que la société mette en œuvre les moyens propres à faire bénéficier le malade de ces progrès dans la phase terminale de la vie.

Il existe là un champ de recherche qui doit aider pratiquement tous les hommes, et non pas seulement quelques-uns. Un champ de bataille prioritaire entre tous. Si je ne peux attendre de la médecine qu'elle guérisse toutes les maladies qui pourraient me frapper, du moins puis-je espérer qu'elle m'apporte un maximum de compétence et d'assistance à l'heure dernière.

Or, que constatons-nous ? Il n'existe en France aucun Institut de recherche sur l'agonie, aucune spécialité médicale reconnue en ce domaine, aucun enseignement dispensé, aucun arsenal spécifique de méthodes et de moyens. L'agonie reste cet appendice indésirable que la médecine traîne derrière elle, ce revers inévitable d'une médaille dont on ne regarde jamais que l'avers. Dans nos hôpitaux et nos hospices, il arrive que des mourants, fort bien soignés tant qu'ils étaient des malades, soient assistés de médiocre manière quand ils entrent dans la phase terminale de leur maladie.

Les soins et les secours prodigués aux agonisants, et qui sont dans certains cas d'une remarquable efficacité, ne sont pas le résultat d'une recherche spécifique, mais seulement le sous-produit de la recherche médicale à vocation thérapeutique.

Une médecine de bonne mort

Telle est la force du tabou sur la mort. Simple évitement au niveau du public, il devient paralysie au niveau de la médecine. « Les cas de cancéreux atteints de douleurs intolérables, écrit le Dr Escoffier-Lambiotte, qui motivent la plupart des procès d'euthanasie, résultent plus, pour la plupart, semble-t-il, de négligences ou d'ignorances médicales que d'une carence déontologique. Le traitement de la douleur fait encore l'objet de puissants préjugés, d'origine religieuse ou pharmacologique (le risque d'accoutumance). Son enseignement aux futurs médecins est, en outre, gravement insuffisant. » Et l'auteur, pour illustrer son propos, cite l'exemple de l'un des très rares établissements en France qui se soit spécialisé dans l'assistance des cancéreux en phase terminale : la clinique des Dames-du-Calvaire à Paris. Ces soignantes admirables ont concentré tout leur dévouement et toute leur attention sur le malade sans espoir : l'agonisant. Le sentiment religieux qui les anime ne les a pas empêchées d'utiliser toutes les techniques modernes pour soulager les cancéreux et d'acquérir ainsi une compétence certaine. Grâce à ces traitements, les responsables de cet établissement peuvent dire : « Nous n'avons jamais eu aucune requête euthanasique. Nos malades sont entre ciel et terre. » Et le Dr Escoffier-Lambiotte précise qu'aucun de ces malades ne souffre, « en dépit de situations souvent effroyables ».

Ainsi, pour ne retenir provisoirement que cet aspect combien redouté de l'agonie, il peut encore arriver que des malades, notamment des cancéreux, meurent de manière inhumaine à cause de ce tabou. Quand on songe que les patients chez le dentiste exigent une anesthésie locale avant la moindre intervention, on est en droit de se demander si notre médecine n'est pas folle. Mais il est vrai que le malade qui a souffert dans le fauteuil garde le droit de protester, il peut changer de dentiste.

Les mourants, en revanche, si gênants soient-ils, présentent tout de même ce grand avantage de ne pas protester. Quelles qu'aient été les conditions de son agonie, le
mort ne viendra pas, comme la statue du commandeur,
dénoncer l'incompétence du médecin qui l'a assisté. Et
c'est bien le drame. Dans un monde où chacun utilise
un haut-parleur pour se plaindre, la voix imperceptible
des agonisants n'a aucune chance de se faire entendre.

   L'un des objectifs d'une médecine moderne, libérée de
ce tabou, serait de rechercher systématiquement tous les
traitements, toutes les drogues, capables de soulager les
différentes formes et les différents stades de l'agonie.
Il s'agit d'une discipline distincte de la thérapeutique
qui ne tente plus de guérir, mais de soulager, qui se
concentre sur l'effet instantané en négligeant les effets
secondaires, qui traite un mourant et non un malade.
Si ces études avaient mobilisé les mêmes moyens, les
mêmes talents, que les grands thèmes à la mode, on
aurait certainement accompli des progrès importants
dans ce domaine.

Comprendre l'agonie

   Comme le souligne le Dr Jean Bréhant, il ne s'agit
pas seulement d'administrer des médicaments, il faut
également et surtout communiquer avec cet être en
détresse qu'est le mourant, c'est-à-dire connaître ses états
psychologiques, son langage, ses réactions. Notre ignorance est presque totale sur ce sujet. Certes, il arrive
que des médecins, au terme d'une longue carrière, à
force d'attention et de dévouement, aient acquis une
bonne connaissance de l'agonisant et de ses réactions.
Mais il s'agit d'un savoir personnel qui disparaît avec
celui qui le possède. Or nous avons besoin d'une véritable connaissance qui s'enrichisse, se transmette, se for-
malise. Mais peut-on fonder une science sur un tel
objet ?

   A cette question, le tabou a toujours fait répondre
« non » sans qu'il ait été procédé à la moindre tentative
sérieuse. C'est au cours de ces toutes dernières années,

et dans les pays anglo-saxons comme il se doit, qu'ont commencé de telles recherches. Les plus intéressantes ont été menées par une psychiatre fixée à Chicago, Elisabeth Kubler-Ross. Il est intéressant de noter que des travaux aussi originaux n'aient pu être entrepris que par un chercheur marginal, puisque Elisabeth Kubler-Ross, mariée à un médecin américain mais de nationalité suisse, a dû créer sa propre discipline pour pouvoir exercer aux Etats-Unis.

Elle dirige depuis maintenant plus de dix ans un séminaire consacré à l'étude de l'agonie, dans le cadre de l'hôpital Billings. Pour l'essentiel, elle parle avec les mourants et, surtout, elle les écoute.

Pour des Français paralysés par le tabou, ces expériences ressemblent à du voyeurisme macabre. Pourtant, constate Jean Ziegler [1] : « Kubler-Ross parvient à respecter totalement la dignité des agonisants désireux de parler de leur expérience et à apporter une aide réelle aux hommes et aux femmes interrogés. » Car il ne s'agit pas seulement d'étudier le mourant comme un phénomène, il faut d'abord l'aider. Et le premier souci de Kubler-Ross est bien de réconforter, de soulager. C'est à cette condition seulement qu'une étude sur l'agonie est concevable.

Les résultats obtenus dépassent largement le cadre d'une expérience   personnelle. En 1969, après avoir recueilli et dépouillé plus de 200 interviews, la psychiatre a publié un ouvrage *On Death and Dying*, dans lequel elle montre qu'à travers la diversité des témoignages, apparaît un schéma général de l'agonie par étapes successives qui se reproduit plus ou moins fidèlement d'une expérience à l'autre. Le malade subit d'abord le choc de la révélation qui suscite en lui des réactions de refus, de dénégations ou de colère. Il s'irrite contre la vie qui va continuer sans lui, contre ces vivants qui seront épargnés. Sa révolte se traduit par des exigences et des revendications vis-à-vis de son entourage pour réaffirmer son existence.

A cette phase succède une période de dépression. Le

1. Jean Ziegler : *Les Vivants et la mort*. Éditions du Seuil.

malade sait maintenant que toute résistance est vaine. Il quête une présence, une tendresse pour l'accompagner dans sa chute solitaire.

Puis vient un comportement plus rationalisé. Le mourant a repris ses esprits, il tente de raisonner sa situation, de jouer ses derniers atouts. Il ne veut pas partir comme ça, il s'efforce de poser quelques modestes conditions, il hasarde encore des projets.

Mais la réalité, inexorable, s'impose à lui. Il lui faut progressivement accepter l'inévitable, se résoudre à l'inacceptable. Il entreprend donc de régler ses affaires, de préparer ses adieux au monde, de refermer le livre de sa vie. C'est la phase terminale ; la communication avec l'extérieur devient plus difficile. C'est l'instant même de la mort.

Le service des mourants

Il ne s'agit que d'un schéma très général et qui varie considérablement d'un cas à l'autre. Mais l'observation systématique révèle encore de nombreuses différences de comportement selon les convictions philosophiques ou religieuses, la situation sociale. D'une façon générale, il semble que les vrais croyants — mais ils sont rares — traversent cette épreuve avec plus de force, plus de sérénité ; que les humbles soient moins sujets à la révolte que les puissants. Et, dans tous les cas, l'espoir semble toujours subsister en quelque chose d'indéfini, mais qui soit reculera le terme, soit assurera une continuité après la mort.

Schématiques, embryonnaires, ces premières études ne peuvent prétendre constituer une science de l'agonie. Il a fallu des années pour étudier les grands états psychologiques : schizophrénie, paranoïa... encore si mal connus. Il faudrait bien d'autres efforts pour comprendre cet univers si particulier aux confins de la mort. Mais ces tentatives prouvent que l'approche est possible. Outre le grand succès rencontré par le livre de Kubler-Ross auprès du public américain, son enseignement suscite un intérêt croissant auprès des autorités médicales.

Aujourd'hui, les connaissances sont insuffisantes, mais il faut craindre que, demain, ce ne soit les hommes qui fassent défaut. Le service des mourants est le plus rude qui soit. Il implique un équilibre psychologique, une force d'âme, une générosité ardente et, plus que tout, une acceptation de sa propre mort, que l'on rencontre rarement dans le monde contemporain. Les ordres religieux qui, traditionnellement, assumaient cette tâche ont de plus en plus de mal à recruter. C'est le cas notamment pour les dames du Calvaire.

Ce mélange de technicité et de charité, ce service éclairé et compétent des plus misérables, cette prise en compte de la mort, vont à l'encontre d'une civilisation qui, comme le remarque André Malraux, n'a construit ni un temple ni un tombeau. L'impuissance, source du tabou, n'est pas accidentelle ou conjoncturelle, elle est congénitale. A chacun son génie. Lorsque je songe à la société technicienne, j'imagine plutôt les tentatives désespérées pour nier la mort que cette nouvelle sagesse qui permettrait de l'assumer et de l'accepter.

Ne mourez plus. Hibernez

L'idée de conserver les corps pour nier la mort n'est pas neuve. Toutes les civilisations traditionnelles, de l'Ancien ou du Nouveau Monde, ont pratiqué l'embaumement sous une forme ou sous une autre. Dans l'Egypte ancienne, la thanatopraxie devint la première institution socio-religieuse. Les méthodes variaient selon la richesse et la classe sociale du défunt, mais dans tous les cas on s'efforçait d'éviter au corps une décomposition rapide et totale. Ces pratiques participaient à une vision globale de la vie et de la destinée humaine ; le rituel funéraire insérait le mort dans une autre existence, il était, au sens le plus fort, signifiant, symbolique et non pas seulement esthétique ou sentimental.

L'Occident chrétien abandonne tous ces rites, legs du paganisme, ou témoignage du culte des ancêtres. Le cadavre est très hautement promis à devenir « ce je ne sais quoi qui n'a de nom dans aucune langue » dont parle Bossuet. Négligence devenue dans certains cas — aujourd'hui encore — choquante tant en ce qui concerne le respect dû aux morts que l'attention prêtée aux règles d'hygiène.

On assiste actuellement aux Etats-Unis à un très net regain de faveur pour l'embaumement. Les méthodes modernes permettent de réaliser, de façon relativement simple, un premier traitement qui assure une bonne présentation, sinon une longue conservation du corps. Ces pratiques se développeront en France dans les années à venir. Il est probable que les gens fortunés finiront par vouloir faire préserver leur corps comme celui de Lénine. Le refus de la décomposition et la permanence corporelle devraient constituer la réponse simpliste d'une société qui ne peut plus sécréter les grands mythes de la mort.

Pourtant un autre mythe commence à courir, souterrain, à peine murmuré : celui de l'immortalité. Non pas celle des religions, annonciatrices d'un autre monde et d'une autre existence, car nous n'entendons plus rien à ce genre de spéculations, mais une immortalité bien réelle : celle de l'homme qui ne meurt pas. Chacun sait, quelque espérance qu'il fonde sur le progrès médical, que toutes les maladies ne seront pas guérissables en l'espace d'une génération, mais rien n'interdit de rêver que, plus tard, dans cent ou deux cents ans qu'importe, les plus terribles tueuses, cancer, hypertension, cirrhose, seront vaincues à leur tour, comme la tuberculose, la variole ou le choléra, et que même ce mal, le plus insidieux de tous, le vieillissement sera surmonté. Les victoires du passé autorisent tous les espoirs, pourvu qu'on ne fixe pas les échéances. Malheureusement, nous, les vivants d'aujourd'hui, nous ne serons plus là pour jouir de cette immortalité. Serions-nous donc condamnés à la mort pour être nés trop tôt ? C'est particulièrement irritant. Ne pourrions-nous plutôt attendre ?

La réponse à cette question, c'est la congélation. Elle est depuis longtemps un thème favori de la science-fiction. De la science aussi. Nos vaches sont inséminées

avec du sperme de taureau conservé dans l'azote liquide
à —180°. Des organismes plus complexes, comme des
cœurs d'embryon de poulet, se sont remis à battre après
avoir hiberné dans l'azote ; un cerveau de chat a même
pu manifester une activité encéphalique après un séjour
de sept mois à —20°. Un pas de plus, et l'homme tout
entier plongerait dans une éternité de glace dont on
pourrait le sortir à volonté. Concrètement, le cancéreux
incurable serait refroidi et surgelé jusqu'à la découverte
d'une thérapeutique efficace contre sa forme de cancer.
Dans le cours de cette deuxième vie, s'il était affligé
d'une nouvelle maladie incurable, il retournerait à la
glacière pour attendre dix ans, mille ans ou davantage,
que la science remporte la victoire qui permettra de le
réveiller. Idée fascinante que celle de ces vies successives
suspendues mais non interrompues par des séjours dans
le purgatoire des basses températures. La mort serait
ainsi définitivement vaincue puisque, même si la maladie
n'était jamais guérissable, le malade, lui, resterait dans
sa cage-prison de glace. Vertigineux face à face d'une
vie incapable de s'exprimer et d'une mort qui ne peut
plus saisir sa proie.

Dans un cercueil de glace

Tout cela reste encore fort éloigné des possibilités
actuelles. La congélation fait cristalliser l'eau contenue
dans les cellules, et les minuscules cristaux aux arêtes
acérées blessent les organites délicats qui assurent la
vie cellulaire, créant des lésions irréparables. Il existe
bien certaines méthodes, comme l'injection de glycérol,
jouant un peu le rôle d'antigel, pour éviter cet inconvénient, mais ces procédés sont encore loin d'être opéra-
tionnels sur des êtres aussi complexes que l'homme,
et ne le seront peut-être jamais.

Sans attendre l'aboutissement éventuel de ces recherches, des associations se sont déjà créées pour promouvoir ces méthodes. Le pionnier fut un professeur
de psychologie à l'université de l'Arizona, atteint de
leucémie. Il ne consacra pas moins de 200 000 dollars

à préparer sa congélation. Le 12 janvier 1967, il agonisa et, tandis qu'il rendait l'âme, son corps était progressivement refroidi puis plongé dans l'azote liquide. Depuis lors, il attend dans son cercueil cryogénique la victoire sur la leucémie. A cette date, il devrait être progressivement ramené à une température normale. Une vingtaine de personnes ont suivi son exemple, et un nombre beaucoup plus élevé ont adhéré aux organisations « Cryonics », versé les fonds nécessaires, pris toutes dispositions, et se feront congeler au moment de leur mort.

Il est à prévoir que le succès de ces techniques ira grandissant à mesure qu'elles progresseront. Nul, aujourd'hui, n'a pu vérifier leur résultat. Nul n'a pu même plonger un singe ou un chien mourant dans l'azote liquide et le ramener à la vie après un temps suffisamment long. Pourtant, il n'existe aucun obstacle de principe, simplement d'immenses difficultés techniques. Gageons que si, un jour, un laboratoire peut présenter un singe ramené à la vie après avoir séjourné trois ans dans le grand froid, les organisations « Cryonics » feront des affaires florissantes.

C'est alors qu'il faudra poser la véritable question : celle de la congélation avant, et non après la mort. Il est peu probable, en effet, que l'on puisse jamais ressusciter un individu décédé. Peut-être pourra-t-on le faire un jour — mais pour le retrouver dans quel état ? — sur un vivant congelé avant sa mort naturelle. Mais qui osera franchir cette étape décisive : se faire congeler de son vivant dans l'espoir, assez chimérique, de ressusciter un jour ?

Quelles que soient les suites de cette affaire ; que nous puissions ou non un jour congeler et dégeler les individus à volonté, cette approche de la mort me paraît très révélatrice. Elle ne repose plus que sur la technique. Par l'embaumement des cadavres ou la congélation des êtres, la civilisation technicienne demande au progrès ce dépassement de la mort qui était traditionnellement demandé à la culture. Hier, on refusait la mort par le sens et le discours, aujourd'hui on la refuse par l'action et les apparences.

Il n'existe pas de recette-miracle pour donner aux

hommes cette terrible et nécessaire formation. Certaines civilisations y réussissent mieux que d'autres, mais celles qui se réfugient derrière le tabou n'ont aucune chance d'y parvenir.

La société française est en outre paralysée par la morale catholico-hippocratique du « respect de la vie ». Sur ce principe — le plus sacré de tous assurément —, s'est greffé un superbe tabou qui interdit toute discussion, toute réflexion. A la moindre interrogation, nos chevaliers de la vie à tout prix — qui bien souvent, d'ailleurs, s'accommodent de la guillotine — vous traitent de nazi. Il n'y a pas lieu de céder au terrorisme intellectuel des inquisiteurs de la médecine. Un problème grave est posé à toute notre civilisation et nul tabou ne doit nous interdire de nous interroger à son sujet.

Il est incohérent de prétendre fonder sur un ordre naturel, voulu par Dieu, l'utilisation forcenée de moyens artificiels inventés par l'homme. Les sectes qui refusent èn bloc la médecine et veulent s'en remettre à la volonté divine ont, au moins, le mérite de la cohérence intellectuelle. On ne saurait donc accepter l'amalgame entre l'indiscutable « tu ne tueras pas » et le contestable « tu ne te tueras pas ». Les Anglo-Saxons sont de plus en plus nombreux à refuser une telle confusion.

La nouvelle mort

Les choses ne sont pas simples et le seront de moins en moins, et le décalage grandissant entre une morale simpliste et une réalité chaque jour plus compliquée engendre des conflits atroces et insolubles. La nécessité d'une nouvelle éthique est évidente.

Elle doit se fonder sur trois constats. Le premier : l'existence est, de nature, un bien individuel et non collectif. Autant les privilèges de la propriété peuvent être discutables lorsqu'ils s'appliquent à des biens ordinaires, autant ils sont absolus, sacrés et inaliénables, s'agissant de sa propre vie. Le premier devoir de la société, c'est de veiller à ce que chaque homme exerce ces droits en toute liberté. En toute responsabilité.

Le deuxième : la vie humaine n'est pas un simple processus biologique. On ne l'enrichit pas en la prolongeant à n'importe quel prix et dans n'importe quelles conditions.

Le troisième : l'agonie n'est pas une maladie. Les mêmes règles ne peuvent s'appliquer selon qu'il s'agit de soigner un malade ou de soulager un mourant.

De ces faits, on peut tirer des conséquences absurdes ou monstrueuses. Ce n'est pas une raison pour les rejeter. Les autorités soviétiques se sont servies de l'internement psychiatrique pour torturer leurs opposants politiques, faut-il pour autant laisser en liberté tous les déments ? Là encore, il faut résister aux contre-attaques du tabou. Ne pas se laisser terroriser.

La société contre le suicide

Chacun est donc maître de sa propre vie et de sa mort. C'est le droit le plus fondamental de la personne humaine. L'individu est libre de décider de sa fin. Une mort volontaire peut être un acte éminemment humain et respectable.

Mais la mort volontaire ne mérite pas cette considération si elle est la conséquence d'un « coup de cafard » ou d'un déséquilibre mental. Seule une décision délibérée peut être respectable. Il n'est donc pas contradictoire de réanimer un adolescent qui a tenté de s'empoisonner après avoir fait une bêtise et de reconnaître le suicide stoïcien d'un Montherlant. On peut de même abréger les souffrances d'un cancéreux et ne pas laisser traîner des barbituriques à portée d'un jeune homme dépressif.

Le suicide a toujours été condamné par les autorités civiles et religieuses car il constitue le suprême défi à leur pouvoir. L'homme qui se tue proclame une liberté qui ne peut entraver aucune oppression. C'est la récupération désespérée d'un bien, sa propre vie, que l'Etat ou l'Eglise avaient tenté d'usurper. C'est pour cela que cette pratique fut toujours sévèrement sanctionnée. Sous l'Ancien Régime, le « suicidé » était passible... de

mort. Peine que, pour des raisons évidentes, on commuait
en galères. S'il est vrai que le suicide d'un être bien
portant est toujours inacceptable, il appartient à la
société de le prévenir en aidant les désespérés, non
en les menaçant.

Tel est le vrai visage de l'interdit sur le suicide. Un
visage totalement inacceptable. Car le droit de l'homme
sur sa propre vie crée une liberté, mais ne contraint
personne. Il n'impose aucune conduite déterminée. Ceux
qui, par conviction religieuse ou autre, refusent l'idée de
suicide ou d'euthanasie, ne sont pas moins respectables,
mais n'en sont pas moins libres. Ici comme ailleurs,
l'intolérance seule est haïssable.

Apprendre la mort

En revanche, il est enfantin de prétendre résoudre le
problème de la mort par le suicide. Bien des jeunes gens
vont se répétant qu'ils ne connaîtront jamais l'agonie
car à cinquante ans ils se tireront une balle dans la
tête. Ils font généralement de bons octogénaires. La
maîtrise de l'individu sur sa mort, dont le suicide n'est
qu'un aspect, est beaucoup plus lourde d'implications et
de conséquences, elle noue entre l'individu et la société
un réseau complexe de droits et d'obligations.

Cette maîtrise, l'homme ne peut la refuser. Il doit
s'efforcer de l'assumer, de ne pas démissionner entre les
bras du médecin et de la société. L'idéal serait que
chacun décide de sa mort, de sa consolation, religieuse,
stoïcienne ou autre, bref qu'il l'intègre dans son destin.
La réalité de tous les jours, c'est l'incroyant surpris par
l'agonie qui se raccroche désespérément aux branches
du crucifix, l'incurable découvrant sa condition de
mortel et exigeant sa guérison de la médecine, l'être
perdu, éperdu, quémandant l'aumône d'une promesse
mensongère. Il est vain de penser que des efforts, purement individuels, dans l'indifférence générale de la
société, feront évoluer progressivement les comportements d'une attitude à l'autre. Car la liberté du mourant
ne saurait se ramener à l'alternative : avaler le tube de

barbituriques, ou s'abandonner entrer les bras de la médecine. La réalité est infiniment plus complexe.

Aujourd'hui, la plupart des grands malades ne sont pas en état de contrôler leur agonie. Ils subissent celle que leur impose l'autorité médicale sans pouvoir choisir entre la lutte « au finish » contre la maladie, l'absorption d'un poison brutal, en passant par toutes les voies intermédiaires, du médicament à la drogue. N'ayant à leur disposition ni les ressources psychologiques ni les moyens médicaux, ils dépendent entièrement des soignants.

L'autorité médicale se trouve investie d'un pouvoir et d'une responsabilité qui ne devraient lui revenir que dans les cas où l'intéressé n'est pas en état d'assumer son propre rôle. Pourtant c'est presque toujours elle qui doit décider à la place du malade. Ce n'est pas seulement la situation de fait, c'est pratiquement la situation de droit. Le médecin, prisonnier de sa déontologie, se conforme à la règle de conduite que la société lui impose. Il doit lutter. Si le malade ne veut pas subir cette loi, il doit se passer complètement de la médecine, rester chez lui, sans secours compétents, sans traitement contre la souffrance, et se tirer une balle dans la tête à l'instant qu'il aura choisi. Le médecin compatissant qui décide d'obéir à son patient plutôt qu'à la règle sociale, risque à tout moment d'être traduit devant un tribunal.

Le corps médical commence à être accablé par cet excès de pouvoir et de responsabilités. Car en dépit des normes fixées par la société, il reste décideur et non seulement exécutant, puisqu'il existe autant de situations différentes que de malades.

Le médecin qui choisit de suivre son malade plutôt que la loi, agit en silence, et se cache de sa pitié comme d'une faute. C'est le règne de la clandestinité. Du tabou.

Des actes de simple humanité s'avouent en confidence comme des forfaits déshonorants. N'est-ce pas aberrant ? Et cette aberration ne prouve-t-elle pas que le problème est posé à l'envers ?

Maître de sa mort

Nombre de ces drames résultent d'une fausse conception des relations entre la société, le malade et le médecin. Lorsque ce dernier prend en charge un mourant, il agit en tant que représentant de la société. Celle-ci ne fait pas que surveiller ses actes. Elle lui dicte sa conduite. C'est la loi et non la volonté du malade qui engage et définit la responsabilité médicale. Le patient ne peut plus décider dès lors que sa vie est en jeu ; il doit subir les règles, les médicaments, les traitements, les options philosophiques de la société thérapeute. Il ne meurt pas selon sa volonté, mais selon la loi interprétée par le corps médical.

Il est pour le moins surprenant que l'individu ne puisse exercer sa liberté pleine et entière dans un domaine où elle n'entraîne de conséquences que pour lui et ne peut nuire à autrui. Cette mise sous tutelle de l'agonisant serait justifiée par l'incapacité dans laquelle il se trouve d'exprimer une véritable volonté. Cet argument n'est pas déterminant car il est différents moyens pour rendre au mourant la maîtrise de sa propre mort.

Il est difficile de comprendre que notre civilisation puisse à la fois se prétendre rationnelle et refuser des raisonnements aussi élémentaires. Le public lui-même oscille entre une saine intuition et la répression sociale ambiante. Chaque fois qu'il est confronté avec un cas d'euthanasie, un cas qui n'est pas toujours d'euthanasie demandée, il exige l'acquittement. Chaque fois qu'il faudrait aborder le problème en général, ce qui implique le sien en particulier, il se dérobe.

Une fois encore, la nouvelle prise de conscience nous vient du monde anglo-saxon. C'est en juillet-août 1974 que la revue *The Humanist* publiait un appel signé d'une quarantaine de scientifiques éminents. Ils étaient en majorité anglais ou américains. On remarquait pourtant un Français, un seul, Jacques Monod, prix Nobel de médecine. Voici quelques passages caractéristiques de ce texte-événement : « Nous faisons appel à l'opinion publique éclairée pour qu'elle passe outre aux tabous traditionnels et évolue vers une attitude compatissante à l'égard des souffrances inutiles au moment de la mort... Nous croyons en la valeur et la dignité de l'individu. Cela demande qu'il soit traité avec respect et, par conséquent qu'il lui soit laissé la liberté de décider raisonnablement de son propre sort. Aucune morale rationnelle ne peut interdire catégoriquement à l'individu de mettre fin à sa vie s'il est atteint d'une horrible maladie contre laquelle les remèdes connus sont sans effet... Dans cette situation (celle d'une demande euthanatique) le médecin n'a pas le droit moral de contrecarrer les désirs réfléchis d'un malade. Aux yeux d'un rationaliste, la préoccupation essentielle du médecin, au dernier stade d'une maladie incurable, devrait être de soulager les souffrances. Si le médecin traitant rejette cette position, le cas devrait être confié à un autre médecin... »

Il en va de soi que ce texte n'eut aucun retentissement en France. L'euthanasie fait partie de ces choses, qu'à la rigueur on peut faire, mais dont on ne peut certainement pas parler. Or il s'agit d'en parler pour la pratiquer normalement et non de la taire pour y recourir clandestinement.

En effet la double évolution des mentalités et des techniques médicales indique clairement que les cas d'euthanasie iront se multipliant dans l'avenir. D'ores et déjà le corps médical est quotidiennement confronté avec le problème de l'abstention thérapeutique. L'arsenal thérapeutique, les méthodes de réanimation, les moyens de vie assistée sont devenus si perfectionnés qu'il reste bien souvent « quelque chose à tenter ». Faut-il pour autant tout mettre en œuvre alors que l'épreuve infligée au malade ne semble plus justifiée par l'espoir d'une guérison ou même d'une véritable amélioration ? Les médecins sont de plus en plus nombreux à répondre par la négative.

Le corps médical se refuse à utiliser délibérément un poison mortel sous prétexte de délivrer le mourant de ses souffrances. Mais cette frontière tend également à disparaître. Dans la gamme des drogues qui permettent de lutter contre la douleur, on voit apparaître tous les intermédiaires entre le simple calmant et le véritable poison. Il suffit bien souvent de forcer la dose pour augmenter tout à la fois la toxicité du produit et son efficacité contre la souffrance. On passe insensiblement de l'injection qui soulage à l'injection qui tue.

Face à une telle évolution, il est impossible de maintenir la situation actuelle, de laisser faire en ne voulant pas savoir. Car la pratique de l'euthanasie présente des risques évidents. La frontière n'est pas claire entre la volonté de soulager un malade et celle de s'en débarrasser. De ce point de vue la simple abstention thérapeutique pourrait donner lieu à bien des abus.

Il est donc indispensable qu'un vaste débat s'engage, qu'une volonté commune se dégage et que la société fixe de nouvelles normes. La collectivité ne peut plus, sans risques graves, se défosser de sa responsabilité sur le corps médical. C'est la prise de conscience et non la fuite devant les réalités qui nous préservera des abus.

Mais il en va de l'euthanasie comme il en est allé de l'avortement : les Français manifestent à nouveau cette étonnante aptitude à se masquer les problèmes, à ne pas voir les faits qui les gênent, alors même qu'ils se déroulent tous les jours. Presque sous leurs yeux. Ce sera donc, encore une fois l'étranger qui nous précédera, et, de fait, l'opinion évolue très vite chez nos voisins.

En Suisse, l'euthanasie active, c'est-à-dire ne se limitant pas à l'abstention thérapeutique, recueille 60 % d'approbations. Aux Etats-Unis, les partisans de « la mort dans la dignité » qui n'étaient que 36 %, il y a vingt-cinq ans sont désormais 53 %. Des projets de loi dans ce sens ont été déposés dans différents Etats, et la Californie, en 1976, a formellement reconnu ce droit.

En 1976, le Conseil de l'Europe a longuement délibéré sur ces questions. Les débats ont fait apparaître la division entre l'Europe du Nord favorable à une attitude nouvelle face à la mort et l'Europe méditerranéenne, dont la France, qui reste sur les positions traditionnelles. Toutefois on trouve dans la recommandation 779 sur les « droits des malades et des mourants » des phrases significatives : « ... la prolongation de la vie ne doit pas être en soi exclusive de la pratique médicale,

qui doit viser tout autant à soulager les souffrances... »,
« les gouvernements sont invités à veiller à ce que tous
les malades aient la possibilité de se préparer psycholo-
giquement à la mort ». A cet effet, l'Assemblée parlementaire demande que l'on forme le personnel traitant
au dialogue avec les mourants, et souhaite la création
de commissions nationales chargées d'élaborer des
règles d'éthiques pour le traitement des mourants.
Pourquoi faut-il qu'une assemblée européenne puisse
débattre de ces questions et que nos assemblées nationales ne le fassent pas ?

Le testament de vie

D'ores et déjà des centaines de milliers d'Américains
ont signé des « testaments de vie » qui définissent leurs
volontés en cette matière. « S'il arrivait un moment où
je ne sois plus en état de prendre part aux décisions
concernant mon avenir... je demande qu'on me laisse
mourir et qu'on ne me maintienne pas en vie par des
moyens artificiels ou des moyens héroïques... Je
demande que des médicaments appropriés me soient
largement administrés au moment des souffrances ulti-
mes, même s'ils doivent avancer l'instant de ma mort. »
Un tel usage permettrait aux médecins de devenir ce
qu'ils doivent être : les serviteurs du malade et non de la
société. Il engage la responsabilité médicale en fonction
d'un contrat précis. Le malade décide, le médecin obéit
et la société contrôle la juste application du testament
de vie.
Il va de soi que chacun est libre d'insérer les clauses
de son choix dans un tel testament. Si les pratiques de
l'abstention médicale ou de l'euthanasie active se répan-
daient, le malade pourrait, à l'inverse de ce qui se passe
aujourd'hui, exiger de son médecin qu'en aucun cas,
quelque demande qu'il puisse lui en faire dans un
instant de souffrance, il n'abrège sa vie, mais qu'il fasse
au contraire tout pour la mener jusqu'au terme fixé par
Dieu seul. Cette volonté, tout aussi sacrée que la précédente, devrait être respectée dans les mêmes conditions.

On objectera que les demandes euthanatiques sont relativement rares, et que l'application de ces méthodes conduirait à des erreurs tragiques. Il est vrai qu'aujourd'hui peu de mourants demandent qu'on abrège leur vie en même temps que leurs souffrances et leur déchéance. C'est peut-être tout simplement que les mourants sont rares. Dans nos hôpitaux, meurent des malades qui ne se savent pas à l'article de la mort, ou qui ne le découvrent que trop tard pour manifester une claire volonté. En outre l'euthanasie n'est pas un gadget que l'on peut raccrocher à des pratiques malsaines. Tant que régnera sur cette société le tabou de la mort, aucune véritable expérience euthanatique ne pourra y prendre place. Car l'euthanasie, comme son refus d'ailleurs, ne sauraient être des décisions prises dans l'instant de l'agonie sous l'empire de souffrances insupportables ou de frayeurs insurmontables. Il s'agit d'une façon de vivre son destin. Le choix est à faire par les bien-portants et non par les moribonds. Ces derniers ne peuvent que mettre en application un destin longuement mûri.

Il est également vrai que de telles pratiques peuvent entraîner des erreurs irréparables. Le médecin n'est jamais sûr de son diagnostic, encore moins de son pronostic, il peut involontairement donner au malade de fausses indications sur la foi desquelles sera prise une décision fatale ou bien appliquée une volonté exprimée des années auparavant par le malade alors que celui-ci, s'il était encore en état de s'exprimer, en manifesterait une autre. Bref, celui qui fait le choix euthanatique court le risque de mourir autrement qu'il n'aurait réellement voulu.

Faut-il pour autant condamner l'euthanasie volontaire ? Non. L'individu, reconnu maître de sa mort, doit assumer ses risques. Toute liberté implique un pari. Pourquoi refuserions-nous, dans ce seul cas, de voir des hommes risquer quelques moments d'une vie diminuée, alors que nous acceptons tous les jours que des jeunes risquent des années de vie pour se griser de vitesse.

Oui, le monde occidental est paralysé face à la mort. Elle se prête aux discours métaphysiques ou religieux, mais on ne les apprécie plus guère, aux réflexions de quelques « grands patrons » de la médecine, en revanche, elle n'inspire guère les penseurs de notre société. Jean Ziegler tente de démontrer idéologiquement que c'est le capitalisme qui provoque ce drame de la mort contemporaine. Mais sa démonstration tourne court. Je ne sache pas que les pays de l'Est ou les pays nordiques aient mieux que nous trouvé la solution. Sans doute sont-ils moins que les Français prisonniers des tabous, mais cela ne me paraît pas avoir grand-chose à voir avec la propriété des entreprises.

Une fois de plus, il s'agit d'un problème lié à la société technico-industrielle. Une société tout entière centrée sur la production des biens matériels, et sur l'efficacité. Qu'elle soit poussée par la recherche du profit capitaliste, ou par la volonté de consommation populaire, cela ne change pas grand-chose. Dans tous les cas, la mort cesse d'être au centre des préoccupations. Cette volonté productiviste, cet impérialisme technique, cette vision rationaliste et matérialiste du monde éloigne notre civilisation des questions fondamentales soulevées par la mort. Nous fabriquons des machines et des techniciens, pas des mythes et des saints. De ce point de vue, les sociétés socialistes ne me paraissent guère plus convaincantes que les sociétés capitalistes. A chaque civilisation son génie ; celui de la civilisation technicienne n'est pas dans l'art de mourir. Habitués à regarder les faits comme ils sont, objectivement, nous sommes mal préparés à approcher le seul qui ne se regarde pas en face avec l'œil froid de l'observateur : notre propre mort. Les sociétés industrielles, au sommet de leur puissance technique, ressentent une impuissance totale face à la mort. Faute de pouvoir inventer l'art de vivre d'aujourd'hui, elles couvrent du tabou celui d'hier pour interdire toute évolution susceptible de les entraîner vers des régions nouvelles et qu'elles n'osent affronter. Prendre la parole, toutes les paroles au sujet de la mort, de sa propre mort, c'est le préalable à tout progrès en ce domaine.

Conclusion

LES TABOUS A LA FRANÇAISE

« Ce qu'il y a de terrible avec la vérité, c'est que, quand on la cherche, on la trouve... », disait Rémy de Gourmont. Il aurait pu ajouter que, lorsqu'on la cache, on finit par l'oublier. C'est ainsi que les Français cultivent des « mensonges d'évidence » qui sont censés ne tromper personne et par lesquels ils entretiennent leurs mythes. Il faut se méfier de « ces choses qui vont sans dire » car, en général, elles ne vont pas du tout.

Lorsque, au risque de paraître banal ou importun, on va les répétant, les esprits forts ne manquent pas de dire qu'on enfonce des portes ouvertes. Mais quelle différence existe-t-il entre une porte fermée et une porte ouverte dont nul ne franchit jamais le seuil ? La différence, c'est le tabou, comme l'a superbement montré Luis Buñuel dans son film *L'Ange exterminateur*. Souvenez-vous de cette soirée qui s'éternise, de ces invités épuisés. Tout le monde sait que l'heure de partir est dépassée depuis longtemps, qu'il faut prendre la porte et rentrer chez soi. En apparence, rien ne s'y oppose et chacun souhaite le faire. Mais, pour une raison mystérieuse, nul ne peut s'y résoudre. Les êtres se retrouvent prisonniers d'un espace ouvert dont ils ne peuvent franchir les limites, d'une force paralysante qui agit de l'intérieur et non de l'extérieur.

Il ne suffit pas de savoir que nos portes ne sont pas

fermées, encore faut-il les ouvrir et les maintenir ouvertes pour que le souffle de la vie apporte à notre esprit les faits que nous voulons oublier. N'est-il pas significatif que l'affirmation de ces évidences, prétendument connues de tous, suscite ces réactions d'évitement ou d'hostilité ? Rien de tel ne se produirait s'il s'agissait de banalités sans conséquences. On ne se dissimule jamais l'insignifiance, on ne censure pas une réalité indifférente. Ce refus de voir et de dire n'est pas une faute d'inattention, un oubli fortuit ; c'est une volonté, généralement inconsciente, d'ignorer ce qui nous dérange, de croire ce qui nous arrange.

Les tabous en complet-veston

Il est vrai que le tabou a beaucoup perdu de sa superbe. Il ne défend plus un ordre cosmique, une norme divine, sa transgression n'attire plus la foudre. Seuls les crimes horribles, les violences faites aux enfants ou l'inceste suscitent encore cet antique frisson du sacrilège. Dans tous les autres domaines, l'interdit s'est banalisé, il se promène en complet-veston entre une règle de politesse et un règlement administratif.

Celui qui prétend leur donner la chasse risque le ridicule plus que le martyre. Ce n'est plus Œdipe se crevant les yeux, c'est Don Quichotte chargeant les moulins à vent. Pourtant ces tabous, si bien camouflés dans la vie quotidienne, me paraissent d'autant plus dangereux qu'ils sont moins inquiétants. Hier encore, ils traçaient une frontière rigoureusement infranchissable, connue de tous, et dont la moindre violation provoquait le plus spectaculaire châtiment. Aujourd'hui, la frontière est devenue perméable et nos tabous tolérants. Ils se laissent défier sans foudroyer l'insolent, et je ne connaîtrai pas la paille des cachots pour avoir chatouillé quelques-uns d'entre eux.

C'est, en apparence, un recul ; c'est, en réalité, une suprême défense. Ces escarmouches, loin d'affaiblir le tabou, ne servent qu'à le renforcer. Elles permettent tout à la fois de nier son existence et d'entretenir le climat conflictuel qui lui est nécessaire.

Il est vrai qu'il n'existe plus d'interdit qui ne soit attaqué et transgressé. Alors même que la règle ne peut être violée dans la réalité, elle peut toujours l'être dans le discours ou la fiction. Louis Malle a pu, dans son film *Le Souffle au cœur*, montrer la relation incestueuse d'une mère avec son fils. Une telle provocation suscite des réactions, mais celles-ci semblent prouver la liberté plus que la censure. La raison critique a ramené l'inceste dans le champ de la libre discussion, serait-on tenté de conclure. La réalité me semble fort différente.

Tous les sujets que j'ai abordés ont déjà été traités et, parfois, de manière fort corrosive. Vous trouverez toujours un article du *Canard enchaîné* dénonçant le programme Concorde, une déclaration d'un médecin en faveur de l'euthanasie, un rapport soulignant les impératifs de la productivité, ou un reportage sur l'alcoolisme. Ces transgressions marginales jouent le rôle des « bons Noirs » dans les pays racistes. Elles servent d'alibi pour nier l'existence du tabou. Lorsque vous réaffirmez ces vérités gênantes, on vous fait remarquer qu'elles sont connues, puisqu'on peut les trouver en tel ou tel endroit et que, par conséquent, votre propos est sans intérêt.

En fait, ce qui a pu être écrit ici ou là ne compte pas. Dans le flot diluvien de l'information, tout roule et tout se mêle. Seul compte le discours public, c'est-à-dire ce qu'en définitive les gens écoutent et retiennent de cette cacophonie. Sont-ils oui ou non conscients des contraintes économiques ? Sont-ils préoccupés par les problèmes modernes de la mort ? Ont-ils les critères d'appréciation pour juger le programme Concorde ? Voilà ce qu'il faut savoir. Le reste n'est qu'alibi. Tout ce qui n'est pas retenu n'est pas dit.

Enfermez-les

Cette information prétendument complète n'empêche pas le public d'avoir une vision très déformée de la réalité. Les « braves gens » se déclarent très inquiets des agressions commises, notamment contre des enfants, par des individus sortis des prisons ou des asiles. Pour éviter ces drames, ils ne verraient sans doute aucun inconvénient à ce qu'on enferme à vie tous ceux, malades ou criminels, qui ont été dangereux à un moment de leur vie. Ils ne reculent ni devant l'horreur de cet emprisonnement massif ni devant les frais qui en résulteraient. Or, il ne se produit guère qu'un ou deux crimes de ce type chaque année, la probabilité est infime pour que l'un de mes enfants en soit victime. En revanche, deux mille « braves gens » sobres sont tués chaque année par des conducteurs pris de boisson. Je pense que mes enfants sont réellement menacés par les ivrognes au volant. Mais ces mêmes Français ne demandent pas le retrait à vie des permis de conduire pour tout automobiliste surpris avec un taux d'alcoolémie trop élevé. Ce qui, pourtant, épargnerait plus de vies humaines, ne coûterait rien, et serait infiniment moins horrible que l'enfermement perpétuel de milliers d'hommes.

Tous les journaux ont fait état en février 1977 d'un rapport établissant que 40 % des accidents d'automobiles étaient provoqués par l'alcool. On pourrait donc soutenir qu'il n'existe aucun tabou en ce domaine. Les réactions du public et des autorités prouvent que c'est faux. Les Français ont beau être informés, tout se passe comme s'ils ne l'étaient pas, car ils ne veulent pas savoir.

Les banalités qui dérangent sont beaucoup plus intéressantes que les nouveautés qui enchantent, et les propos qui déplaisent plus importants que les formules qu'on acclame. Je ne connais rien de plus vain que ces réunions où des milliers de partisans viennent écouter des orateurs qui, tels les écrivains publics de jadis, se contentent de mettre en forme les idées de leurs clients. C'est là que le tabou triomphe, que l'on fabrique des certitudes avec les plus contestables croyances, que les œillères s'opacifient jusqu'à masquer la réalité.

Tout ce débat d'idées dont nous sommes si friands devient purement théorique lorsque les faits gênants sont occultés. L'écologie, par exemple, est fort à la mode, nous discutons à perte de vue sur la qualité de la vie, la protection de l'environnement et la société nouvelle qui réconcilierait l'homme et la nature. Mais on se garde bien de dire que cette transformation se heurtera inévitablement à l'opposition farouche des corporations menacées. Observez le silence prudent de nos plus zélés écologistes sur le programme Concorde. Comment s'explique-t-il, sinon par la crainte de heurter les puissantes corporations de l'aéronautique ? Il est de bon ton aujourd'hui de partir en guerre contre le nucléaire. La plupart des mouvements écologistes voudraient en stopper une fois pour toutes le développement. On peut en discuter dans la mesure où chacun sait que le programme ne sera pas arrêté et que l'on continuera, en tout état de cause, à faire fonctionner les centrales existantes et à poursuivre la construction de celles qui sont en chantier. Mais, si la tendance radicale l'emportait, s'il existait un risque sérieux de faire cesser toute industrie nucléaire, les travailleurs employés dans ce secteur passeraient à la contre-offensive, et le mouvement écologique ne pèserait pas lourd face à leur détermination.

Le monde tel qu'il est

Pour respecter le tabou sur les corporations, nos écologistes feignent de croire que l'opposition à leurs idées vient des capitalistes. C'est une simple procédure d'évitement. Concorde n'est pas une entreprise capitaliste, et la C.G.E. ou Framatome [1] reporterait ses billes du nucléaire au solaire si l'évolution du marché l'imposait. La recherche du profit peut tout récupérer, les capitaux n'ont guère d'inertie. Il n'en va pas de même pour les travailleurs. Si, demain, trois mille d'entre eux, travaillant sur le chantier de Creys-Melville à la construction de Super-Phénix, apprenaient que l'interruption du programme entraînerait leur licenciement, les manifestants antinucléaires se trouveraient bien reçus lorsqu'ils viendraient manifester sur le site. Nul besoin, alors, de

1. C.G.E. et Framatome sont les deux grandes sociétés françaises impliquées dans la construction des centrales nucléaires.

mobiliser une compagnie de C.R.S. L'accueil serait aussi chaleureux que celui de Toulouse à Jean-Jacques Servan-Schreiber.

Ainsi va-t-on discutant de la santé des Français, du danger des radiographies, des additifs alimentaires ou des gaz d'échappement. Nos militants se mobilisent contre ces modernes poisons. Mais que signifient ces imprécations contre les pollutions modernes, alors qu'on oublie la plus ancienne et la plus dangereuse : l'alcool ? Le discours tout entier devient dérisoire. Et l'argument selon lequel « ce n'est pas parce qu'on s'intoxique à l'alcool qu'il faut s'empoisonner avec le reste », n'est qu'un prétexte pour masquer une démission.

Le monde à changer, c'est le nôtre et pas un autre. Il est comme il est, et c'est ainsi qu'il faut le prendre, dans sa totalité, pour le refaire comme nous voulons. Le danger de l'utopie consiste moins à s'illusionner sur l'avenir qu'à s'aveugler sur le présent. Notre système social existe avec ses contraintes, ses relations, ses inerties ; les Français aussi, avec leurs habitudes, leurs mentalités, leurs qualités et leurs défauts.

On peut se donner pour objectif de transformer les Français en mélomanes, de leur faire apprécier les grandes œuvres et même les recherches contemporaines, mais il ne faut pas oublier qu'aujourd'hui, ils en sont aux opérettes de Francis Lopez, à Tino Rossi et à Sheila. C'est à ce point qu'il faut les prendre, et l'on verra bien jusqu'où il est possible de progresser.

On peut de même rêver d'une société conviviale de citoyens libres et responsables, mais il faut la construire à partir des structures figées, corporatisées qui cachent mal la somme des démissions individuelles. Les résistances au changement s'annoncent considérables, elles seront d'autant plus difficiles à surmonter que ces tabous conservateurs ne peuvent être brisés par une attaque frontale.

Les victimes consentantes

Car tous les discours mystificateurs et les silences

protecteurs ne trompent que ceux qui veulent être trompés. Il suffirait que les Français jouent honnêtement le jeu de la vérité pour que la réalité reprenne ses droits. Dire que Concorde est une réussite technique alors qu'on discute son utilité, que nos grands crus sont des gloires nationales quand on parle de l'alcoolisme, nous faire pleurer sur les petits possédants quand on vise les grosses fortunes, brandir le spectre du nazisme quand on défend les droits des agonisants, confondre la Chine maoïste et la démocratie directe, sont des ruses grossières dont les victimes sont toujours les complices.

Ces mécanismes d'autocensure ou d'auto-illusion se retrouvent dans tous les groupes humains, ils constituent même le premier ciment des relations sociales. Pour la bonne forme, on préfère parler de « vérités communes » ou de « croyances partagées », mais la vérité sociale n'est jamais que l'erreur la plus communément admise, et la croyance suppose toujours une censure de la raison, en sorte qu'il s'agit bien d'une complicité du mensonge. Vivre ensemble, c'est d'abord se mentir ensemble, s'interdire ensemble. Ces certitudes comme ces interdits ne sont pas des faits naturels, mais des inventions sociales.

Il n'est pas besoin d'imposer le tabou pour empêcher les gens de sauter dans le vide ou de boire de l'acide sulfurique. L'évidence naît ici de la réalité. Lorsque la société crée sa propre vérité, c'est précisément que celle-ci n'est pas dictée par l'expérience, mais répond à la logique du système social.

Considérez le plus sacré des tabous : la prohibition de l'inceste. Beaucoup d'ethonologues y voient l'acte créateur des sociétés humaines, et c'est assurément l'un des interdits traditionnels qui résiste le mieux aux multiples assauts du monde moderne. Dira-t-on qu'il est imposé par une nécessité naturelle ? On invoque généralement les risques génétiques, qui sont réels. Mais les partenaires d'une union consanguine peuvent désormais pratiquer la contraception, et prévenir ou interrompre d'éventuelles grossesses. Dans ces conditions, quel tort causent-ils à autrui ? Quelle faute commettent-ils, s'ils sont libres, majeurs et consentants ? Pourtant toutes les sociétés maintiennent ce tabou et c'est fort heureux. En ces temps de libération et, par conséquent, d'incertitude sexuelle, elles sentent la nécessité de fixer des barrières aux pulsions individuelles. Si l'on admettait les relations entre proches parents, toute norme sexuelle s'évanouirait, et cela aucune société ne peut l'admettre. L'interdiction de l'inceste n'est pas imposée par une contrainte naturelle, mais par une exigence sociale ; il s'agit d'un tabou. La norme est rendue indiscutable, car chacun sait qu'elle ne résisterait pas à la discussion.

Pas de femmes-gangsters

Pour la société, ce mécanisme présente les plus grandes commodités. Il permet de recourir à l'autodiscipline et non à la répression. Car le tabou n'est pas défendu par les gendarmes, mais par les simples citoyens ou les membres d'un groupe. Leur pression diffuse est bien plus efficace que la peur de la prison. Celle-ci ne joue qu'un rôle dissuasif, mais ce n'est pas elle qui façonne les comportements. Le conformisme est insufflé par la communauté même et non par son appareil répressif. C'est tous les jours que l'on peut observer cette différence entre l'interdit et l'interdiction.

Il n'est pas nécessaire de mettre un policier derrière chaque Français pour l'empêcher de piller, de violer ou d'assassiner ses voisins, car il s'en abstient ordinairement alors même qu'il aurait l'occasion de le faire en toute impunité. Si, au contraire, le meurtre, le vol et le viol n'étaient pas des tabous, il faudrait décupler les effectifs de la police. C'est bien ce que l'on observe lorsque ce mécanisme ne joue pas.

Les Français, par exemple, ne ressentent aucune vergogne à violer le code de la route ou le code des impôts, ils saisissent la première occasion pour dépasser les vitesses autorisées ou dissimuler leurs gains. Le policier de la route et les inspecteurs des impôts ne sont jamais assez nombreux. Voilà qui est absurde, car le chauffard ou le fraudeur font autant de tort à leurs semblables que les cambrioleurs. Mais il n'empêche que nous avouons un excès de vitesse ou une fraude à la douane, alors que nous n'avouerions pas un vol à l'étalage ou un attentat à la pudeur.

Il est bien heureux que la pression culturelle puisse réprimer certaines pulsions et certains actes. On peut même regretter qu'elle ne s'exerce pas toujours plus efficacement. En matière de violence par exemple, pourquoi faut-il qu'elle n'agisse que sur les femmes et pas sur les hommes ? Aujourd'hui, les hold-up et les agressions à main armée sont commis par des hommes et non par des femmes. La menace du gendarme est pourtant la même pour les uns et les autres, et les différences physiques ne jouent guère. Les deux sexes sont à égalité quand il s'agit de brandir un pistolet et de s'enfuir en voiture. Mais toute la pression culturelle, des soldats de plomb aux films policiers, apprend aux filles que ce sont les hommes et non les femmes qui manient les armes. Il se crée ainsi une véritable inhibition qui assure, en ce domaine, l'autocontrôle de la moitié de la population. Qui se plaindrait d'un tel tabou ? Qui n'en souhaiterait l'extension à tous les Français ? Et que deviendrait notre société si le respect des lois ne dépendait que de la répression légale ?

Tout groupe social tend à étendre au maximum le champ du tabou. Pour des interdits mineurs, il suffit de faire craindre l'exclusion : « Ne le faites plus, sinon vous ne serez plus des nôtres. » Cette menace, venant de ceux dont on recherche l'amitié ou la considération, est fort efficace.

L'attitude de la communauté scientifique à l'égard de certains sujets hétérodoxes est caractéristique de ce mécanisme. Il n'existe aucune loi, aucun règlement qui interdise à un chercheur de compulser les observations d'OVNI ou de se livrer à des expériences de parapsychologie. Je ne sache pas non plus que l'on ait brutalement sanctionné ou licencié les très rares esprits curieux qui se laissèrent tenter par ces sujets ? Il existe pourtant un tabou, et de belle taille, en ce domaine.

Je ne parle pas ici des charlatans qui usurpent l'autorité de la science pour tromper. On y retrouve pêlemêle les astrologues, devins et voyantes, qui exploitent

la crainte de l'avenir, les guérisseurs qui misent sur la
peur des malades, les marchands de fantastique qui peuplent notre préhistoire de cosmonautes, les météorologistes privés qui vous annoncent le temps un an à
l'avance, les membres de certaines sectes qui remplacent
la médecine par le surnaturel, etc. Face à tous ces systèmes qui sont aberrants au niveau des principes ou
de la méthode et qui risquent d'abuser des gens de bonne
foi, les scientifiques doivent défendre les « consommateurs de la science » que nous sommes. Il est bon
qu'ils dénoncent l'absurdité des horoscopes, des pseudomystères de l'Antiquité, ou des « opérations à main
nue ». Quoique n'étant pas scientifique moi-même, il
m'est arrivé souvent d'attaquer publiquement ce charlatanisme.

En revanche, lorsqu'il s'agit de savoir si un individu
peut prévoir à l'avance la carte qui va être tirée, agir
à distance sur un objet métallique ou si l'observation
rapportée par des témoins correspond à une réalité, il
n'y a plus rien d'antiscientifique. Car il s'agit de faits,
réels ou supposés, et nul fait ne peut être antiscientifique. C'est la rigueur de la démarche et non l'objet de
la recherche qui définit la science.

Des scientifiques qui utiliseraient la méthode expérimentale pour rechercher d'éventuels faits objectifs dans
les phénomènes dits de parapsychologie ne feraient donc
que leur travail. De même que les témoignages ne sont
jamais des preuves, de même la science est bien armée
pour dire si oui ou non ils recouvrent une réalité et
laquelle.

Tous les scientifiques du monde connaissent ces principes, ils devraient s'intéresser à ces phénomènes et
témoignages ou, du moins, admettre que leurs collègues
les étudient. Or qu'en est-il ? Plutôt que me perdre dans
toutes les histoires fort douteuses qui courent sur ces
sujets, je préfère m'en tenir à une expérience personnelle,
apporter mon propre témoignage.

Lorsque Uri Geller, « l'homme qui tord les clés »
vint se produire à la télévision française, on me proposa de participer à l'émission. Je répondis que je

n'accepterais de le faire qu'avec la caution de deux prix Nobel m'assurant le sérieux de l'affaire. L'émission eut le succès que l'on sait et, le lendemain, à ma grande surprise, le directeur scientifique du groupe Péchiney-Ugine-Kulmann, Charles Crussard me demanda de lui ménager une entrevue avec Geller. Il m'expliqua que, pendant l'émission, il s'était amusé à frotter une pièce de métal dont il avait vérifié la planéité sur une table de verre. Au bout d'un instant, la pièce était fléchée. En tant que métallurgiste, il avait pu faire toutes les vérifications et ne trouvait aucune explication connue au phénomène.

Trois mois plus tard, je publiai, dans *Sciences et Avenir*, une interview de Charles Crussard dans laquelle il relatait son auto-expérience ainsi que des observations faites avec Uri Geller. L'essentiel résidait dans cette auto-expérience et me semblait constituer un événement important. En effet, de graves présomptions de fraude courent sur Uri Geller, et Crussard n'aurait pas été le premier scientifique à se faire rouler par un habile charlatan. En revanche, il était le premier à prendre à son compte une telle expérience réalisée en l'absence de tout « médium ». Un témoignage n'est jamais un fait, du moins mérite-t-il une certaine attention lorsqu'il émane de l'un des plus grands métallurgistes français.

L'interview ne provoqua aucun commentaire, aucune réaction dans la communauté scientifique. Ni organisme officiel, ni centre de recherche, ni laboratoire, ni chercheurs n'appelèrent Crussard pour en savoir davantage. Plus : sa candidature à l'Académie des sciences fut sèchement repoussée car, dirent certains collègues, il s'était « commis avec des charlatans ».

Depuis j'ai eu l'occasion de mettre Charles Crussard en relation avec Jean-Pierre Girard, un Français qui réalise des expériences encore plus surprenantes que celles de Geller. Pendant plus d'un an, des expérimentations se sont déroulées discrètement en laboratoire. Un certain nombre de scientifiques s'y intéressèrent ou y participèrent. Ils ont mené leurs recherches avec les méthodes les plus modernes, les plus rigoureuses : utilisation de caméras vidéo d'enregistrement, d'échantillons placés sous tubes scellés, de microcapteurs pour enregistrer les contraintes, etc.

A tort ou à raison, je n'ai pas à en juger, la plupart d'entre eux m'ont affirmé, en privé, que la réalité du phénomène ne faisait plus aucun doute à leurs yeux. Mais les uns n'osent pas publier ces résultats, et les autres, qui seraient prêts à le faire, ne trouvent aucune revue scientifique pour accepter une telle publication. Finalement en 1977 le professeur Philibert, directeur du laboratoire de métallurgie du C.N.R.S., osa annoncer ces résultats devant les caméras de télévision. Il s'agissait, là encore, d'un événement. Jamais un scientifique français de ce niveau, ayant effectué des expériences en laboratoire sur ce phénomène, n'avait pris une telle position. Là encore l'information ne fut reprise par aucun journaliste sérieux et la science officielle ne bougea pas.

Certes, il existe toujours un risque de fraude, et je ne suis pas loin de penser que tout « sujet », qu'il possède ou non un « pouvoir », en vient à frauder un jour ou l'autre. Mais la science, éventuellement aidée par les conseils d'illusionnistes professionnels, est bien armée pour éliminer toute possibilité de truquage. D'un autre côté, si de tels faits étaient avérés, ils constitueraient peut-être la plus grande découverte scientifique du siècle. A première vue, cela remettrait en cause les lois de la physique, telles du moins que nous les entendons aujourd'hui. L'intérêt pour la science serait immense. D'où vient donc le désintérêt de scientifiques si curieux dans tous les autres domaines ?

Du tabou, tout simplement. Ils savent que le simple fait de s'intéresser à ces questions risque de les déconsidérer aux yeux de certains collègues. Or un scientifique recherche avant tout la considération de ses pairs. Il n'est donc pas besoin de menacer ou de sanctionner, la simple crainte de cette « excommunication scientifique » est une arme parfaitement dissuasive.

En tant que journaliste, il ne m'appartient pas de dire si ces faits existent ou non. Ce sont les scientifiques et eux seuls qui ont compétence pour le faire. Ce dont je

peux seulement témoigner c'est qu'en France, aujourd'hui,
des chercheurs, au terme d'une démarche purement scientifique, ont obtenu un certain nombre de résultats qu'en
tout autre domaine, ils publieraient et qu'ici ils gardent
cachés, faute de vouloir ou de pouvoir les faire connaître,
c'est que la communauté scientifique ignore délibérément
des recherches qui, sur n'importe quel autre sujet, la met-
traient en émoi. Cette censure fonctionne au sein de ce
groupe social en l'absence de toute répression, de toute
coercition, par la simple menace d'exclusion.

Pour ceux qui ne font pas partie du groupe, ou
ressentent moins le besoin de solidarité, on utilisera les
pièges que nous avons rencontrés tout au long de ce
livre. Ces ruses sont presque toujours les mêmes. Il
s'agit de lier avec quelques sophismes le pire et le
meilleur, l'incontestable et l'inadmissible. Le procédé est
vieux comme le monde, mais il marche toujours.

Toute remise en cause du tabou semble attaquer les
valeurs les plus respectables, défendre les perversions les
moins admissibles. On vous jette ainsi à la face le
chômeur désespéré, les travailleurs exploités, les grandes
découvertes scientifiques, le respect de la vie pour vous
interdire de repenser les idées reçues sur l'emploi, le
corporatisme, le rationalisme ou la mort. Vous voilà partisan du chômage, ennemi des travailleurs, obscuran-
tiste ou nazi. Allez braver de telles accusations !

Ceux qui utilisent ces arguments savent bien au fond
d'eux-mêmes qu'ils sont faux, et ce refus commun de la
vérité devient le plus fort des liens. Le Parti communiste ne fut jamais plus uni qu'à l'époque du stalinisme, lorsque tous ses membres étaient complices du
même aveuglement. Car cet exercice d'autodiscipline
imposé à tous n'est pas seulement une commodité
sociale, c'est aussi un puissant facteur de cohésion.
Bref, le recours au tabou est si confortable pour toute
collectivité que l'abus en est inévitable.

Ainsi, tout tabou n'est pas en soi nuisible ou condamnable. Il est certaines valeurs, certaines normes, qui
doivent être respectées par tous sans faire l'objet d'une
remise en question permanente. Comment vivrions-nous
ensemble si nous nous interrogions sans cesse sur la

prohibition de l'inceste, du viol, du vol ou du meurtre ? Ce sont des choses qui ne doivent ni se faire ni se discuter.

Le bon commerce des hommes

Mais on ne peut se dissimuler les dangers du système, car le tabou peut mener loin, très loin. Son efficacité est prodigieuse. J'ai cité les exemples de l'Inquisition ou du stalinisme. Il en est bien d'autres. Songeons à la traite des Noirs par exemple. Pendant des siècles, l'Occident chrétien s'en accommoda fort bien. Les pires atrocités commises en temps de guerre ou dans les périodes de crises ne sont rien en comparaison. Car ce sont des convulsions incontrôlables, des faits qui échappent au cadre institutionnel. La traite, au contraire, a été légitimée, codifiée, institutionnalisée et organisée par les Blancs. Tout comme les camps nazis, mais avec un souci de rentabilité beaucoup plus poussé.

Louis XIII, en 1642, autorise la traite en lui trouvant des justifications religieuses. C'est le seul moyen, expliquent ses confesseurs, de convertir ces païens. Les Noirs sont systématiquement baptisés avant d'être embarqués. Un siècle plus tard, un jésuite découvrira que pour ces malheureux le baptême est la marque de l'entrée en servitude. Le signe des maudits !

C'est Colbert qui fonde la Compagnie des Indes occidentales pour assurer les voyages triangulaires permettant d'aller chercher les esclaves en Afrique contre de menues babioles, de les vendre en Amérique et de revenir dans l'Ancien Monde chargé de marchandises. Le Code noir définissant cette monstrueuse condition de « chose » faite aux Noirs est édicté par la France en 1685. Pendant trois siècles, les navires-prisons dans lesquels s'entassent de 500 à 1 000 malheureux sillonnent l'Atlantique. On les appelle parfois les *tumbeiros*, les tombeaux, tant la mortalité est élevée à bord. Qu'importe, la perte est prévue dans les prix de vente !

Les noms de ces *tumbeiros* sont admirables : *Notre-Dame-de-l'Espérance, Notre-Dame-de-la-Pitié*, le *Bon-*

Jésus-du-Bon-Secours et, plus tard, le *Contrat-Social.*
La France entière trempe dans le système en toute
bonne conscience. Nantes est le grand port négrier de
France (si vous en avez l'occasion, ne manquez pas
d'aller visiter le musée de la ville), La Rochelle arme
chaque année un navire pour la traite. Les pères de
Chateaubriand et de Newton sont des capitaines
négriers.

Vingt millions d'êtres humains seront ainsi déportés.
La réalité était connue de tout le monde, car nul ne s'en
cachait. Mais les Français — comme les autres peuples
blancs — ne voulaient rien voir.

En définitive, ce n'est pas la pitié ou la charité mais le
capitalisme qui libérera les esclaves. Le système est
condamné dès lors que des économistes libéraux comme
Adam Smith démontrent que les contraintes capitalistes
permettent d'obtenir un travail plus rentable que le
fouet des maîtres esclavagistes.

Le calcul était juste, et l'esclavage des ouvriers prit
la relève de l'esclavage africain. Là encore, les horreurs
de la condition ouvrière aux XVIIIe et XIXe siècles
dépassent tout ce qu'on peut imaginer. La bourgeoisie
possédante n'a même plus l'excuse de la distance. Tout
se passe sous ses yeux, à côté d'elle. C'est dans nos
mines que les enfants du prolétariat sont enterrés
vivants, c'est dans nos usines que les familles entières
sont astreintes aux travaux forcés. Il existe évidemment des gêneurs, des socialistes, pour crier bien haut
ce qu'on ne veut pas voir. Mais la bourgeoisie s'est, une
fois pour toutes, enfermée dans le refuge du tabou.
Toute contestation de la propriété capitaliste, toute attaque contre l'ordre moral, vous rejette dans le camp des
bandits révolutionnaires. Quelques idées reçues achèvent
de fermer les yeux. Les ouvriers sont fainéants, voleurs,
menteurs, buveurs, et « ils n'ont pas les mêmes besoins
que les riches ». Ainsi, des millions de bourgeois vivront
toute leur existence au beau milieu d'un camp de
travail forcé sans en ressentir la moindre gêne, et tout
en ne cessant de disserter sur les problèmes moraux.

Tout cela appartient au passé. De telles abominations
ne seraient plus possibles aujourd'hui. Voire... Pendant

la guerre d'Algérie, la masse des Français ne s'interrogea guère sur les méthodes de notre armée. Une fois pour toutes, il était entendu que nos soldats ne commettaient pas d'horreurs et que, s'ils devaient avoir la main un peu rude, c'est qu'ils y étaient contraints par les méthodes de leurs adversaires. A certains moments, nous fûmes à deux doigts d'organiser de véritables camps de concentration pour Algériens. L'aurait-on fait que beaucoup de Francais ne s'en seraient pas émus. En définitive, les Français condamnèrent cette guerre parce qu'elle faisait mourir leurs enfants, et non pour mettre un terme aux souffrances du peuple algérien. Si le drame des pieds-noirs fut à peine ressenti après la paix, celui des musulmans ne le fut pas du tout pendant le conflit.

Aujourd'hui même, notre société ne connaît plus de telles horreurs et nul tabou ne nous empêcherait d'y mettre fin s'il s'en produisait. Voyez comme la presse dénonce les moindres atteintes à la personne humaine... Croyez-vous ?

Et la traite des femmes

La traite des Noirs ne vous a sans doute pas fait penser à la traite des femmes. Il s'agit pourtant d'une réalité d'aujourd'hui et non d'hier. Tous les Français savent que des prostituées sont contraintes de « travailler à l'abattage » dans des hôtels de passe. Mais la conspiration du silence est bien entretenue, et cela ne les gêne guère.

Il ne s'agit pas de la prostitution en général : un problème très délicat à juger, dès lors qu'il s'agit de femmes majeures, libres et consentantes. L'incertitude des mouvements féministes sur ce sujet prouve qu'il n'existe pas de solutions simples. Doit-on reconnaître le droit de se prostituer ? Comment faire la distinction entre l'amour intéressé et l'amour vénal ? On en discutera encore longtemps, et ce n'est pas mon propos ici.

Je veux parler du proxénétisme dans sa forme la plus brutale, consistant à utiliser toutes les formes de contraintes, chantages, coups, tortures et menaces de mort pour obliger une femme à se prostituer, ou lui interdire de quitter la prostitution. Une telle situation est simple à juger. Elle est abominable.

Périodiquement, la presse révèle de telles histoires, mais il est bien rare qu'elles fassent « la une ». Je prendrai un exemple significatif : l'affaire Bureau, qui fut jugée en 1974. Une famille de Guadeloupéens avait organisé le circuit classique de la traite des Blanches, ou, plus exactement, des Noires. Les jolies filles étaient repérées en Guadeloupe, de préférence à une sortie de l'Assistance publique. Le bellâtre de la bande les séduisait, puis les expédiait à Paris. Là, elles étaient prises en main par les durs, battues, rossées, séquestrées. Mises au pas, au travail et en maison. Plusieurs de ces malheureuses avaient été longuement et atrocement torturées. Ce « commerce » durait depuis des années et avait rapporté des milliards d'anciens francs. Finalement, le gang fut arrêté, car il travaillait de façon artisanale, sans être intégré au milieu.

L'affaire ne fut jugée qu'en correctionnelle, le tortionnaire fut condamné à huit ans de réclusion, les autres accusés à des peines de deux à quatre ans. Ayant fait appel, ils ne furent même pas arrêtés à l'audience. Après une petite pénitence, ils pourront jouir tranquillement de leur butin.

Pour un gang démantelé, combien travaillent en toute impunité ? Parmi les prostituées françaises, combien sont consentantes et combien contraintes ? Nul ne le sait, car nul ne cherche vraiment à le savoir. Le tabou sur le proxénétisme entretient le silence et l'ignorance des Français qui évitent ce sujet. Les lecteurs ne sont pas choqués de lire dans les journaux que tel proxénète était « notoire » ou « bien connu des services de police ». C'est un fait admis.

On peut donc, en France même, en 1977, transformer de force un être humain en marchandise qu'on utilise, qu'on évalue, qu'on vend ou qu'on détruit. En principe, la prison n'est que « la détention et rien de plus », selon l'expression de Valéry Giscard d'Estaing. Le bordel-prison, lui, est bien pis. Car le proxénète ne se contente pas d'enfermer la prostituée, il doit la briser, la plier à toutes ses volontés et à celles des clients. Toute résurgence de la personnalité, tout sursaut de l'être doivent être étouffés, jusqu'à ce que la femme ne soit plus qu'un sexe-tirelire.

Pourtant, la traite des Blanches ne tourmente pas les consciences. Les Français font semblant de ne pas y croire. Nul ne songerait à manifester dans la rue pour exiger une action efficace des pouvoirs publics contre cette forme de proxénétisme. Cette indifférence ne peut s'expliquer par le nombre limité des victimes, car l'opinion s'est bien souvent mobilisée pour sauver un seul innocent.

Ce désintéressement est la marque d'un tabou. Tous les Français sont d'accord pour ne pas soulever cette question : ils sentent obscurément que cette situation fait partie d'un ordre social, ou d'un désordre établi, ce qui revient au même. Ils n'ont d'ailleurs pas tort de le penser.

En effet, proxénètes et policiers se rendent bien souvent des services. Les premiers donnent des informations aux seconds en échange d'une neutralité bienveillante. Cela permet de « pénétrer le milieu », et de lutter plus efficacement contre le banditisme. Et c'est bien cela qui importe. Car les criminels qui commettent des agressions, des hold-up ou des vols s'attaquent à la bourgeoisie et, plus généralement, à l'ensemble des « braves gens ». Ils sont des ennemis publics, et les Français demandent toujours un renforcement de la lutte contre eux.

A l'opposé, les victimes du proxénétisme n'appartiennent jamais à ces catégories sociales organisées. Les maquereaux savent qu'ils doivent chasser dans le « bas peuple », s'attaquant de préférence aux filles de l'Assistance publique, aux enfants de ménages misérables et désunis, aux provinciales coupées de toute famille. C'est à cette condition seulement qu'ils n'ont pas d'histoires. En revanche, le tabou se briserait instantanément si l'on apprenait que des filles de fonctionnaires ou de médecins sont contraintes de se prostituer dans les hôtels de passe de Barbès ou d'ailleurs. Mais la société accepte de sacrifier quelques filles de la misère pour assurer la sécurité et la protection des biens.

Certes, la relation n'est jamais claire dans les esprits, mais chacun pourrait la faire, s'il voulait y regarder d'un peu plus près. Or c'est précisément le rôle du tabou de censurer ces interrogations. Quelles que soient les preuves qu'on leur apporte, les Français trouvent toujours le moyen d'éviter les interrogations gênantes. La traite des femmes, tout comme la traite des Noirs, est entretenue par l'aveuglement complice de la société. Le récit de Jeanne Cordelier *La Dérobade* qui révèle certains aspects du proxénétisme fut un best-seller en 1976. Mais cela n'ébranla pas la formidable volonté collective de ne pas savoir.

Il est donc essentiel de garder les tabous sous surveillance, d'observer ceux qui naissent et ceux qui meurent, de savoir ce qu'ils recouvrent, afin de ne pas les laisser bloquer la société en masquant les abus de certains et la démission de tous.

Tabous à l'américaine

Mais qu'ont-ils de particulier ou de dangereux, les tabous à la française ? Pour en juger, il faut un point de comparaison et l'Amérique me paraît une bonne référence.

En apparence, elle semble lancée dans une formidable partie de brise-tabous. Watergate, Lockheed, C.I.A., ces « affaires » à répétition ébranlent les plus vénérables institutions. Les Américains ne respecteraient-ils plus rien. Il serait naïf de le croire. Tous ces scandales n'ont jamais atteint les grands principes. Bien au contraire. L'affaire du Watergate a glorifié la constitution, les attaques contre la C.I.A. voulaient légitimer et moraliser le pouvoir politique, tout comme la dénonciation des pots-de-vin versés par Lockheed devait rendre sa pureté à l'économie libérale.

Or, les tabous américains ne portent ni sur les hommes, ni sur les institutions, ni sur les faits, mais sur les principes : croyance en Dieu, valeur de l'effort indi-

viduel, respect de la libre entreprise, morale de la compétition, inviolabilité de la constitution, droit de propriété
qui cimentent le peuple américain, comme nos deux millénaires d'histoire cimentent la nation française. Contester ces valeurs, c'est trahir le pays. On peut le faire, mais
nul ne vous suivra sur ce terrain. On sait, en revanche,
que les hommes et les organisations sont corruptibles.
Cela peut se dire, car le tabou n'est pas là.

Vous êtes libres de professer l'athéisme, de ridiculiser
le travail, de dénoncer la constitution et de vanter la
propriété collective, mais vous susciterez une réaction de
rejet. Ces thèmes ne passent pas dans la conscience
américaine. Le mouvement hippy tenta de s'attaquer à
certaines de ces valeurs fondamentales. Il était profondément subversif, mais il n'a tenu que le temps d'une
mode.

Il y aurait pourtant beaucoup à dire sur l'énorme
hypocrisie du système économique, sur les évidentes
imperfections des institutions politiques, sur la grande
foire aux religions. Toutes ces interrogations sont cen-
surées par la conscience collective. Autant parler de
l'alcoolisme ou de la mort à des Français. Face aux plus
aveuglantes contradictions, l'Américain reste impertur-
bable. Il ne voit que ce qu'il veut voir, il ne croit que
ce qu'il veut croire. Comme le Français.

Les tabous américains portent sur le fonctionnement
du système, ils sont dynamiques, alors que les tabous
français, eux, sont statiques. Pour les Américains, le
droit sacré, c'est le droit d'acquérir ; pour les Français,
c'est le droit acquis. De ce fait, l'Américain se protège
dans sa société, alors que le Français se protège contre
elle.

Monsieur le président

Si la société française paraît assez solide, en dépit de
ses évidentes fragilités, c'est que ses superstructures sont
fortement protégées par le tabou. Chacun, ici, garde sa
place et respecte ses distances. Le ministre, le préfet, le
patron, l'archevêque portent en eux, de façon indélébile,

leur fonction. Les critiquer, c'est critiquer l'institution même. Quelle que soit la contestation du système, on se gargarise de « Monsieur le Ministre », « Monsieur le Président » — quel Français n'est pas président ? —, « Monsieur le directeur », « Mon Général »... La distance ne s'abolit jamais ! Ni du haut vers le bas ni du bas vers le haut.

A la télévision, les journalistes doivent être déférents envers les personnes qu'ils interviewent. Ils doivent accepter faux-fuyants et réponses dilatoires. Jamais ils ne diront : « Les téléspectateurs auront pu constater, monsieur le Ministre, que vous êtes dans l'incapacité de répondre. » Une telle incongruité choquerait le public ou serait interprétée comme l'agression d'un adversaire politique. La relation directe, familière, des Américains, leur façon d'utiliser le prénom entre gens de conditions très différentes, paraissent aux Français un manque de dignité. Chez nous, le personnage social ne s'efface jamais devant l'homme, chacun reste éternellement en représentation.

Les Français savent que leur désaccord fondamental rend leur société fragile. Ils constatent tous les jours qu'on peut la remettre en cause pour le moindre inci-'dent, dans la plus banale discussion. Les positions se manifestent avec d'autant plus de force que leurs racines sont moins profondes. L'incertitude des principes leur retire toute sécurité.

Un obscur instinct de conservation conduit alors les Français à figer toutes les situations acquises, les rangs, les titres, les places et les fortunes, en fondant leur justification sur leur seule existence. Chacun se crispe 'sur ce qu'il a, et s'imposant de respecter la condition d'autrui, impose le respect de la sienne. Plus on reconstruit le monde au niveau des idées, plus on le préserve à celui des réalités sociales.

En période de forte croissance, cet immobilisme fondamental se donne l'apparence du dynamisme, car l'enrichissement général permet d'ajouter aux droits acquis sans jamais les remettre en question. Ce subterfuge ne résout rien, mais il satisfait tout à la fois la volonté de conserver et le désir de progresser. Le respect des tabous à la française mêle le changement dans les mots et le conservatisme dans les faits.

Un tel système fonctionne lorsque deux conditions sont remplies : la concordance des désirs avec les objectifs de la croissance, et la réalisation de cette forte croissance. Or, ces conditions ne seront sans doute plus remplies dans l'avenir.

Le renouvellement des aspirations est un fait irréversible. Le corps social assimile avec une rapidité surprenante les refus et les envies de la jeunesse, il ne se satisfait plus d'une augmentation du pouvoir d'achat et d'un espoir de promotion dans l'ordre social existant. Les Français ne veulent pas seulement vivre mieux, ils rêvent de vivre autrement.

Dans le marché ouvert qu'est le monde contemporain, l'évolution économique d'un pays dépend largement de la conjoncture mondiale. Certaines nations se protègent mieux que d'autres, mais toutes ressentent à des titres divers les effets de la crise. On constate même que les économies nationales évoluent désormais de concert, qu'elles plongent ensemble dans la récession et retrouvent ensemble un semblant de vigueur. Or, des signes nombreux et concordants nous annoncent de nouvelles convulsions pour les années à venir.

La perte du futur

En 1976, quatre pays seulement ont eu une balance des paiements courants positive : l'Arabie saoudite, l'Allemagne, le Japon et la Suisse. Le total des dettes accumulées par les autres Etats atteint 250 milliards de dollars. Un peu partout les barrières douanières, avouées ou clandestines, sont prêtes à se lever. L'Occident ne peut plus sortir du chômage. Les pays de l'Est n'arrivent plus à payer leurs créanciers. Ryad, capitale de l'Arabie, devient le troisième centre du monde. L'Italie et la Grande-Bretagne n'en finissent pas de sombrer. Le Tiers-Monde est en faillite. Le jeu des multinationales accentue les déséquilibres... On pourrait multiplier les faits qui, tous, sont susceptibles de nous conduire à des ruptures tragiques. Qui donc oserait encore prévoir un avenir à ce monde ?

Dans une telle situation il n'est plus possible de tricher. Plus possible de recourir au dynamisme économique pour camoufler le conservatisme social. Il faut s'attaquer aux vrais problèmes, et répondre aux aspirations nouvelles, en renonçant aux facilités d'une expansion brillante. Les choses doivent changer, nous le savons, et cette certitude ne nous rassure pas, alors même que nous demandons tous les jours ce changement.

Nous avons perdu le futur, voilà. Ces décennies de prospérité qu'on nous promettait, et qui nous réconfortaient dans les années 60, n'ont pas résisté au choc de la crise. Nous avançons désormais dans un brouillard opaque, mais nous voyons au compteur que notre vitesse n'a jamais été aussi élevée.

Dans ce climat général d'inquiétude, les tabous triomphent. Les droits acquis sont plus que jamais intouchables, les problèmes oubliés plus que jamais insolubles, les idées à la mode plus que jamais inapplicables. En cette veille des grandes batailles, la société française, rongée par son propre doute, se crispe sur son état présent.

Pourtant la France conserve dans son jeu tous les atouts gagnants. Elle est prospère. Son système social est solide, son économie saine, son industrie dynamique et, plus que tout, sa population active est de très grande valeur. Certes, nous manquons de pétrole, mais ce n'est pas un péché mortel. Les exemples du Japon ou de la Suède sont là pour le démontrer. Même dans la période troublée que nous allons traverser, la nation qui possède un tel potentiel humain peut assurer ses équilibres et rester maîtresse de son devenir. Les seuls dangers qui nous menacent sont internes et non externes, ils tiennent à nos faiblesses socio-culturelles et non à nos insuffisances économiques ou naturelles. La France n'a de vrais problèmes que français, et ce sont eux qui paraissent le plus difficilement solubles.

La politique des tabous

Car il ne faut pas espérer le salut de la classe politique. La démocratie parlementaire en a fait une proie rêvée pour les tabous. Le politicien doit caresser tous les mythes, flatter toutes les catégories, éviter les sujets gênants et, surtout, faire preuve du plus grand conformisme. Celui de la majorité ou de l'opposition, il n'importe. En toute circonstance, vous pouvez à l'avance rédiger les différents communiqués de nos partis. Leurs réactions sont toujours prévisibles. Quand, d'aventure, un homme politique se risque à braver un tabou, il se fait massacrer, et tous ses collègues, amis ou ennemis, se contentent de regarder. Mendès-France avec l'alcool, J.-J. S.-S. avec Concorde, Christian Bonnet avec « la bibine » en ont fait l'expérience.

A force de s'interdire toute originalité, la classe politique dépasse même la banalité pour donner dans l'irréalisme total. Au cours des dernières années, elle a tenté de faire croire que la France n'avait pas de problèmes plus urgents que l'affaire Lip, la subversion (ou la répression) dans l'armée, le fonctionnement des institutions, les nationalisations ou le mode d'élection du Parlement européen. Demain, elle redécouvrira la querelle scolaire ou le système électoral.

Ne pouvant rien imaginer d'original, elle tente désespérément de récupérer toutes les idées nouvelles qui naissent en dehors d'elle : condition féminine, qualité de la vie, environnement, défense du consommateur ou travail manuel. Dans chaque cas, la majorité crée un ministère et l'opposition se proclame le champion de la nouvelle cause. Lorsqu'une idée-force comme l'écologie devient un enjeu électoral important, cela conduit à des résultats assez cocasses.

Dans le climat d'électoralisme effréné que les Français ont connu et connaîtront encore, le discours politique devient un rituel vide de sens. Depuis que l'électeur est sacré, tous les Français ont raison. Quelles que soient les plaintes, ou les revendications, tout est légitime. Seul, Raymond Barre a pris le parti inverse, pour la seule conjoncture économique hélas ! Mais le rigorisme économique peut-il tenir longtemps en l'absence de vraies réformes sociales, et les réformes sociales peuvent-elles s'opérer en maintenant cette rigueur ? C'est toute la question et les joutes électorales n'y apportent aucune réponse crédible.

Cette comédie des illusions, ce ballet d'acrobates dansant sur les œufs des tabous, ne laissent que le choix bien incertain entre ceux qui disent ce qu'ils ne feront pas et ceux qui ne disent pas ce qu'ils feront. Il est significatif et réconfortant que les électeurs, lassés par les conformismes opposés des formations politiques, votent pour les écologistes plutôt que de s'abstenir.

Il est vrai que je ne suis pas engagé dans l'action et que mon poste d'observateur irresponsable est bien confortable pour donner des leçons et faire des remontrances. Je n'ai pas plus à rechercher les approbations qu'à quêter les suffrages. Ceux qui se lancent dans la mêlée, et sans lesquels rien ne peut être fait, ont bien d'autres contraintes. Ils doivent coller à l'opinion, s'intégrer à une famille politique, ne pas heurter les électeurs, ne pas gêner les partenaires. C'est ce qui explique le décalage entre les discours des hommes politiques et les propos qu'ils échangent en privé. Ils sont, pour la plupart, conscients de tous ces problèmes, mais ils savent aussi qu'à défier de front les tabous, on risque plus de se faire abattre que de les anéantir.

L'innocence de l'homme

C'est, en définitive, l'aptitude des Français à ne pas croire ce qu'on leur dit, à rechercher eux-mêmes les faits au-delà des discours, qui pourra seule éviter le pire et, pourquoi pas, assurer le meilleur. Mais ce ne serait pas un mince mérite que d'y réussir, car tout est fait aujourd'hui pour entretenir les illusions.

La démagogie n'est pas seulement le fait des hommes politiques, elle se retrouve chez les penseurs à la mode. Tous, autant qu'ils sont, ils flattent les Français en les persuadant que la solution de leurs problèmes ne dépend pas d'eux, tout juste de leurs bulletins de vote. Tel est le suprême tabou : ne plus jamais mettre les individus en face de leurs responsabilités. Tout le discours des gens intelligents tend à prouver que nos malheurs viennent de la société et que les remèdes viendront également d'elle. La bonté naturelle de l'homme fait un retour en force. Il n'y a plus ni déments, ni criminels, ni fainéants, ni avares, ni égoïstes, seulement des individus pervertis par un système social malfaisant. Un excès en entraînant un autre, les hommes de l'ordre vont répétant aux « braves gens » qu'ils ne sont en rien responsables de la délinquance, de la misère, de l'injustice, et qu'un simple renforcement de la répression ferait disparaître tous ces maux. Dans tous les cas, c'est la société et elle seule qui nous tirera d'affaire.

Pendant des siècles a prévalu le tabou inverse. La société était bonne et l'homme mauvais. Chacun avait la condition qu'il méritait et ne devait s'en prendre qu'à lui de sa médiocrité. Les solutions proposées passaient toujours par l'exaltation des vertus individuelles, jamais par les transformations sociales. L'absurdité d'une telle attitude nous a fait basculer dans l'autre extrême.

Ces deux positions sont également fausses. Il est vrai que l'individu est lié à sa situation sociale. L'O.S. faisant les « trois huit » peut difficilement avoir une vie de famille heureuse, l'enfant de travailleurs immigrés ne parlant pas français a peu de chances de réussir ses études. C'est bien alors la société qui doit faire le premier effort. Mais elle ne peut jamais faire que cela. Il ne lui appartient pas d'apporter des solutions.

Or, ces conditions préalables sont bien souvent réunies dans la France de 1977. Cessons de prétendre que les Français conduisent trop vite parce que les voitures sont trop rapides, qu'ils ne font pas assez de sport parce que les équipements sont insuffisants, qu'ils boivent parce qu'ils sont mal logés, qu'ils mangent trop pour compenser leurs frustrations professionnelles, qu'ils fraudent pour se défendre contre l'injustice fiscale. Ces circonstances atténuantes peuvent être vraies pour une partie de la population, mais sont rarement des excuses absolutoires. En revanche, beaucoup de Français pourraient dès à présent mener une vie plus saine, moins manger, moins boire, moins fumer et faire plus d'exercices physiques. Ils pourraient encore accorder plus d'attention à leurs enfants ou à leurs voisins, respecter davantage les biens collectifs, réfléchir à leur propre mort.

S'ils ne le font pas, et s'ils en souffrent, la faute leur en incombe, et l'action collective ne pourra pas suppléer à leur démission individuelle... Lorsqu'il m'arrive d'allumer une cigarette, je n'y suis pas contraint par la publicité du SEITA. C'est moi, et moi seul, qui aspire la fumée.

Or, toute étude sociologique aujourd'hui doit se conclure par un transfert des responsabilités de l'individu à la société. Nous ne sommes plus qu'effets et jamais causes. L'homme repensé par l'homme est un pur « produit de situation ».

J'avoue ne plus supporter cette innocence de principe dont on nous accable et qui transforme tout Français en irresponsable. En mineur.

D'autant que, les excès répondant aux excès, cette universelle compassion provoque des réactions inverses et non moins absurdes. Le « Je ne veux pas le savoir » a vite fait de répondre au « Il faut comprendre ». Et nous retrouvons le stérile face à face des conservateurs qui ne veulent jamais condamner la société et des gauchistes qui ne veulent jamais condamner l'individu. Tabou contre tabou. Garantie d'immobilisme.

Le Français, lui, se trouve de toute façon ménagé. Il écoutera le sermon qui lui convient le mieux, et retiendra que c'est à la collectivité de prendre en compte les problèmes, les siens comme ceux des autres. Lorsqu'elle ne semble pas s'en acquitter correctement, il suffit de la changer avec un bulletin de vote. Entre l'appel à l'autorité et l'appel à la justice, on trouve réponse à tout.

Par bonheur, cela est faux, et l'individu est un peu plus qu'une marionnette agitée par le conditionnement social. La pensée contemporaine a fait un immense progrès en mettant au jour ces fils, elle ferait une énorme erreur si, emportée par son succès, elle réduisait l'homme à un pantin.

Il est vrai que le mauvais travail tue la conscience professionnelle, il est vrai que la fainéantise existe, il est vrai que la « jungle des villes » fabrique les jeunes délinquants, il est vrai qu'il existe des individus foncièrement malhonnêtes et qui ne sont généralement pas en prison, il est vrai que de grandes usines polluent l'air et les rivières, il est vrai que les promeneurs saccagent parcs et forêts, il est vrai que les contraintes de la vie moderne sont mauvaises pour la santé, il est vrai que les bien-portants ne se soucient guère d'hygiène... Les responsabilités sont donc largement partagées entre l'individu et la société, et de nombreux Français se plaignent de leur sort sans avoir jamais rien fait pour l'améliorer quand ils n'ont pas, au contraire, tout fait pour l'aggraver.

Face à de telles situations, le néo-rousseauisme dénonce la carence de l'Etat en matière d'éducation. Si les parties communes des H.L.M. sont saccagées, les équipements sportifs et culturels peu fréquentés, les routes sillonnées par des chauffards, c'est que les gens, les pauvres, n'ont pas été bien éduqués. Mais si, à l'inverse, la société se fait dogmatique et moralisatrice, si elle prétend induire des comportements, alors elle devient manipulatrice et oppressive. Bref, le corps individuel est un lieu d'innocence, d'irresponsabilité et de liberté, alors que le corps social, lui, est responsable de tout, coupable en tout, même et y compris en exerçant le pouvoir pour assumer lesdites responsabilités.

Le discours public devient alors écœurant de complaisance. Il mêle dans le même apitoiement l'authentique misère, la véritable injustice qui exigent une action politique prioritaire, et les frustrations, ou les insatisfactions désagréables mais non dramatiques qui sont loin de nécessiter une telle mobilisation. Car tout le monde se plaint et se fait plaindre sur le mode pathétique majeur. Au cours de la récente campagne pour les élections municipales, un candidat lança devant les caméras de T.V. : « Il n'y a jamais eu autant de misère en France ! » On se demande vraiment à quoi servent les historiens !

Certes, la société a beaucoup à faire. Elle doit se transformer en profondeur pour donner à chacun la maîtrise de son destin. Mais ces transformations ne serviront à rien si l'illusion se crée que l'individu restera impuissant et irresponsable aussi longtemps que la mutation ne sera pas achevée. Les deux évolutions doivent aller de pair. Il est grand temps de dire à des millions de Français qu'ils ne sont pas si malheureux qu'ils le prétendent et que la recherche du bonheur dépend désormais d'eux plus que des autres. Il est temps de distinguer les Français vraiment malheureux, personnes âgées, smicards, handicapés, agriculteurs et commerçants à la dérive, chômeurs, O.S., et de reporter sur eux seuls notre attention et notre pitié. Paraphrasant Alceste, je dirai que c'est ne plaindre personne que plaindre tout le monde.

C'est aussi se moquer des gens que de parler de tout pour ne rien dire de l'essentiel, de nous entretenir de la terre promise alors que nous roulons au bord du précipice.

Les Français risquent de se laisser enfermer dans une alternative simpliste et mensongère : croire que la crise vient tout entière de l'extérieur et que la lutte contre le mal interdit tout changement social véritable, ou croire que la crise est tout entière provoquée par la politique gouvernementale, et que des bouleversements socio-politiques en feraient disparaître jusqu'à l'existence. La réalité est plus déplaisante à entendre, c'est qu'il existe une crise mondiale réclamant rigueur et efforts pour tous les Français, et une crise française exigeant de rudes transformations sociales. Et il faut faire l'un et l'autre.

Mais nous ne ferons rien sans lucidité. Ni nos problèmes ni leurs solutions ne sont ceux que l'on dit. La chirurgie sociale ne peut s'opérer sous anesthésie, elle suppose la collaboration active du malade. A ce dernier, il importe d'abord de dire la vérité : sur les maux dont il souffre, sur les traitements qui peuvent le guérir.

Ce jeu de la vérité, de toute la vérité, ne peut qu'être

gagnant à terme. Car les tabous qui illusionnent les hommes n'ont aucune prise sur les événements. Tandis que nous discourons sur le paiement des « charges indues » de la Sécurité sociale, sur la nationalisation de Thomson C.S.F., ou sur l'imposition des résidences secondaires, le chômage s'incruste, le déficit s'aggrave, les charges de santé s'alourdissent.

Demain, les faits se révolteront, ce sera la crise, la vraie, celle qu'il faudra payer comptant. Non pas seulement en sacrifiant notre niveau de vie, mais également notre avenir. Dire aujourd'hui la vérité, rétablir la hiérarchie des priorités, c'est l'exigence du futur. Pour changer ce monde il faut le voir tel qu'il est. C'est l'enjeu de la vérité.

TABLE

Chapitre 1. LE TOUT EST DE TOUT DIRE 7

Chapitre 2. CONCORDE : L'OISEAU DU TABOU 13

N'en parlez jamais, 14 / Comment expliquerons-nous ? 15 / Concorde entre les Français, 16 / Les deux vérités, 18 / L'impérium technique, 21 / La science gaulliste, 22 / Le choix supersonique, 24 / La France fait une bêtise, 26 / Le grand tournant, 28 / Feu sur le S.S.T. - Feu le S.S.T., 30 / Le procès en utilité, 32 / Les privilèges professionnels, 35 / L'indémocratisable Mach 2, 37 / L'arrogance des bureaucrates, 38 / Il est beau cet avion, 40 / Le prestige de Mach 2, 41 / La ligne Maginot, 43 / Les travailleurs-otages, 45 / Naissance du tabou, 48 / Le rapport Chambrun, 51 / Le complot américain, 54 / Les innombrables Amériques, 58 / Le piège américain, 60 / La jungle internationale, 62 / A l'assaut de l'Amérique, 63.

Chapitre 3. QUI POSSÈDE QUOI ? 67

L'argent ça ne se dit pas, 67 / Silence-ignorance-peur, 70 / Fraude fiscale. Sport national, 72 / Le secret des fortunes, 76 / L'ignorance protectrice, 77 / A l'ombre du tabou, 78 / La haine des gros, 80 / Passe à ton voisin, 83 / Les discrétions de la gauche, 86 / Paix aux profits, guerre aux profiteurs, 87 / Le club des 20 000, 89 / L'argent comme le sexe, 92.

Chapitre 4. LE RETOUR DES CORPORATIONS 93

Le droit au malheur, 94 / Comment allez-vous ?

97 / Indispensables vacances, 99 / Les pauvres étudiants, 100 / A qui les droits acquis ? 102 / Les petits-
fils de Mermoz, 104 / Les cumulards, 105 / La France
des avantages, 107 / Les saintes corporations, 108 /
Une censure impitoyable, 110 / Défendre le service
public, 112 / L'intouchable secteur nationalisé, 114 /
Regroupez-vous, 122 / L'augmentation automatique,
124 / L'hyperkeynésisme, 125 / La distribution des
prix, 127 / Honte aux productifs, 128.

Chapitre 5. LE DROIT A L'EMPLOI 133
L'emploi pour l'emploi, 135 / Le chantage au licenciement, 136 / Partager le gâteau, 138 / Les faits
contre les slogans, 140 / Le travail-marchandise,
142 / Il n'est d'emploi que rentable, 144 / La facture de la productivité, 145 / Le prix de la sécurité,
146 / Travailleur-consommateur, 148 / La corvée
de pluches, 150 / Des propositions convenables,
152 / Les chômeurs diplômés, 154 / La nécessaire
adaptation, 155 / Se débarrasser du chômage, 157 / Les
exclus du travail, 161 / Les contrats de reconversion,
163.

Chapitre 6. L'ÉTAT N'A QU'A.... 167
L'Etat c'est tout, 169 / L'occultation des conflits,
172 / Tous contre tous, 174 / Le téléspectateur est
roi, 176 / Les révélations de la sécheresse, 178 / Un
dialogue exemplaire, 180 / La vérité des prix, 182 / Un
remède à l'inégalité, 185 / Une politique dans les
taxes, 187 / L'alibi des égoïsmes, 188 / Les abominables
technocrates, 190 / Le jeu de l'universelle compassion,
192.

Chapitre 7. LE TEMPS DU MENSONGE 195
L'impôt clandestin, 199 / Les gagnants de l'inflation,
201 / La paix dans l'automobile, 202 / Prisonnier des
portes ouvertes, 204 / La tutelle internationale, 206 /
La France dérape, 208 / Les occasions manquées, 210 /
Prendre le pouvoir ou le garder, 211 / Les factures de
la crise, 216 / Un monde sans morale, 219 / La Révolution française, 220 / Les vertus communistes, 223 /
Régénérer le capitalisme, 226 / Démanteler les bastilles, 229.

Chapitre 8. LES PAYS DU TABOU 233
Le pays de la liberté, 234 / Moscou comme Rome,
236 / Rien qu'un bouc émissaire, 241 / Un triste
colosse en chapeau mou, 243 / Et si l'U.R.S.S. n'était
pas socialiste, 245 / Le châtiment de Mao, 252 / Le
gentil roi de la Chine, 255 / « La Chinoise », 257 / Bé-

TABLE 367

cachine à Pékin, 259 / La missionnaire et le prisonnier, 265 / Mao comme de Gaulle, 267 / Le voyage en Chine, 269 / Une méthode historique, 272 / La différence chinoise, 273 / Le prix du maoïsme, 275 / L'Inde dans l'indifférence, 276 / Mausolée pour un empereur, 277.

Chapitre 9. LA DROGUE POUR TOUS 285
Les rois des buveurs, 286 / L'alcoolisme des uns, le malheur des autres, 288 / Des milliards dans la bouteille, 290 / Vive le vin, 292 / Le « suicide » de Mendès-France, 294 / L'alcool au Parlement, 296 / Le lobby reste vigilant, 298 / Pas de remèdes miracles, 299 / Le prix de la sobriété, 300.

Chapitre 10. UN SILENCE DE MORT 305
Les beaux enterrements, 307 / Partir discrètement, 308 / Les morts sont disparus, 309 / Pan ! Pan ! T'es mort, 311 / Vivre en immortels, 312 / L'agonie existe, 314 / Une science de la mort, 315 / Une médecine de bonne mort, 317 / Comprendre l'agonie, 318 / Le service des mourants, 320 / Ne mourez plus. Hibernez 321 / Dans un cercueil de glace, 323 / La nouvelle mort, 325 / La société contre le suicide, 326 / Apprendre la mort, 327 / Maître de sa mort, 329 / Le testament de vie, 332.

Conclusion. LES TABOUS A LA FRANÇAISE 335
Les tabous en complet-veston, 336 / Enfermez-les, 337 / Le monde tel qu'il est, 339 / Les victimes consentantes, 340 / Pas de femmes-gangsters, 342 / Le bon commerce des hommes, 348 / Et la traite des femmes, 350 / Tabous à l'américaine, 353 / Monsieur le Président, 354 / La perte du futur, 356 / La politique des tabous, 358 / L'innocence de l'homme, 359.

Imprimé en FRANCE par OFFSET-AUBIN, 86000 -Poitiers.
D. L., 2ᵉʳ trim. 1977. — Edit., 4753—Imprim., P 7431